# 한반도 60섬
## 산행안내

신명호 지음

깊은솔

## 한반도 60섬 산행 안내를 펴내면서

산과 더불어 40년 세월을 보냈습니다. 필자는 산행을 시작한지 30년이 되던 2008년 7월 31일 〈한국 700명산〉을 출판하였고, 이후 〈한국 100대 명산〉〈서울에서 가까운 200명산〉〈첩첩산중 오지의 명산〉〈영호남 200명산〉〈수도권 전철 타고 가는 산〉〈서울산 가는 길〉〈한국 1000산〉〈서울 근교 250산〉을 출간하였고 다시 〈한반도 60섬〉을 출판하게 되었습니다.

한국에는 동서남해안에 3,215개의 섬이 있습니다. 무인도 2,721개 유인도 494개 이며, 유인도 중에서 큰 섬을 우선하여 등산을 할 만한 가치가 있는 섬을 우선으로 선정하여 산행안내 책을 펴내게 되었습니다. 〈한반도 60섬〉 산은 등산로가 90% 이상 잘 정리되어 있고, 대부분 100m~600m 정도로 나지막하고 완만한 편이어서 한반도 60섬 지도와 산행 안내를 보시면 등산 경험이 조금만 있어도 안내자 없이 산행을 할 수 있습니다.

필자는 철저하게 답사하여 보다 편리하고 보람 있는 산행과 여행이 될 수 있도록 정성을 다하여 답사를 하였고 기록 하였습니다. 많은 사람들의 산행안내서로 가치 있고 의미있는 섬 산행안내 책이 되기를 바랍니다.

필자가 써온 산행 안내 책 모든 내용은 필자가 실제 산행을 통해 현장을 답사한 기록이며, 부족한 부분은 재 답사를 통해 소홀함이 없이 정성을 다하여 기록한 내용들입니다. 앞으로도 계속 변해가는 산길과 부족한 부분을 계속 보완해가겠습니다.

섬에 이르는 대중교통편은 서울, 부산, 광주 등 지방에서 여객선터미널(선착장)까지 여객선터미널(선착장)에서 목적한 섬 선착장까지 선박(배)이 들어가고, 섬에서 육지로 나오는 선박(배) 시간을 기록하였으며 기록내용은 2015년 9월 현재입니다.

참고로 섬 산행을 하기 위해서는 육지에서 섬으로 들어가는 선박(배) 시간을, 섬에서 등산로 입구까지 버스. 택시 편, 섬에서 다시 육지로 나오는 선박(배) 편, 산행시간, 숙박, 식당 등을 가능한 정확하게 인지하여 산행계획을 새워야 시간과 경비를 줄일 수 있고 가치 있는 섬 산행을 할 수 있습니다. 배편 운항시간은 육지의 철도와 버스 편 같이 일정하지 않고 평일, 주말, 연휴, 하절기, 동절기, 일기에 따라 선박(배) 운항시간이 변경되어 운항하는 경우가 있으므로 출발하기 전에 필히 여객선터미널(선착장)에 확인해야 합니다.

또한 여름 휴가철에는 배를 타기도 어렵고 섬에서 숙박하기도 어려우므로 가능한 여름 휴가철을 피해서 섬 산 산행계획을 새우는 것이 바람직합니다.

저자 신 명 호

## 참고사항

1. 〈한반도 60섬〉은 한국 동서남해안에 분포되어있는 유인도 섬 중에서 큰 섬을 우선하여 선정한 등산할만한 대부분의 섬이다.
2. 지도는 2015년 이후 국립지리원에서 발행된 1:5000 원색지도를 기본으로 하여 능선과 계곡을 쉽게 이해할 수 있도록 개념도로 작성하였다(1:5000 지도는 1cm=500m 이다. 지도 일부 작은 섬은 30% 확대되어 1.3cm=500m이며 해당 지도 하단에 기록되어 있다).
3. 안내등산로는 적색점선(----)으로 하고, 기타 산길은 흑색점선(----)으로 표시하였다.
4. 산행기록은 산행기점에서 적색점선 등산로를 따라 정상에 오른 후, 하산 지점까지 진행하는 등산로 상태와 갈림길, 지명, 구간별 시간을 기록하였다.
5. 본문은 소재지, 요점, 구간별 산행시간, 산행진행 설명, 교통, 기타 순으로 정리하였다.
6. 섬 산은 등산로 정비가 비교적 잘 되어있고 이정표 안내문이 대부분 배치되어있다.
7. 능선은 주능선, 지능선, 세능선으로 분류하여 굵고 가늘게 하여 회색 선으로 하였다.
8. 계곡은 물이 많은 주요계곡은 청색으로 하였고 기타 계곡은 바탕색으로 하였다.
9. 소요시간은 보통사람들의 보행시간이며, 총 소요시간은 구간별시간 합계에서 1시간(점심+휴식시간)을 더 포함한 시간이다.
10. 매년 2월 1일~5월 15일, 11월 1일~12월 15일은 산불예방 입산 통제 기간이며 지방자치단체에 따라 입산을 통제하는 시기가 다를 수 있다.
11. 도로는 철도, 고속도로, 국도, 지방도, 기타도로, 소형차로(1차선)로 정리하였다.
12. 교통편은 섬으로 들어가는 주요 항구(여객선터미널)에서 가고자 하는 섬 선착장까지 선박(배) 운항 시간과 섬에서 육지로 다시 나오는 석박(배) 운항시간을 기록하였으며, 섬에서 등산로 입구까지 버스 편과 택시 전화번호를 기록하였다.
13. 식당은 산행지 주변에서 가까운 음식점을 조사하여 기록하였다.
14. 숙박은 산행지 주변에서 가까운 민박, 모텔, 펜션을 기록하였다.
15. 명소는 섬 주변에서 가볼만한 곳 대부분 해수욕장, 해변, 전망대 등을 기록하였다.
16. 지도는 개념도로 작성되었고 등산로설명은 요점만 기록하였다. 따라서 계절이 바뀌고 세월이 지나면서 등산지도 내용이 변할 수 있으므로 이를 참고를 하면서 산길을 찾아가야 한다.
17. 입산문의 산림청 042-481-4256  국립공원관리공단고객센터 1670-9201  한라산 064-713-9950~3
    열차시간안내 1544-7788  인천항여객선터미널ARS 1599-5985
18. 목포항연안여객선터미널 ARS 1666-0910  통영항연안여객선터미널 ARS 1666-0960
    완도항연안역객선터미널 ARS 1666-0950  여수항연안여객선터미널 ARS 1666-0920

## 지도에 표시된 기호

|  | |  | |  | |  | |
|---|---|---|---|---|---|---|---|
| 도  계 | ─◇─◇─ | 임  도 | ═══ | 헬 기 장 | ⊕ | 표 적 물 | ● |
| 군  계 | ─·─·─ | 안내등산로 | ------- | 샘(식수) | ※ | 산불초소 | ⌂ |
| 면  계 | ─··─··─ | 미확인산길 | ------- | 묘(무덤) | ⌒ | 통 제 소 | ⌂ |
| 철  도 | ┼┼┼┼ | 소요시간 | ←20분→ | 폭  포 | ╨ | 과 수 원 | ◊ |
| 고속도로 | ▬▬▬ | 능  선 | ～～ | 주요안부 | ● | 밭 · 논 | ⅲ 山 |
| 국  도 | ══37══ | 계  곡 | ～～ | 주갈림길 | ○ | 교회(기도원) | ♦ |
| 지방도 | ══371══ | 항  로 | ─── | 절(암자) | 卍 | 학교(학교터) | ♦ |
| 기타도로 | ─── | 삼각점봉 | △ | 성(성터) | ┌┐┌┐ | 주 차 장 | P |
| 소형차로 | ─── | 산봉우리 | ▲ | 다리(교) | ⋈ | 버스정류장 | ▭ |

## 섬 쉽게 찾기

### 가
가거도(독실산) ············ 87
가덕도(연대봉 응봉산) ··· 151
강화도(마니산) ············ 10
개도(봉화산 천제봉) ···· 125
거금도(적대봉) ············ 113
거제도(계룡산 선자산) 148
교동도(화개산) ············ 8
굴업도(연평산 덕물산
개머리언덕) ················· 39
금당도(금당산 사랑산
봉좌산) ······················· 108
금오도(대부산 옥녀봉) 122

### 나
나로도(봉래산) ············ 115
남해도(금산) ··············· 130

### 다
대이작도(부아산 송이산) 29
대흑산도(칠락산 302.1봉
상라산) ······················· 81
덕적도(비조봉 운주봉
국수봉) ······················· 36
도초도(큰산) ··············· 72
돌산도(봉화산 금오산) ··· 119
두미도(천황산 투구봉) ··· 137

### 마
무의도(호룡곡산 국사봉) 17
문갑도(깃대봉) ············ 45

### 바
백아도(봉화대 잿배기봉) 42
백야도(백호산) ············ 117
보길도(격자봉) ············ 96
비금도(선왕산 그림산) ··· 75
비진도(선유봉) ············ 135

### 사
사량도(지리산 칠현산) 132
산달도(당골산 뒷산
건너재산) ··················· 144
생일도(백운산 용출봉) 105
석모도(해명산 상봉산) ··· 12
소안도(가학산 대봉산) ··· 99
소야도(국사봉 왕재산) ··· 48
소이작도(큰산) ············ 31
승봉도(당산) ··············· 33
신도(구봉산) ··············· 19
신지도(상산) ··············· 94

### 아
암태도(승봉산) ············ 63
압해도(송공산) ············ 61
연화도(연화봉) ············ 142
영종도(백운산) ············ 15
영흥도(국사봉 망태산
양로봉) ······················· 23
완도(상황봉) ··············· 92
욕지도(천황산 망대봉
약과봉) ······················· 139
우이도(상상봉) ············ 78
울릉도(성인봉) ············ 156

위도(망금봉 도제봉
망월봉 파장봉) ············ 51
임자도(대둔산 삼각산
함백산 불갑산) ············ 56

### 자
자월도(국사봉) ············ 26
자은도(두봉산 두모산) ··· 65
장봉도(국사봉) ············ 21
제주도(한라산) ············ 153
조약도(약산도)(장룡산
삼문산 가사봉) ············ 111
지도(꽃봉산 큰산 깃대봉
삼암봉) ······················· 54
진도(첨찰산) ··············· 90

### 차
창선도(대방산 속금산
대사산 연태산) ············ 127
청산도(대봉산 대성산
대선산 보적산) ············ 102

### 파
팔금도(채일봉) ············ 59

### 하
하의도(김대중 모실
올레길 양수바위) ········· 68
하태도(문필봉 천왕봉
큰산) ·························· 70
한산도(망산) ··············· 146
홍도(깃대봉) ··············· 84

# 한반도 60 섬 차례

- 책을 펴내면서/3
- 참고사항/4
- 섬 쉽게 찾기/5
- 차례/6

## 서해

- 교동도(화개산)/8
- 강화도(마니산)/10
- 석모도(해명산·상봉산)/12
- 영종도(백운산)/15
- 무의도(호룡곡산·국사봉)/17
- 신도(구봉산)/19
- 장봉도(국사봉)/21
- 영흥도(국사봉·망태산·양로봉)/23
- 자월도(국사봉)/26
- 대이작도(부아산·송이산)/29
- 소이작도(큰산)/31
- 승봉도(당산)/33
- 덕적도(비조봉·운주봉·국수봉)/36
- 굴업도(연평산·덕물산·개머리언덕)/39
- 백아도(봉화대·잿배기봉)/42
- 문갑도(깃대봉)/45
- 소야도(국사봉·왕재산)/48
- 위도(망금봉·도제봉·망월봉·파장봉)/51
- 지도(꽃봉산·큰산·깃대봉·삼암봉)/54
- 임자도(대둔산·삼각산·함백산·불갑산)/56
- 팔금도(채일봉)/59
- 압해도(송공산)/61
- 암태도(승봉산)/63
- 자은도(두봉산·두모산)/65
- 하의도(김대중 모실 올레길·양수바위)/68
- 하태도(문필봉 천왕봉·큰산)/70
- 도초도(큰산)/72
- 비금도(선왕산·그림산)/75
- 우이도(상상봉)/78
- 대흑산도(칠락산·302.1봉·상라산)/81
- 홍도(깃대봉)/84
- 가거도(독실산)/87

## 남해

- 진도(첨찰산)/90
- 완도(상황봉)/92
- 신지도(상산)/94
- 보길도(격자봉)/96
- 소안도(가학산·대봉산)/99
- 청산도(대봉산·대성산·대선산·보적산)/102
- 생일도(백운산·용출봉)/105
- 금당도(금당산·사랑산·봉좌산)/108
- 조약도(약산도)(장룡산·삼문산·가사봉)/111
- 거금도(적대봉)/113
- 나로도(봉래산)/115
- 백야도(백호산)/117
- 돌산도(봉화산·금오산)/119
- 금오도(대부산·옥녀봉)/122
- 개도(봉화산·천제봉)/125
- 창선도(대방산·속금산·대사산·연태산)/127
- 남해도(금산)/130
- 사량도(지리산·칠현산)/132
- 비진도(선유봉)/135
- 두미도(천황산·투구봉)/137
- 욕지도(천황산·망대봉·약과봉)/139
- 연화도(연화봉)/142
- 산달도(당골산·뒷산·건너재산)/144
- 한산도(망산)/146
- 거제도(계룡산·선자산)/148
- 가덕도(연대봉·응봉산)/151
- 제주도(한라산)/153

## 동해

- 울릉도(성인봉)/156

# 교동도(喬桐島) / 화개산(華蓋山) 259.5m

교동도 화계산 봉수대

## 교동도 화개산
인천광역시 강화군 교동면

교동도(喬桐島)는 강화도에서 4~5km 떨어진 우리나라에서 14번째로 큰 섬이다. 전체적으로 농지가 많으며 섬 중심에 화개산(華蓋山, 259.5m)이 위치하고 있다. 교동도는 황해남도 연안군과 3km 밖에 떨어지지 않은 강화도 북단 최전선에 위치한 섬으로 눈앞에 펼쳐지는 북녘 땅을 바라보며 우리의 현실을 체감하기에 더없이 좋은 곳 이었다. 고려시대의 교동도는 수도 개성으로 들어가는 관문이었고 중국에서 오는 사신들이 꼭 들러야하는 중간 기착지였다고 한다. 조선시대 때부터 왕족들의 유배지로 유명했으며 최충헌에 의해 쫓겨난 고려 21대왕 희종을 시작으로 안평대군, 임해군, 능창대군 등 11명의 왕족이 교동으로 유배당했다가 풀려나거나 사사되었던 곳이다. 그 중 인물이 바로 조선왕조의 풍운아 연산군이다. 중종반정으로 쫓겨난 연산군은 바로 교동도로 유배되어 두 달 만에 사망했다.

### 등산로 Mountain path

**화계산** 총 2시간 42분 소요

교동면사무소 → 24분 → 능선삼거리 → 20분 → 화개산 → 28분 → 화개사 → 30분 → 교동면사무소

교동면사무소에 화개산 안내도가 있다. 안내도에서 오른쪽으로 60m 정도 가면 갈림길이다. 갈림길에서 왼쪽으로 가서 오른쪽으로 내려온다. 왼쪽 임도 같은 황토길을 따라 10분 거리에 이르면 연산군유배지 갈림길사거리다.

사거리에서 직진하여 50m 정도 가면 계곡갈림길이다. 갈림길에서 오른쪽으로 간다. 오른쪽 계곡 왼편 능선길로 올라가면 天華門을 통과한다. 천화문을 통과하여 9분을 올라가면 능선 쉼터에 닿는다.

능선쉼터에서 오른쪽 능선으로 9분을 가면 약수터가 나오고 약수터에서 3분을 올라가면 효자묘 터가 나온다. 효자묘 터에서 왼쪽 등산로를 따라 가면 능선길로 이어져 20분을 오르면 삼거리 이정표가 나오고, 삼거리에서 왼편으로 50m 정도 가면 정자가 있는 화개산 정상이다. 날씨만 좋으면 정상에서 개성지방이 바로 건너다보인다. 정상에는 망원경도 있다.

하산은 화개사를 경유하여 다시 교동면사무소로 원점회귀 한다. 정상에서 올라왔던 50m 거리 삼거리로 되 내려가서 왼쪽으로 간다. 삼거리에서 왼쪽으로 접어들어 3분 정도 내려가면 봉수대가 있다. 봉수대를 뒤로하고 능선길을 따라 15분을 내려가면 삼거리다. 삼거리에서 왼쪽 하산길을 따라 11분을 내려가면 화개사에 닿는다. 화개사에서 도로를 따라 가지 말고 면사무소 방향 오른쪽 등산로를 따라 내려간다.

오른편 산길로 접어들면 비탈길로 이어진다. 비탈길을 따라 10분 거리에 이르면 삼거리다. 삼거리에서 직진 하면 바로 왼쪽으로 갈림길이 나오는데 직진한다. 계속 비탈길을 따라 7분정도 가면 또 왼쪽으로 길이 나오는데 직진한다. 직진하여 1분 거리 큰길 삼거리에서 왼쪽으로 간다. 넓은 하산길을 따라 4분 정도 가면 갈림길이다. 갈림길에서 왼쪽으로 4분 거리에 이르면 교동면사무소에 닿는다.

### 여행 정보 Tourist Information

**교통**

**자가운전** 수도권에서 김포 강화 방면으로 이어지는 48번 국도를 타고 강화대교→강화읍 통과→직진 하점면 이강삼거리에서 우회전→검문소 통과 교동대교 통과→교동면사무소 주차.

**대중교통** 신촌전철역 1번 출구 현대백화점 앞에서 10분~15분 간격으로 운행하는 강화행 3000번 좌석버스 이용, 또는 (부평-강화 90번) (영등포-강화 1번) (인천-강화 70번) (안양-강화 3번) 버스를 타고 강화읍 하차. 강화읍 버스터미널에서 교동도로 왕래하는 군내버스 1일 5회(05:50 07:25 09:30 12:20 13:40) 버스 이용 교동면사무소 하차.

**식당**

해성식당 교동면 대룡안길54번지 23. 032-932-4111
자연산추어탕 교동면 교동남로 20번길. 032-934-8996
수정식당 (일반식) 교동면 교동서로 6. 032-933-7442

**명소**

평화전망대 양산면 철산리 산 6-1
북한 땅이 바로 가까이 보이는 매우 가치 있는 전망대이다.

# 강화도(江華島) / 마니산(摩尼山) 472.1m

# 강화도 마니산
인천광역시 강화군 화도면

마니산 정상으로 이어지는 능선

강화도(江華島) 마니산(摩尼山. 472.1m)은 민족의 영산이다. 북으로는 백두산, 남으로는 한라산, 정중앙에 위치하여 산 정상에는 단군이 민족의 번영을 기원하던 제단이라고 전해 내려오는 참성단(塹城壇)이 있다. 화강암으로 높이 6m 사각 제단인 참성단의 기초는 하늘을 상징하여 둥글게 쌓았고, 단은 땅을 상징하여 네모로 쌓아 신성감을 느끼기에 충분하다(사적 136호). 지금은 해마다 개천절에 이곳에서 단군의 제사를 지내며, 전국 체육대회 때마다 성화는 이 참성단에서 7선녀에 의해 채화되어 행사장까지 봉송된다.

## 등산로 Mountain path

**마니산** 총 4시간 24분 소요

주차장 → 40분 → 315고개 → 60분 → 참성단 → 30분 → 마니산 → 39분 → 고개 → 35분 → 함허동천 주차장

화도면 문곡리 마니산 주차장에서 산 쪽으로 50m 정도 들어가면 매표소가 있다. 매표소에서 5분을 가면 갈림길이다. 왼쪽은 계단로이고 오른쪽은 단군로이다. 오른쪽으로 다리를 건너면 계곡과 능선으로 갈림길이 있는데 오른쪽으로 간다. 오른쪽 길로 올라가면 지능선으로 이어져 주능선삼거리에 닿는다.

매표소에서 35분 거리다. 삼거리에서 왼편 동쪽으로 남쪽 바다를 바라보면서 능선길을 따라 1시간을 올라가면 참성단 삼거리에 닿는다. 참성단삼거리에서 오른편 동쪽 방면으로 비탈길을 따라가면 마니산종합안내문이 있는 헬기장이다. 참성단은 출입을 금지하고 있으며 매년 개천대제행사 때 12월 31일과 1월 10일부터-3일까지는 개방한다. 정상은 헬기장에서 동릉을 따라 30분 거리에 위치하고 있다. 헬기장에서 하산은 다시 참성단삼거리까지 되돌아온 다음, 오른편 917계단 길을 따라 50분을 내려가면 마니산주차장에 닿는다.

정상까지 종주산행은 헬기장에서 계속 동릉을 타고 간다. 바윗길로 이어지는 동쪽 능선길을 따라 30분 거리에 이르면 마니산 정상에 닿는다.

정상에서 하산은 직진 동쪽으로 4분 거리에 이르면 갈림길이다. 왼쪽은 함허동천으로 가는 길이고, 오른쪽은 함허동천 또는 정수사로 가는 길이다. 오른쪽 능선을 따라 내려가면 험한 바윗길이 나온다. 바위에서 왼편으로 우회하여 내려간다. 조금 내려가서 갈림길이 나오면 오른쪽으로 올라서 능선으로 오르게 되어 30분을 내려가면 사거리고개에 닿는다.

오른쪽은 정수사 왼쪽은 함허동천으로 내려가는 길이다. 왼쪽으로 10분을 내려가면 265봉 방향 합길에 닿는다. 합길에서 25분을 더 내려가면 매표소에 닿는다.

마니산산행은 차를 가지고 가면 화도면 마니산 북쪽 주차장에 주차를 하고 원점회귀산행을 하고, 버스 편을 이용하면 북쪽 주차장에서 정상을 경유하여 남쪽 함어동천으로 하산하는 산행이 일반적이다.

## 여행 정보 Tourist Information

### 교통
**자가운전** 수도권에서 김포-강화 방면 48번 국도를 타고 강화대교→강화읍에서 마니산 방면 84번 군도를 타고 화도면 마니산주차장.

**대중교통** 신촌전철역 1번 출구 현대백화점 앞에서 김포공항 경유 강화행 3000번 좌석버스 이용, 또는 (인천터미널-강화 700번) (부평-강화 90번) (영등포-강화 1번) (안양-강화 3번) (광명역-강화 33번)버스를 이용, 강화읍에 도착한 다음, 강화읍에서 1시간 간격으로 운행하는 화도면(마니산)행 시내버스를 타고 마니산 주차장 하차.

### 식당
**목식당** (한식) 화도면 마니산로 675. 032-937-5590
**내리해물** (해물) 화도면 해안남로 2667. 032-937-5242

### 명소
**동막해수욕장** 화도면 해안남로 1481
세계 5대 갯벌 중 하나로 갯벌체험을 하기에 좋은 곳이다.
**평화전망대** 양산면 철산리 산 6-1
북한 땅이 바로 가까이 보이는 매우 가치있는 전망대이다.

# 석모도(席毛島) / 해명산(海明山) 320m  상봉산(上峰山) 316.1m

석모도 낙가산 마애불

## 석모도 해명산·상봉산
인천광역시 강화군 삼산면

### 등산로 Mountain path

**해명산-상봉산** 총 4시간 53분 소요
전득이고개 → 35분 → 해명산 → 55분 →
밤개고개 → 50분 → 보문사삼거리 → 17분 →
절고개 → 30분 → 상봉산 → 25분 →
절고개 → 25분 → 보문사주차장

석모도(席毛島)에는 매음도 금음복도 매도 석포도 등 여러 이름으로 불려오다가, 조선 숙종 때 들모퉁이란 뜻의 석우라는 이름으로, 영조 때 돌모로라는 뜻의 석모로란 이름이 붙은 뒤, 자연스럽게 석모도라는 이름으로 옮겨갔다고 한다. 돌모로 돌모퉁이라 함은 돌의 모퉁이란 뜻도 있지만, 돌투성이인 산자락의 모퉁이로 물이 돌아 흐른다고 하여 붙은 이름이기도 하다. 석모도에는 해명산(海明山. 320m) 상봉산(上峰山. 316.1m) 낙가산(洛迦山)이 있고 보문사가 자리하고 있다.

김정인 풍수지리 우리나라 4대 관음사찰로 석모도의 보문사(普門寺) 양양 홍련암(紅蓮庵) 남해의 보리암(菩提庵) 여수의 향일암(向日庵)이 꼽힌다. 관음사찰은 모두 파도소리가 들리는 바닷가에 위치하는데 관음이란 소리를 보다는 의미를 가진다. 바다의 파도소리 해조음(海潮音)에 집중하면서 깨달음을 얻는다는 관음(觀音)에서 유래한다.

보문사가 위치한 곳은 낙가산(洛迦山) 아래 서해바다가 잘 보이는 전망 좋은 곳인데, 낙가산을 주산으로 하여 좌우의 능선들이 보문사를 겹겹이 감싸주고 앞으로는 서해안이 펼쳐지는데 섬들이 솟아 있어 안산조산을 잘 갖춘 곳이다.

석모도 서쪽 편 남단에는 보문사가 있고 보문사 뒤편으로 419개 석 계단을 오르면 마애불이 있으며, 마애불 뒷산을 낙가산으로 부른다. 보문사는 신라 선덕여왕 때인 (635)년에 회정대사가 세웠다고 전해진다. 승용차를 이용할 때는 보문사 주차장에 주차하고, 버스 편으로 전득이고개로 가서 산행을 시작한다. 전득이고개를 기점으로 북서쪽 능선을 타고 해명산에 오른 다음, 계속 북서쪽 능선을 따라 낙가산 갈림길에서 서쪽으로 하산하면 보문사로 내려간다. 상봉산은 낙가산 갈림길에서 계속 북서쪽 능선을 타고 절고개를 경유하여 삼봉산에 오른 후, 하산은 다시 절고개로 되돌아와서 서쪽 보문사로 내려간다.

석포리 선착장에서 보문사 방면 도로를 따라 약 2.5km 거리에 이르면 전득이고개가 나온다. 전득이고개가 등산기점이다. 전득이고개에서 등산로 안내판을 따라 13분을 올라가면 230봉에 닿는다. 230봉에서 계속 능선길을 따라 22분을 더 올라가면 삼각점이 있는 해명산 정상이다.

해명산에서 평지와 같은 능선길을 따라 22분을 가면 310봉에 닿는다. 310봉에서도 평지와 같은 능선을 따라 31분을 걸으면 밤개고개 사거리에 닿는다.

이 지점에서 동쪽 길은 석포리(밤개) 방면이고 서쪽은 매음리(윗말) 방면이다. 상봉산 방향인 서북쪽을 향해 능선길을 따라 24분을 올라가면 270봉이다. 이 지점은 두 능선으로 갈라지는데 서편 왼쪽으로 내려가야 한다. 서쪽으로 내려가면 새기리고개 안부를 지나서 다시 올라가면 250봉 전망바위봉에 닿는다.

여기서부터는 다시 서북 방면으로 등산로가 이어지며, 평지와 같은 길을 따라 25분을 가면 낙가산 바위 앞 보문삼거리에 닿는다.

이 삼거리에서 왼편 서남쪽으로 내려가면 마애불을 거쳐 보문사로 내려간다. 삼거리에서 서북쪽을 향해 바위를 올라서 넓은 바위를 지나면 바로 낙가산 정상이다. 낙가산을 뒤로 하고 서북쪽 방면으로 가면 235봉을 거쳐 절고개 보문삼거리에 닿는다. 보문삼거리에서 17분 거리다.

절고개에서 북쪽 길은 삼산면사무소로 가고 남쪽으로 내려가면 보문사로 내려간다. 다시 서쪽 능선길을 따라 10분을 오르면 산불감시초소가 있고 20분을 더 올라가면 상봉산 정상에 닿는다.

정상은 바위 봉으로 전망이 빼어나며 삼각점이 있고 표지목이 있다. 상봉산에서 계속 서쪽으로 산길이 있고 동쪽으로도 산길이 있다. 하지만 미확인 길이고 교통이 불편하므로 보문사로 하산하는 것이 일반적이다. 상봉산 정상에서 다시 절고개사거리까지 되돌아와서 남쪽으로 15분을 내려가면 보문사에 닿는다. 보문사 극락보전(極樂寶殿) 오른쪽으로 419계단을 올라가면 마애불이며 15분 거리다. 보문사에서 10분을 내려가면 버스종점 주차장이다.

위와 같은 산행은 종주산행이며 간단한 산행은 보문사에서 마애불을 경유하여 능선삼거리에서, 왼쪽으로 절고개를 거쳐 상봉산에 오른 후에 다시 절고개 보문사로 하산하면 된다.

## 여행 정보 Tourist Information

### 교통
**자가운전** 올림픽대로-김포-강화 방면 48번 국도를 이어타고 강화대교→강화읍에서 좌회전→서쪽 외포리 방면 84번 군도를 타고 외포리 선착장도착.
외포리선착장에서 평일 1시간. 토 일요일은 30분 간격으로 운행하는 석모도행 배편을 이용, 석모도 보문사 주차장(승용차 가능).

**대중교통** 신촌전철역 1번 출구 현대백화점 앞에서 10분~15분 간격으로 운행하는 강화행 좌석버스 3000번 이용, 또는 (부평-강화 90번) (영등포-강화 1번) (인천-강화 70번) (안양-강화 3번) 버스를 타고 강화읍에 도착한 다음, 강화읍에서 50분 간격으로 운행하는 외포리행 시내버스를 타고 외포리선착장 하차.
외포리선착장에서 오전 7시부터 30분~1시간 간격으로 출항하는 석모도행 배를 타고 석모도 선착장에 도착 후, 석모도 선착장에서 보문사를 왕래하는 마을버스를 타고 전득이고개 하차.

### 식당
**춘하추동**(꽃계탕) 삼산면 삼산남로 823. 032-932-3584
**솔밭식당**(산채비빔밥) 삼산면 매음리 보문사 입구. 032-932-3138
**토담마을**(한식) 삼산면 삼산남로 910. 032-932-1020

### 숙박
**언덕위에하얀집**(펜션) 삼산면 삼산남로 760. 032-933-3884
**다향펜션** 삼산면 삼산남로 326. 010-5661-2674

### 명소
**보문사 마애석불좌상** 삼산면 삼산남로 828번지
보문사 주지 배선주가 조각한 석불좌상.

**석모도자연휴양림** 삼산면 삼산서로 39-7
연중휴무 휴일 없는 자연휴양림이다.

**동막해수욕장** 화도면 해안남로 1481
폭 10m 길이 200m로 강화에서 가장 큰 모래톱을 자랑하며, 세계 5대 갯벌 중 하나로 꼽힐 만큼 갯벌체험을 하기에 좋은 곳이다.

**전등사** 길상면 전등사로 37-41
고려의 몽고항쟁 시기에 궁궐을 지었던 정족산성 또는 삼랑성이라 불리는 성곽 안에 있어 더욱 볼거리가 많다.

**평화전망대** 양산면 철산리 산 6-1
북한 땅이 바로 가까이는 장소이며 여타 전망대에 비하여 매우 가치 있는 전망대이다.

**덕진전** 불은면 덕성리 846번지
고려시대 강화해협을 지키는 외성의 요충.

**광성보** 불은면 해안동로 466번길 27
강화해협을 지키는 중요한 요새.

**고려산** 강화읍 내가면 하점면 송해면
고려산은 그 인근에 130여기의 고인돌을 품고 있으며 고려산 북편 시루미산은 연개소문의 출생지로 알려져 있다.

석모도 보문사 극락보전

# 영종도(永宗島) / 백운산(白雲山) 255.2m

영종도 백운산 정상

## 영종도 백운산
인천광역시 중구 영종도

영종도(永宗島)는 백제에서 조선 중기까지 자연도로 불리었으며 영종이란 이름이 붙은 것은 숙종 때로 주변에 북도와 용유도(龍遊島)를 거느리고 있다고 하여 영(領)자로 하였다. 동쪽에 인천을 머리에 이고 서쪽에 신불도(薪佛島)가 양 옆을 받치고 있다(示)하여 宗자를 사용해서 긴 마루의 뜻을 가진 영종이라 부르게 되었다.

백운산(白雲山. 255.2m)은 영종도 한 중심에 솟은 산이다. 아침 저녁에는 구름과 안개가 자욱이 끼고 석양에 비치는 오색구름이 산봉우리에 머물 때면 선녀들이 내려와 약수를 마시며 놀고 간다하여 백운산이라 칭하게 되었다고 한다. 그리 높지 않은 산이지만 영종도에서는 가장 높은 산이며 날씨가 맑은 날에는 동북쪽으로는 인천 월미도, 강화도 등이 보이고 남서쪽으로는 인천대교, 인천국제공항과 장봉도, 무의도 등 인천 앞바다에 흩어져 있는 섬들이 잘 보인다.

### 등산로 Mountain path

**백운산 총 3시간 소요**

운서역 → 44분 → 산불초소 → 28분 → 백운산 → 36분 → 용궁사 → 12분 → 전소마을

공항철도 운서역에서 나와 오른쪽 도로를 따라 약 150m 거리에 이르면 신호등 삼거리다. 삼거리에서 도로를 건너 우회전 도로를 따라 철도 밑을 통과하여 200m 거리에 왼쪽으로 농로 같은 길이 나온다. 이 길을 따라 50m 정도 가면 정면으로 대규모 공사장이다. 여기서 오른편 산과 공사장 사이로 난 등산로를 따라 간다. 뚜렷한 등산로를 따라 10분을 가면 갈림길이다. 갈림길에서 왼쪽으로 간다. 약간 내려가다가 평지와 같은 오솔길을 따라 10분을 가면 산맥이 끊기는 지역이 나온다. 여기서 계속 이어지는 산길을 따라 12분 거리에 이르면 산불초소가 있는 고개사거리다.

사거리에서 직진하여 14분을 올라가면 오른쪽으로 갈림길이다. 갈림길에서 직진하여 9분을 오르면 운동시설이 있는 쉼터가 나오고, 5분을 더 오르면 데크를 지나서 백운산 정상 헬기장에 닿는다. 정상에서 바라보면 사방이 막힘이 없다. 인천공항과 영종도 일대가 속속들이 다 내려다보이고 강화도 장봉도 무의도가 가까이 보인다.

하산은 (1) (2) (3) 곳이 있다.

(1) 헬기장에서 동쪽 전소리 방면으로 주능선을 따라 26분을 내려가면 용궁사에 닿는다.

용궁사에서 오른편으로 5분을 가면 고개가 나오고 고개에서 직진 7분 거리에 이르면 중구출장소(보건소)이다. 출장소에서 5분 거리에 이르면 전소농협 버스정류장이다. 전소농협에서 운서역행 버스가 30분 간격으로 운행한다.

(2) 백운정에서 남쪽 운서초교 방면으로 10분을 내려가면 갈림길이다. 갈림길에서 직진 11분 거리에 이르면 쉼터 사거리다. 사거리에서 오른쪽 운서초교 이정표를 따라 10분 거리에 이르면 운서초교 앞 버스정류장에 닿는다.

(3) 백운정에서 남쪽으로 10분 거리에 이르면 갈림길이다. 갈림길에서 오른쪽 과학고등학교 방면 길로 내려간다. 나무계단을 따라 내려가면 하산길은 계곡을 지나서 오른편 비탈길로 이어지다가 내려가게 되어 18분 거리에 이르면 과학고등학교 왼편 울타리에 닿는다. 여기서부터 울타리를 따라 9분을 가면 과학고등학교 입구를 지나고 쌍굴 쪽으로 샛길을 따라 4분을 가면 도로에 닿으며 도로를 따라 18분 거리에 이르면 운서역에 닿는다.

### 여행 정보 Tourist Information

**교통**
서울역에서 5호선 인천공항행 전철을 타고 운서역 하차. 하산지점 전소리나 운서초교 앞에서 운서전철역행 마을버스 222번 221번 202번 203번을 타고 운서역 하차.

**식당**
충청도회조개구이 을왕리 해수욕장내. 032-746-3365
산장오리 운남동 498-1. 032-751-7737
미미네해물칼국수 덕교동 188. 032-746-3838
늘목쌈밥(쌈밥 전문) 중구 을왕동 238-4 032-746-8877

# 무의도(無衣島) / 호룡곡산 243.7m  국사봉 237.2m

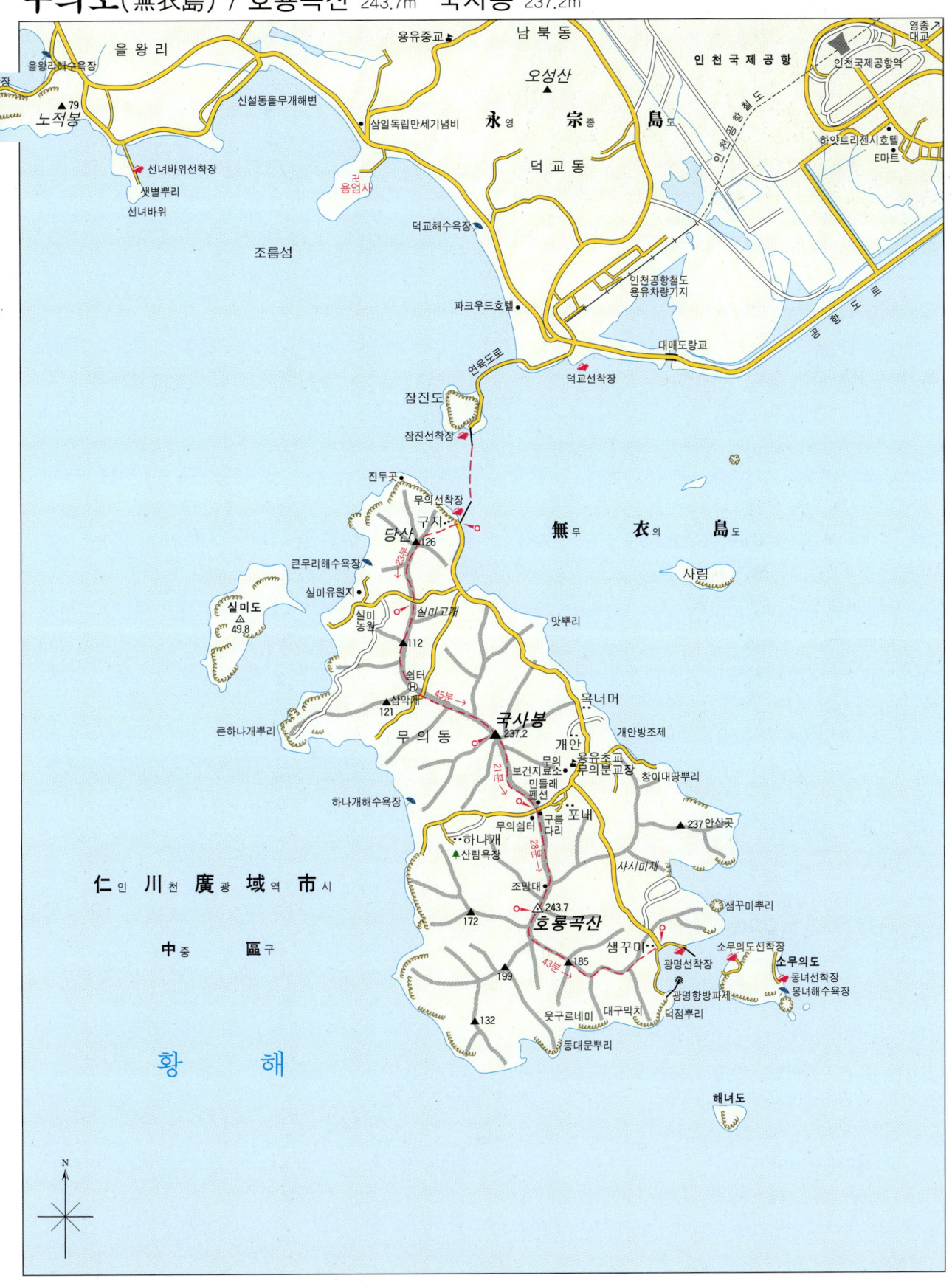

호룡곡산 정상에서 바라본 무의도 서쪽 해변

## 무의도 호룡곡산 · 국사봉
인천광역시 중구 무의도

무의도(舞衣島)는 옛날에 선녀가 내려와서 춤을 추었다 하여 무의도(舞衣島)라 하고, 옛날 어부들이 짙은 안개를 뚫고 근처를 지나가다 섬을 바라보면 섬이 마치 말을 탄 장군이 옷깃을 휘날리며 달리는 모습, 또는 선녀가 춤추는 모습 같다하여 전해오는 지명이며, 조선 중기에는 무의도(無依島)로 표기되기도 하였다고 한다.

남쪽은 호룡곡산(虎龍谷山. 243.7m), 북쪽은 국사봉(237.2m)이다. 큰 섬을 대무의도(大舞衣島) 작은 섬을 소무의도(小舞衣島)라고 하며, 부근에 실미도(實尾島)소무의도 해리도(海里島) 상엽도(桑葉島) 등 부속 도서가 산재하여 주민들은 보통 큰 무리섬이라고 한다.

등산로는 선착장에서 시작하여 남쪽 끝 광명까지 약 6km 능선으로 이어지는데 등산로가 잘 정비되어 있고 요소에 이정표가 배치되어 있어서, 이정표만 확인하면서 산행을 하면 누구나 큰 어려움 없이 목적한대로 산행을 할 수 있다.

### 등산로 Mountain path

**국사봉-호룡곡산** 총 3시간 40분 소요

무의선착장 → 23분 → 실미고개 → 45분 →
국사봉 → 21분 → 구름다리 → 28분 →
호룡곡산 → 43분 → 광명선착장

큰무의선착장에서 하선하자 바로 건너편에 등산로안내판이 있다. 나무계단으로 시작하는 등산로를 따라 13분을 오르면 쉼터로 좋은 당산에 닿는다.

당산에서 외길로 이어지는 등산로를 따라 10분을 내려가면 도로 실미고개에 닿는다.

실미고개에서 도로를 가로질러 3분 거리에 이르면 이정표가 있는 갈림길이다. 갈림길에서 왼쪽 길을 따라 9분을 올라가면 오른쪽 실미도 갈림길 봉우리에 닿는다. 갈림길에서 직진

하여 4분을 내려가면 또 오른쪽 실미도로 가는 갈림길이다. 갈림길에서 직진으로 2분을 내려가면 헬기장 넓은 공터가 나온다. 공터를 지나고 2분 거리에 이르면 삼막개 도로에 닿는다. 도로를 따라 조금 가서 이정표가 있는 오른쪽 산길로 오른다.

국사봉 이정표 등산로를 따라 27분을 올라가면 삼거리가 나온다. 삼거리에서 왼쪽으로 올라서면 넓은 쉼터 시설이 있는 국사봉(237.2m)이다.

국사봉에서 하산은 다시 삼거리로 되돌아온 다음 왼쪽으로 간다. 왼쪽 능선을 따라 21분을 내려가면 도로 위를 통과하는 출렁다리가 나온다.

출렁다리를 건너 호룡곡산 이정표를 따라 17분을 올라가면 조망대가 있다. 조망대에서 바라보면 서쪽 하나개해수욕장이 아름답게 내려다보이고 서해바다에 작은 섬들이 사야에 들어온다. 조망대에서 계속 능선길을 따라 11분을 올라가면 호룡곡산 정상이다.

하산은 외길인 서남쪽 능선길을 따라 10분 내려가면 의자가 있는 쉼터가 나온다. 쉼터에서 조금 오르면 작은 봉우리를 통과하고 내리막길로 이어져 43분을 내려가면 버스종점 광명마을 삼거리에 닿는다.

### 여행 정보 Tourist Information

#### 교통
**자가운전** 인천공항고속도로를 타고 영종대교 통과 고속도로 끝에서 직진 공항로에서 우회전→공항남로를 타고 8km 덕교동에서 좌회전→잠진도선착장→승선→무의도선착장 주차. 인천대교를 타면 공항로에서 좌회전→공항남로.

**대중교통** 서울역에서 5호선 인천공항행 전철을 타고 인천공항역 하차. 인천공항역 3층 5번 출구에서 잠진도행 버스 222번을 타고 잠진도 하차.
인천역, 동인천역에서는 306번(인천공항 경유) 을왕리행 버스를 타고 덕교동(거잠포)에서 하차. 잠진선착장까지 10분 거리다.

* 잠진도~무의도행 배편(06:45~19:00, 약 30분 간격).

#### 숙식
**자매조개구이** 중구 대무의도로 86-4. 032-746-4948
**수리봉식당** 중구 대무의도로 7. 032-747-0022
**하얀펜션** 중구 대무의도로 90(무의동). 032-752-7747

# 신도(信島) / 구봉산(九峰山) 178.8m

신도 구봉산 전경

## 신도 구봉산
인천광역시 옹진군 북도면 신도리

신도(信島)는 영종도 삼목선착장에서 바로 건너다보며 배로 20분 거리에 위치한 섬이다. 신도는 북도면에 속해있으며 북도면은 신도 시도 모도 장봉도 4개의 유인도와 10개의 무인도로 이루어져 있다. 지명은 이곳에 사는 주민들이 성실하고 순박하다는 뜻에서 유래되었다고 하고, 진짜 소금을 생산하는 곳이라 하여 진염(眞鹽)이라고도 한다. 섬 대부분이 산으로 이루어져 있고 최고점이 구봉산(九峰山. 178.8m)이다.

### 등산로 Mountain path

**구봉산** 총 3시간 18분 소요

선착장 → 10분 → 삼거리 → 12분 → 임도삼거리 → 25분 → 구봉정 → 18분 → 구봉산 → 10분 → 초소삼거리봉 → 5분 → 임도 → 30분 → 도로 → 15분. → 왕봉산 → 13분 → 도로
(산불초소 → 15분 → 신도1리 마을회관)

신도선착장에서 2차선 도로를 따라 10분 거리에 이르면 2차선도로 삼거리다. 구봉산 등산 이정표가 있는 이 삼거리에서 집 외쪽으로 난 등산로를 따라 오르면 묵밭을 통과하면서 산길로 이어져 10분을 오르면 능선 갈림길에 닿는다. 능선에서 오른쪽 능선길을 따라 5분을 가면 사거리다. 사거리에서 직진하여 능선길을 따라 2분 거리에 이르면 임도 갈림길이다. 임도갈림길에서 오른쪽 임도로 간다. 구봉산 남쪽 방향으로 이어지는 오른쪽 임도를 따라 20분 거리에 이르면 임도 삼거리가 나타난다. 삼거리에서 왼쪽 임도를 따라 6분 거리에 이르면 전망이 좋은 구봉정(정자)이다. 구봉정은 임도 삼거리이고 서쪽 방향 구봉산으로 오르는 등산로가 하나 더 있다. 바로 이 등산로를 따라 간다. 구봉산을 향해 나무판자로 시작되는 등산로로 접어들면 솔밭 능선길로 이어지면서 18분을 오르면 삼각점과 돌탑이 있는 구봉산 정상이다.

하산은 서쪽으로 직진하여 10분 거리에 이르면 정상과 비슷한 봉우리가 있다. 산불초소가 있는 이 봉우리는 삼거리이고 산행 경로를 결정하는데 중요한 지점이다.

* 단거리 코스는 왼편 서쪽 방면으로 10분을 내려가면 임도와 만나는 사거리다. 사거리에서 직진 5분을 더 내려가면 신도1리 경로당 마을회관에 닿는다. 마을회관에서 왼편 남쪽으로 이어지는 차로를 따라 40분 정도 거리에 이르면 삼거리 등산기점을 통과하면서 신도선착장에 닿는다.

* 왕봉산으로 이어지는 장거리 코스는 산불초소 삼거리에서 오른편 북쪽능선으로 5분을 내려가면 임도와 등산로 사거리다. 사거리에서 임도를 가로 질러 북쪽으로 직진 등산로를 따라 12분을 올라가면 능선 마지막 봉이다. 여기서부터 내리막길로 이어져 10분을 내려가면 안부사거리다. 안부사거리에서 직진하여 능선길을 따라 7분을 내려가면 2차선 도로에 닿고 왼쪽으로 40m 가면 이정표가 있는 고개에 닿는다.

왕봉산은 고개 오른쪽 농로로 20m 거리 이정표에서 오른쪽으로 100m 정도 올라가면 갈림길이다. 갈림길에서 오른쪽으로 15분을 오르면 의자만 있고 표시가 없는 삼거리 쉼터 왕봉산이다. 왕봉산에서 하산은 올라왔던 그대로 13분 되돌아오면 2차선 도로에 닿는다.

### 여행 정보 Tourist Information

**교통**

서울역에서 5호선 인천공항행 전철 이용 운서역 하차. 운서역 건너편에서 201번 307번 삼목선착장행 버스를 타고 삼목선착장 하차.
삼목선착장에서 신도선착장행 운항시간 07시10분~18시10분까지 매시 10분 출항.
신도천착장에서 삼목선착장행 운항시간 07시30분~18시30분까지 매시 30분 출항.
신도공용버스는 선착장에서 07시 30분부터 매시 30분에 출발하여 오후 8시까지 한 시간 간격으로 신도-시도-모도 섬을 돌아온다.

**숙식**

부자식당(일반식) 북도면 신도리 558. 032-751-8207
계절식당(각종해산물) 북도면 신도리 54번길. 032-751-1988
수빈이네민박 북도면 신도 3리 391. 032-752-5157

# 장봉도(長峰島) / 국사봉 150.3m

강화, 용유 1:50,000

국사봉에서 바라본 장봉도

# 장봉도 국사봉
인천광역시 옹진군 북도면 장봉리

장봉도(長峰島)는 섬의 모양이 길고 봉우리가 많아 장봉도라 명명하게 되었다고 하며 신석기시대 전기부터 사람이 살기 시작한 것으로 추정된다. 1914년 부천군에 편입되어 북도면에 속하다가 1973년 7월 1일 부천군에서 옹진군으로 편입된 후, 1995년 경기도에서 인천광역시로 편입되어 오늘에 이르고 있다. 넓고 비옥한 목초지가 있어 말을 사육하는 국영목장이 설치되기도 하였다. 최고봉인 국사봉(150.3m)을 중심으로 100m 내외의 경사가 완만한 구릉지들로 이루어져 있다.

###  등산로 Mountain path

**국사봉 총 5시간 40분 소요**

장봉3리고개 → 60분 → 산끝전망대 → 55분 →
장봉3리고개 → 70분 → 국사봉 → 55분 →
장봉1리 → 40ㄴ분 → 옹암선착장

삼목선착장에서 장봉도행 배편 시간에 맞추어 장봉도 옹암선착장에 도착하자마자 장봉3리까지 왕래하는 마을버스를 타고 장봉3리 버스종점 하차. 종점에서 오른쪽 마을길을 따라 100m 거리에 이르면 마을삼거리다. 삼거리에서 왼쪽 소형차로를 따라 100m 정도 가면 정자가 있는 고개가 나온다.

이 고개가 장봉도 산행기점이다. 고개에서 정자 왼쪽으로 난 등산로를 따라 오르면 다소 경사가 급한 산길로 이어진다. 뚜렷한 등산로를 따라 가면 중간에 갈림길이 나타나지만 직지으로 능선만을 따라 23분 거리에 이르면 봉우리 정자에 닿는다. 정자에서 계속 능선을 따라 23분 거리에 이르면 전망봉에 닿는다. 전망봉에서 계속 서쪽 능선을 따라 14분을 내려가면 섬 끝 바닷가 데크 전망대가 있다. 여기서 시간이 있으면 바윗길 바닷가에 내렸다가 다시 올라와도 좋다.

전망봉에서 다시 처음 출발했던 고개까지 왔던 길로 되돌아가야 한다. 전망봉에서 55분 거리에 이르면 정자를 통과하여 산행기점 장봉3리고개에 닿는다.

고개에서 농로를 건너 산길로 접어들어 10분 정도 가면 또 농로가 나온다. 농로에서 오른쪽으로 50m 정도 가면 고개를 지나서 바로 삼거리가 또 나온다. 여기서 왼쪽농로를 따라 10분 정도가면 통나무 수도(물)가 있는 삼거리가 나온다. 삼거리에서 외쪽 국사봉 이정표를 따라 간다. 능선으로 이어지는 능선을 따라 20분을 가면 하얀 통을 지나 헬기장이다. 헬기장을 지나서 10분을 가면 갈림길이 나오고, 다시 급경사로 이어져 14분을 올라가면 정자가 있는 국사봉 정상에 닿는다.

국사봉에서 계속 동쪽 능선을 따라 10분을 내려가면 도로가 나온다. 도로 오른쪽으로 10m 가서 다시 왼쪽 산으로 올라가 18분을 가면 다시 도로가 나오고, 도로를 가로질러 27분을 가면 장봉1리 마을로 내려선다. 마을에서 이정표를 따라 다시 산으로 올라서 23분을 가면 정자가 있는 봉우리에 닿는다. 정자에서 계속 이어지는 동쪽 능선을 따라 가면 삼각점봉을 통과하고 이어서 하산길은 왼쪽으로 꼬부라지면서 17분을 더 내려가면 도로에 닿는다.

### 여행 정보 Tourist Information

**🚌 교통**

서울역에서 5호선 인천공항행 전철을 타고 운서역 하차. 운서역 건너편에서 삼목선착장행 201번 307번 버스를 타고 삼목선착장 하차. 삼목선착장에서 07시10분부터~18시 10분까지 매시 10분 출발하는 신도 경유 장봉행 배를 타고 장봉도(옹암)선착장 하선. 배 시간에 맞추어 대기하고 있는 마을버스를 타고 장봉 3리 하차.
하산 후 장봉도(옹암)선착장에서 매시 정각에 출발하는 삼목행 배편 이용 후, 삼목선착장에서 201번 307번 온수역 방면행 버스 이용, 온수역 하차 후, 인천공항철도 이용.

**🍴 숙식**

장봉도 파주식당 북도면 장봉로 202. 032-752-8663
갯벌식당(민박) 북도면 장봉리 52. 032-751-6188
S펜션 북도면 장봉로 249. 010-2966-2378

**🏛 명소**

옹암해수욕장 2km의 완만한 경사의 백사장과 주변에는 100년이 넘는 소나무들이 울창한 숲을 이루는 곳.

영흥도(靈興島) / 국사봉 156.3m  망태산 128m  양로봉 156.3m

영흥도 국사봉 정상

## 영흥도
### 국사봉 · 망태산 · 양로봉
인천광역시 옹진군 영흥면

### 등산로 Mountain path

**망태산-국사봉-양로봉** 총 4시간 35분 소요
영흥초교 → 27분 → 망태산 → 48분 →
국사봉 → 40분 → 장경리 해변 → 40분 →
양로봉 → 60분 → 에너지파크

영흥도(靈興島)는 인천항에서 남쪽으로 26km 지점에 위치하고 있다. 영흥도를 비롯하여 선재도 측도 부도 등 4개의 유인도와 18개의 무인도가 합하여 영흥면이다. 원래 명칭은 연흥도(延興島)라 하였으나 고려 말 익령군(翼嶺君) 기(奇)가 정국의 불안으로 자신의 목숨이 위태로와 지자 온 가족을 이끌고 이곳으로 피신하면서 익령군의 영(靈)자를 따서 영흥도(靈興島)라고 칭하였다.

삼국시대에는 백제에 속하였고 1018년(고려 현종 9년) 수주(수원)에 속군 되었으며 뒤에 인주(인천)에 속하였다. 조선시대에는 남양부에 속하였고 1914년 경기도 부천군에 소속되었다. 1973년 지금의 옹진군에 편입되었다가 1995년 인천광역시로 통합 편입되었다. 2001년 영흥대교가 개통되면서 승용차로 들어갈 수 있는 섬이 되었다.

영흥도에는 국사봉(國思峰 156.3m) 양로봉(養老峰 156.3m) 망태산(128m)이 큰 줄기를 이루고 있다.

등산로는 영흥초교에서 시작하여 망태산 국사봉 통일사 장경리해변으로 일단 하산한 후, 다시 양로봉에 오르고 에너지파크로 하산한다.

붉은노리에서 망태산 구간은 사유지라 하여 입산을 통제하고 있어 영흥초교에서 산행을 시작하게 되었고, 심리포해변 방면에서 국사봉에 오르는 등산로는 통일사 입구까지 임도이고, 차량 통행이 많아 등산로로는 부적격하므로 참고를 한다.

간단한 산행은 영흥초교에서 망태산 국사봉 통일사 장경리 해변까지만 하고, 장거리 산행은 에너지파크까지 하면 된다.

하산지점에서 공용버스를 이용 할 수 있고 1시간 간격으로 운행되며 터미널이 종점이다. 시간이 여유가 있으면 버스터미널에서 (심리포 방면 2번) (장경리 방면 1번) (선재도 방면 3번) 공용버스를 타고 영흥도 선재도를 한 바퀴 돌아보는 것도 좋을 것이다.

영흥초등학교 정문이 영흥도 망태산 국사봉 양로봉 산행 기점이다. 영흥초교정문에서 바로 왼쪽 농로를 따라 50m거리에 이르면 삼거리다. 삼거리에서 왼쪽으로 100m거리에 이르면 오른쪽에 빨간 벽돌집이 있고 바로 왼편에 능선으로 등산로가 있다. 아무 표시고 없고 등산로 입구도 희미하게 보인다. 희미한 등산로를 따라 가면 등산로는 점점 뚜렷하게 이어진다. 뚜렷하고 완만하게 이어지는 등산로를 따라 10분을 올라가면 주능선 삼거리에 닿는다.

주능선 삼거리에서 왼쪽은 국사봉, 오른쪽은 망태산이다. 일단 망태산을 향해 오르면 다소 경사진 등산로가 이어지면서 16분을 오르면 안테나와 건물이 있는 망태산 정상이다. 정상은 숲으로 우거져 있고 시야도 없다.

망태산에서 하산은 올라왔던 그대로 삼거리로 되돌아 내려간다. 삼거리에서 국사봉을 향해 직진으로 능선길을 따라 3분을 가면 삼거리다. 삼거리에서 계속 직진하여 2분을 더 가면 사거리다. 사거리에서 계속 직진하여 16분 거리에 이르면 2차선도로를 만난다. 도로를 가로질러 계속 능선을 따라 13분을 가면 국사봉 통일사로 가는 사거리 안부에 닿는다. 사거리에서 직진으로 급경사 능선길을 따라 8분을 더 오르면 국사봉이다. 국사봉은 2층 정자가 있고 삼거리다.

국사봉에서 하산은 북쪽 고개넘어 방면으로 직진하여 주능선을 따라 내려간다. 북쪽 방향 주능선길을 따라 1분 내려가면 이정표 갈림길이다. 갈림길에서 직진하여 주능선을 따라 9분을 더 내려가면 산길은 끝나고 왼쪽으로 내려서게 되며 임도 삼거리다.

임도 삼거리에서 왼편 중간 통일사 방면으로 간다. 통일사 이정표가 가리키는 임도를 따라 6분을 내려가면 통일사 삼거리에 닿는다. 통일사 삼거리에서 시멘트로 포장된 소형차로를 따라 2분 거리 삼거리에서 오른쪽으로 2분 내려가면 2차선

도로 삼거리다. 삼거리에서 오른쪽으로 도로를 따라 11분 거리에 이르면 장경리 해변 입구 삼거리다. 삼거리에서 왼쪽으로 3분 거리 낙조펜션에서 왼쪽으로 6분을 가면 삼거리다. 오른쪽에 빨간 벽돌집이고 양로봉 이정표가 있다.

이 삼거리에서 오른쪽 임도를 따라 13분을 가면 왼쪽으로 등산로가 나타난다. 여기서부터 임도를 벗어나 뚜렷한 등산로를 따라 16분을 올라가면 삼거리가 나온다. 삼거리에서 오른쪽으로 6분을 가면 밧줄지역을 지나서 삼거리다. 이삼거리에서 오른쪽으로 50m 정도가면 이 일대에서 가장 높은 양로봉이다. 아무런 표시가 없다.

정상 표시가 없는 양로봉에서 계속 4분을 더 가면 전망대가 있다. 전망대에서 하산은 올라왔던 그대로 양로봉을 거쳐 밧줄지역 삼거리로 되돌아가서 오른쪽 에너지파크로 간다.

밧줄지역 삼거리에서 오른쪽으로 8분을 내려가면 철망을 통과하여 전망이 좋은 쉼터가 있다.

쉼터를 뒤로하고 9분을 내려가면 안부사거리에 닿는다. 사거리에서 오른쪽 에너지파크 방면으로 10분을 가면 갈림길이다. 갈림길에서 오른쪽으로 9분을 올라가면 봉우리다. 봉우리에서 계속 능선을 따라 5분을 가면 헬기장 갈림길이다. 갈림길에서 오른쪽으로 4분 내려가면 왼쪽 안부에 녹색 건물이 있고 이정표 갈림길이다. 갈림길에서 직진 비탈길을 따라 10분을 내려가면 등산로 끝 도로에 닿는다.

도로에서 왼쪽으로 50m 내려가서 넓은 도로를 따라 5분 내려가면 에너지파크 앞 삼거리다. 삼거리에서 왼쪽으로 5분 거리에 이르면 에너지파크(CU)삼거리다. 여기서 터미널 행 공용버스가 1시간 간격으로 있다.

## 여행 정보 Tourist Information

### 🚌 교통
4호선 종점 오이도역에서 2번 출구로 나와 도로 건너 버스 정류장에서 영흥도행 1시간 간격으로 운행하는 790번 좌석버스를 타고 영흥도 버스터미널(종점) 하차.
영흥도 버스터미널에서 790번 도착 시간에 맞추어 대기하고 있는 장경리행(1번) 공용버스를 타고 영흥초교 하차. 심리포로 가는 버스는 공용버스(2번)이다.
하산지점에서 버스 편은 10분 거리 에너지파크 지나 에너지파크(CU)삼거리에서 터미널행(1번) 버스를 이용하면 된다. 장경리에서도 (2번 터미널행) 버스를 이용한다.
영흥택시는 무조건 만 원이다. 영흥택시 010-5338-9127

### 🍴 숙식
산호해물뚝배기 영흥면 내5리.
032-886-1320~1  010-8940-9937
우마루(한우) 영흥면 외리 910-4.
032-881-0405  010-4101-7703
바다소리펜편(식당) 영흥면 내리 1626-6.
032-886-5479  011-347-2013
그레이스펜션(식당) 영흥면 영흥북로 420. 070-4242-1271
돔하우스펜션 영흥면 내리 831. 010-8871-3709

### 🏛 명소
**장경리해수욕장** 영흥면 내리
백사장이 1.5km 모래찜 갯벌체험을 즐길 수 있다.

**십리포해수욕장** 영흥면 내리
길이 1km, 폭 30m가 왕모래와 자갈로 이루언진 해변.

**목섬** 영흥면 선재리 무인도 물이 빠지면 목 줄기처럼 생긴 길 잠시 들어갈 수 있다.

영흥도 양로봉 전망대에서 바라본 서해안

# 자월도(紫月島) / 국사봉(國思峰) 166m

축척 1:50,000

자월도 관문 자월도 달바위선착장

## 자월도 국사봉
인천광역시 옹진군 자월면

자월도(紫月島)는 인천항에서 남서쪽으로 32km 해상에 위치하며 승봉도 대이작도 소이작도와 근접해있다. 고려시대부터 조선시대 말까지 소물(召物) 조월(祖月) 조홀(祖忽) 등 여러 가지로 불러오다가 갑오경장부터 자월도(紫月島)로 개칭되었다.

자월도란 한주풀이로 검붉은 달이라는 뜻으로 조선시대 남양부(南陽府)소속의 한 호방(재무담당관리)이 조세징수차 이곳에 들렀다가 일을 마치고 돌아가려 했으나, 거센 바람이 수일간 불어 돌아가지 못하고 초조한 마음으로 남양 쪽을 바라보니, 검붉은 달만이 희미하게 보여 검붉은 자(紫)와 달월(月)자를 써서 자월이라 부르게 되었다고 전해진다.

또 다른 유래는 조선시대 관가에 근무하던 어느 사람이 귀향살이를 하러 와서, 첫날밤 억울함과 신세를 한탄하며 하늘을 쳐다보니 마침 보름달이 유난히 밝은데 갑자기 달이 붉어지더니 바람이 일어나고 폭풍우가 몰아쳐 그는 하늘도 자기의 억울함을 알아주는 것이라고 생각하며 그곳을 자월(紫月)이라고 불렀다고 한다.

조선세대 남양부에 소속되었던 자월도는 1914년 경기도 부천군에 편입되었다가 1966년 8월 24일 영흥면 자월출장소로 승격되었다. 1973년 영흥면 자월리 이작리 덕적면 승봉리를 합하여 자월면으로 승격되었으며 1995년 인천광역시로 개편되었다. 면적은 7.256m2 해안길이 20.4km 최고점 166m의 섬으로 2015년 현재 600명의 주민이 거주하고 있다.

자월도 산행은 선착장에서 바로 직진 언덕으로 올라서 국사봉(國思峰 166m)을 오른 다음, 철탑 기지국 헬기장을 경유하여 등산로 끝 도로에 도착해서 왕복 40분 거리 진모래해변을 다녀오거나 또는 바로 왼쪽 차도를 따라 자월3리 자월면소재지 달바위선착장으로 원점회귀산행이다.

등산로는 대부분 뚜렷하고 이정표가 요소에 배치되어 있어 길 잃을 염려는 거의 없다. 다만 기지국 지나서 마지막봉에서 하산길 약 500m 구간이 여름철에는 칡넝쿨이 길을 분간 할 수 없을 만큼 뻗어나서 뱀을 조심해야 한다.

자월도 내 공영버스가 선착장에서 자월1리 자월3리 자월2리를 1시간 간격으로 왕래 운행하므로 이용하면 시간을 단축할 수 있다.

### 등산로 Mountain path

**국사봉** 총 4시간 20분 소요
달바위선착장 → 50분 → 국사봉 → 28분 → 기지국 → 42분 → 도로(등산로 끝) → 80분 → 달바위선착장

달바위선착장에서 하선하여 주차장과 안내판 사이 언덕으로 난 정면 언덕길을 따라간다. 언덕으로 올라가면 곧 잡초길로 변하면서 200m 정도 가면 농로 갈림길이 나온다. 갈림길에서 왼쪽으로 300m 정도 가면 도로 삼거리다. 도로 삼거리에서 오른쪽으로 50m 가면 화이트하우스펜션 전에 왼쪽으로 등산로 이정표가 있다. 여기서부터 산행을 시작한다.

뚜렷한 등산로를 따라 10분을 오르면 갈림길이다. 갈림길에서 오른쪽으로 4분을 가면 고개를 지나서 임도가 나타난다. 임도에서 직진으로 13분을 가면 쉼터를 지나서 돌담이 나타난다. 돌담을 뒤로 하고 13분을 가면 안부를 지나서 정자가 있는 국사봉 정상이다. 정자에 올라 바라보면 자월도 일대가 시야에 들어온다.

하산은 계속 직진 능선길을 따라 5분을 내려가면 임도가 나타난다. 임도를 가로질러 5분을 지나면 다시 임도를 만난다. 여기서도 직진으로 3분을 가면 고개 소형차로에 닿는다.

여기서 오른쪽으로 40m 정도 가면 3개 방면으로 가는 소형차 갈림길이다. 이 지점에서 왼쪽편 도로에서 왼쪽으로 등산로가 있고 이정표가 있다. 이정표에서 왼쪽 등산로를 따라 8분을 오르면 철탑갈림길이 나온다. 갈림길에서 직진하여 능선길을 따라 7분을 올라가면 안테나가 있는 기지국이다.

기지국에서 계속 직진 능선길을 따라 17분을 가면 마지막 봉우리다. 여기서부터 왼쪽으로 능선이 휘어지고 칡넝쿨이 무성한 능선길로 이어지면서 10분을 가면 바위에 해상경비 100%글씨가 나타난다. 여기서부터 내리막길이 시작되어 2분

을 내려가면 헬기장 입구 갈림길이다. 갈림길에서 오른쪽으로 간다. 헬기장 아래로 이어지는 희미한 오른쪽 길로 가면 능선길로 이어지면서 13분을 내려가면 등산길 끝 이정표 도로에 닿는다. (여기서 진모래해수욕장은 오른쪽으로 왕복 40분 거리다) 이정표에서 달바위선착장을 향해 왼쪽으로 도로를 따라 20분 거리에 이르면 자월3리 버스정류장이다.

자월3리에서 계속 도로를 따라 40분 거리에 이르면 자월면사무소이고 20분을 더 가면 달바위선착장이다. 자월3리에서 선착장으로 가는 버스시간이 되면 이용하면 편하다.

자월도 국사봉

## 여행 정보 Tourist Information

### 교통
수도권에서 인천행 1호선 또는 용산역에서 동인천행 급행열차를 타고 동인천역 하차.
동인천역 1번 출구로 나와, 지하상가 1번 출구를 통해 7번 출구로 나와 시내버스정류장에서 인천항 연안여객선터미널행 24번 시내버스를 타고 인천항 연안여객터미널 하차(25 분 소요).
인천항 연안여객선터미널에서 (쾌속선 평일 09:00) (토 09:00 12:40) (일 09:00 15:00) (차도선 08:00) 출발하는 자월도행 배를 타고 자월도 달바위선착장에서 하선한다.
나올 때는 달바위선착장에서 인천행 (쾌속선 평일 15:00) (토 11:00 16:00) (일 13:20 17:00) (차도선 16:20) 이용.

### 식당
행복식당 자월면 자월리 1067-2.
032-833-0657  010-5476-4186
장골펜션식당 자월면 자월리 장골해수욕장 정문.
032-831-0454  010-9995-0970
솔밭식당 자월면 자월서로 94.
032-851-0044  010-4088-4033

### 숙박
키펜션 자월면 자월리 406-1. 010-5248-0456
화이트하우스펜션 자월면 자월북로 63.
032-834-9272  010-5120-5925

### 명소
큰말해수욕장 자월면 자월 1리
길이 100m 폭 40m 은모래로 꽉 매워져 있고 물이 빠진 다음에는 바지락 낙지 소라를 잡을 수 있다.

장골해수욕장 자월면 자월 1리
길이 1km 폭 400m 고운모래로 이루어진 완만한 경사의 백사장과 해변 입구에 소공원.

자월도 장골해수욕장

목섬 구름다리 자월면 자월 2리  큰목섬과 작은목섬이 연결된 구름다리로 400m의 해안 산책로가 정비되어 있다.

국사봉 자월면 자월 1리
국사봉은 자월면에서 가장 높은 산으로 나라에 국상이 생겼을 때 왕도를 바라보며 기원하던 곳.

독바위 자월면 자월 1리  장골에 위치한 작은 섬으로 일몰시에 입도하여 3시간의 여유가 있고 모래사장을 오가면 조개잡이를 즐길 수 있다.

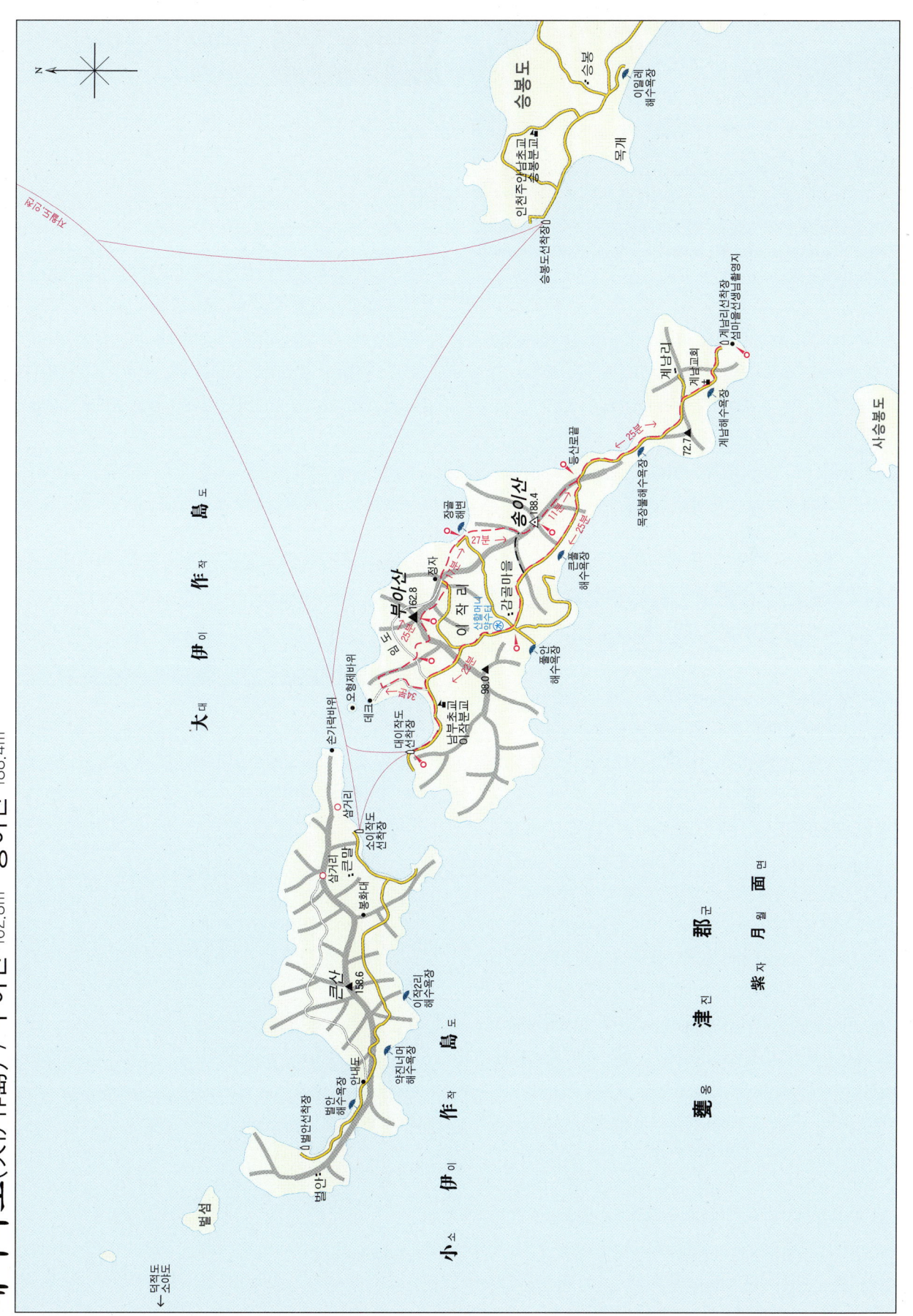

대이작도 부아산에서 바라본 소이작도

## 대이작도 부아산·송이산
인천광역시 옹진군 자월면 대이작리

대이작도(大伊作島)는 고려시대부터 말(馬)을 사용했던 곳으로 조선시대부터 국영목장으로 지정되어 조선말까지 군마(軍馬) 훈련 등을 관리하던 곳이며, 신석기 시대 유적으로 패총 등이 산재해 있고 왕도 터라 전해오고 있다. 임란 시 피난 갔던 사람들이 그곳에 정착하면서 해적이 되어 살았다는 섬이다. 그래서 섬 이름이 이적도(利賊島)였다가, 훗날 이작도(伊作島)로 바뀌었다는 이야기가 전해진다.

### 등산로 Mountain path

**부아산-송이산** 총 4시간 31분 소요

선착장 → 34분 → 도로 → 25분 → 부아산 → 17분 → 장골해변 → 27분 → 송이산 → 11분 → 등산로 끝 → 25분 → 계남마을 → 25분 → 등산로끝 → 25분 → 삼신할머니약수터 → 22분 → 선착장

대이작선착장에서 왼쪽 도로를 따라 12분을 가면 삼거리 큰마을 경찰지소가 나온다. 삼거리에서 왼쪽으로 40m 정도 가서 도로를 벗어나 왼쪽 해안길을 따라 3분을 가면 계단길이 시작된다. 계단길을 따라 8분을 가면 갈림길이다. 갈림길에서 왼쪽으로 50m 내려가면 계단길 끝이고 오른쪽에 오형제 바위가 있다. 다시 삼거리로 되돌아 올라와서 왼쪽으로 능선길을 따라 10분을 올라가면 도로가 나온다. 도로에서 왼쪽으로 200m 가면 오른쪽으로 등산로가 있다. 여기서 오른쪽 등산로를 따라 24분을 올라가면 주능선 봉수대 정자에 닿는다. 봉수대에서 왼쪽으로 100m 가면 데크 부아산 정상이다. 사방이 막힘이 없고 바다건너 소이작도까지 내려다보인다.

부아산에서 다시 올라왔던 봉수대 삼거리로 되돌아온 다음, 직진하여 가면 정자 지나서 출렁다리를 통과한다. 이어서 능선을 타고 5분을 가면 소형차로 삼거리다. 삼거리에서 직진하여 100m 정도 가면 정자 전망대가 나온다. 전망대 오른편

이정표에서 직진하여 10분을 내려가면 부아산 송이산 중간 장골 해변 도로에 닿는다.

도로 이정표에서 도로를 벗어나 직진하여 20m에서 오른쪽 송이산으로 오른다. 급경사 등산로를 따라 27분을 올라가면 주능선 삼거리에 닿는다. 삼거리에서 왼쪽으로 8분 거리에 이르면 정자가 있는 송이산이다. 사방 막힘이 없는 전망대다.

송이산에서 하산은 계속 직진으로 이어지는 하산길을 따라 27분을 내려가면 등산로끝 도로에 닿는다. 여기서 왼쪽 도로를 따라 25분 거리에 이르면 계남마을 해변 섬마을선생님 촬영장소이다.

계남마을에서부터 왔던 도로를 따라 25분을 가면 등산로 끝 지점에 닿고, 계속 25분을 가면 장골마을 지나 삼신할머니 약수터이다. 약수터를 뒤로하고 7분을 가면 도로 갈림이다. 갈림 도로에서 왼쪽으로 3분을 가면 경찰지소 삼거리에 닿고 12분을 더 가면 선착장이다.

### 여행 정보 Tourist Information

**🚌 교통**
수도권에서 인천행 1호선 또는 용산역에서 동인천행 급행열차를 타고 동인천역 하차. 동인천역 1번 출구로 나와 지하상가 1번 출구를 통해 7번 출구로 나와 시내버스 정류장에서 인천항 연안여객선터미널행 24번 시내버스를 타고 인천항 연안여객터미널 하차(25분 소요).
인천항 연안여객선터미널에서 (쾌속선 평일 09:00) (토 09:00 12:40) (일 09:00 15:00) (차도선 08:00) 출발하는 배를 타고 대이작도 하선.
나올 때는 대이작도선착장에서 (쾌속선 평일 15:00) (토 10:20 15:00) (일 12:40 16:20) (차도선 15:30).

**🍴 숙식**
이레민박 자월면 대이작로 70번. 010-4754-5295
이작아일랜드 펜션 자월면 이작2리. 032-858-8899
강변민박 자월면 대이작로 74. 032-832-8140

**🏛 명소**
섬마을선생님 촬영지 자월면 대이작리 계남마을
섬마을선생님 촬영지로 유명한 곳.
오형제바위 대이작도 선착장 옆
돌아오지 않는 어부인 부모를 기다리던 5형제의 망부석

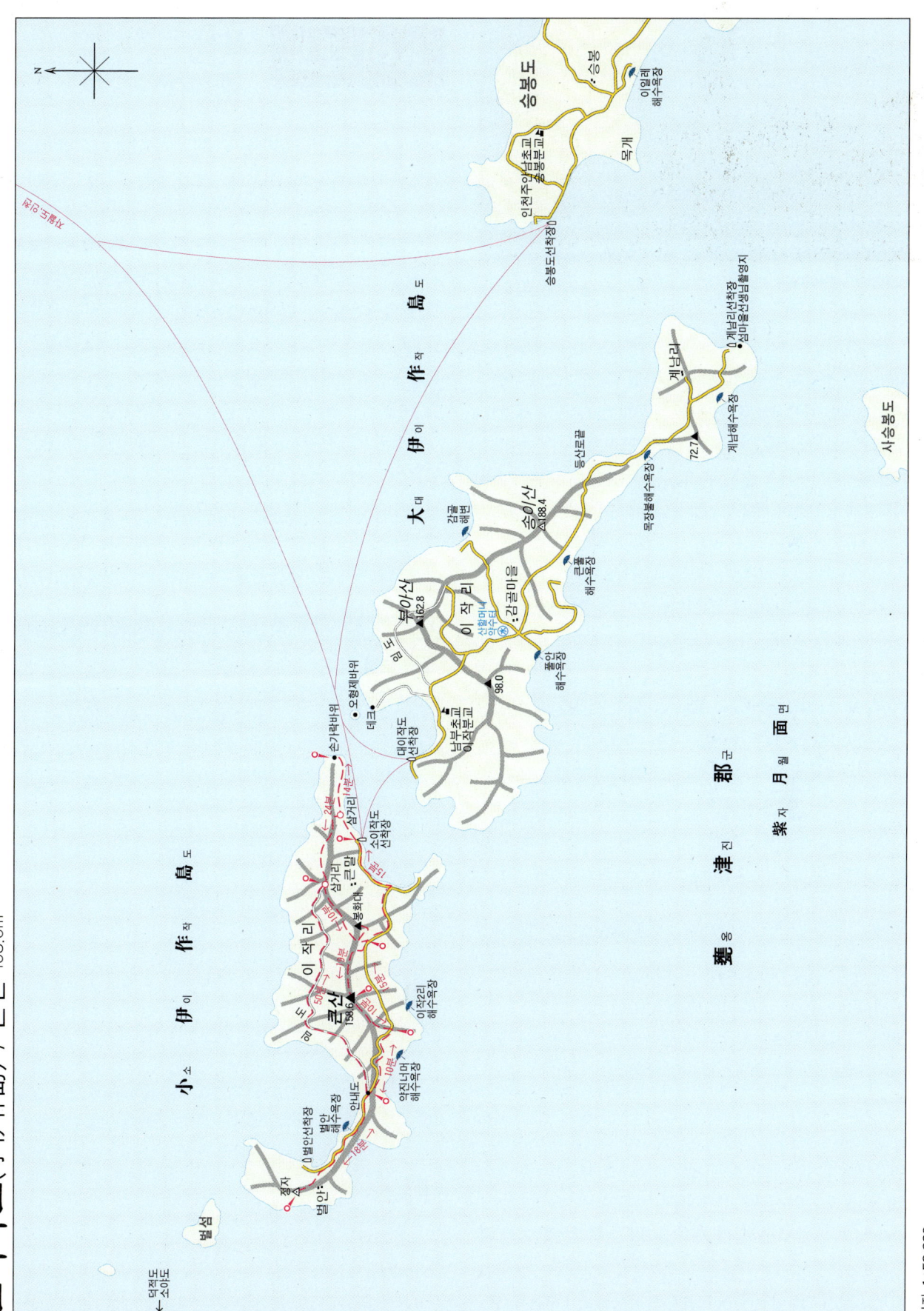

소이작도 손가락바위

# 소이작도 큰산
인천광역시 옹진군 자월면 이작2리

소이작도(小伊作島)는 인천에서 남서쪽으로 45km지점에 위치한 작은 섬이다. 삼국시대에는 백제에 속하였고 고려 현종 9년(1018)에는 수원에 속군 되면서 1개의 법정리로 정해져 오늘에 이르렀다. 임진왜란 때 피난 온 난민들이 돌아가지 못하고 이곳에 정착하였다고 한다. 이 섬은 옛날에 해적들이 은거하여 이적도라 불렀으며 이적이 이작으로 변해 이작도가 되었다고 한다. 이 중 큰 섬을 대이작 작은 섬을 소이작이라 한다.

소이작도 산행은 큰산(158.6m)을 중심으로 오르고 내려가는데 등산로는 옛 산판길로 되어있고 등산로는 뚜렷한 편이다. 요소에 이정표가 있고 산세가 완만하여 크게 힘들이지 않고 산행을 끝낼 수 있다.

인천에서 9시에 출발하는 쾌속선은 소이작도에 11시경 도착한다. 소이작도에서 나오는 배는 오후 3시에 있다. 평일 하루에 한번 들어가고 한번 나온다. 따라서 소이작도 산행은 야외 나들이삼아 소이작도를 한번 가본다는 생각으로 접근하는 것이 좋을 것이다. 또한 명소도 별로 없고 숙식이 불편하므로 가능한 오전 배로 갔다가 오후 배로 나오는 것이 바람직하다.

## 등산로 Mountain path

**큰산** 총 2시간 47분 소요
선착장 → 38분 → 임도갈림길 → 10분 →
봉수대 입구도로 → 19분 → 큰산 → 10분 →
목섬마을삼거리 → 30분 → 선착장

소이작도선착장에서 내려 오른쪽으로 접어들면 바로 해안 데크 계단길이다. 해안 계단길을 따라 6분을 가면 비닐하우스(닭장) 삼거리가 나온다. 삼거리에서 오른쪽 모래사장으로 접어들어 50m 정도 가서 해안가 계단길을 따라 6분을 가면 바닷가에 손가락바위가 나타난다. 손가락바위에서 6분 거리 삼거리로 다시 되돌아온다. 비닐하우스 삼거리에서 오른쪽으로 20m 정도 가면 갈림길이다. 갈림길에서 왼쪽으로 접어들면 임도가 시작된다. 여기서부터 임도를 따라 16분을 올라가면 주능선 임도삼거리다.

임도삼거리에서 왼쪽 임도를 따라 9분을 내려가면 물탱크가 있고 도로에 이정표가 나온다. 여기서 왼쪽 물탱크 쪽으로 4분을 올라가면 봉수대이며 정자가 있다. 정자에서 다시 도로로 되돌아온다. 도로에서 오른쪽으로 50m거리 이정표에서 오른쪽 등산로를 따라 19분을 올라가면 정자가 있는 큰산 정상에 닿는다.

하산은 서남쪽 방향으로 난 길을 따라 내려간다. 무난한 지능선길을 따라 20분을 내려가면 등산로 끝 도로에 닿는다. 이 지점에서 선착장 방면 왼쪽 도로를 따라 15분 올라가면 물탱크 입구에 닿고 계속 도로를 따라 10분을 가면 큰마을 해안길이에 닿으며 해안길에서 왼쪽으로 5분을 가면 선착장이다.

## 여행 정보 Tourist Information

### 교통
수도권에서 인천행 1호선 또는 용산역에서 동인천행 급행열차를 타고 동인천역 하차. 동인천역 1번 출구로 나와 지하상가 1번 출구를 통해 7번 출구로 나와 시내버스 정류장에서 인천항 연안여객선터미널행 24번 시내버스를 타고 인천항 연안여객선터미널 하차(25분 소요).
인천항 연안여객선터미널에서 (쾌속선 평일 09:00) (토 09:00 12:40) (일 09:00 15:00) (차도선 08:00) 출항하는 이작도행 배를 타고 소이작도 선착장 하선.
나올 때는 소이작도선착장에서 (쾌속선 평일 15:00) (토 10:20 15:00) (일 12:40 16:20) 인천행 배를 타고 온다.

### 숙식
**소이작슈퍼민박식당** 자월면 이작 2리. 031-834-7610
**새마을민박** 자월면 이작2리. 032-834-7623
**신성펜션** 자월면 이작2리. 010-8653-1149
**바다향기펜션** 자월면 소이작로 307번길 24
010-2773-3618

### 명소
**벌안해수욕장** 벌안 길이 300m 폭 50m의 완만한 경사의 백사장.
**손가락바위** 큰말선착장 오른편 하늘을 향해 뻗치고 있는 손가락 모습.

# 승봉도(昇鳳島) / 당산 106.8m

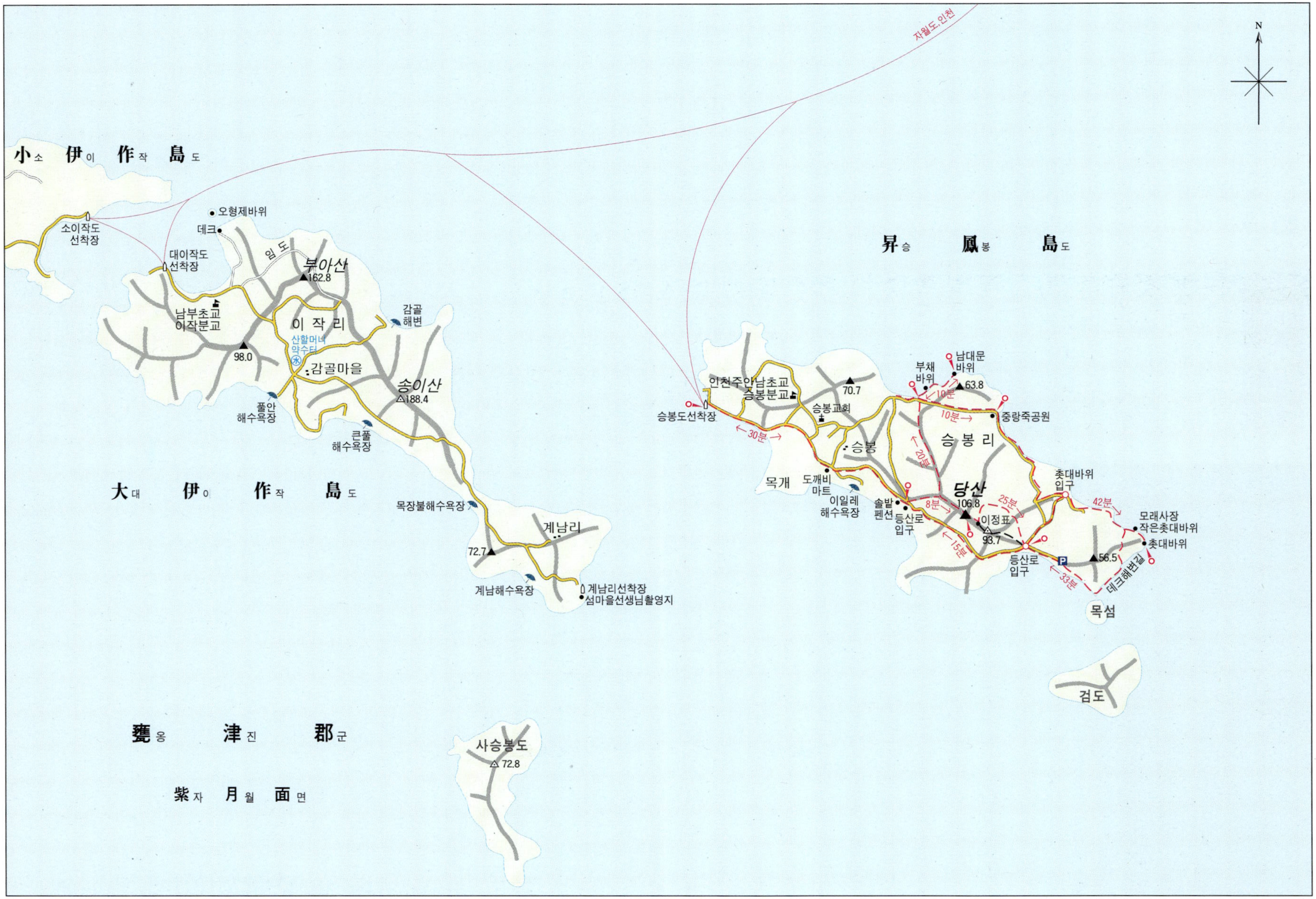

## 昇 승 鳳 봉 島 도

- 모래사장
- 작은촛대바위
- 촛대바위
- 김행중바위
- 56.5
- 42분
- 촛대바위
- 등산로입구
- 27분
- 33분
- 중랑죽공원
- 25분
- 이정표
- 93.7
- 중랑죽공원
- 남대문바위
- 63.8
- 승봉리
- 당산 106.8
- 15분
- 10분
- 20분
- 부채바위
- 8분
- 승봉
- 솔밭펜션등산로입구
- 이일레해수욕장
- 70.7
- 도깨비마을
- 승봉교
- 목개
- 이천주안남초교 승봉분교
- 30분
- 승봉도선착장

## 小 소 伊 이 作 작 島 도

- 소이작도선착장
- 대이작도선착장
- 매꾸
- 오형제바위

## 大 대 伊 이 作 작 島 도

- 부아산 162.8
- 이작리
- 손이산 188.4
- 감골마을
- 감골해변
- 선왕매 약수터
- 98.0
- 남부초교 이작분교
- 승봉도 선착장
- 풀등해수욕장
- 큰풀안해수욕장
- 목장불해수욕장
- 72.7
- 계남리
- 계남리선착장
- 계남해수욕장
- 섬마을선생님 촬영영지

## 甕 옹 津 진 郡 군
## 紫 자 月 월 面 면

- 사승봉도 72.8
- 목섬
- 점도

축척 1:50,000
단지
1.3cm=500m
500m 1Km

승봉도 당산 등산로 입구

# 승봉도 당산

인천광역시 옹진군 자월면 승봉리

는 가장 위치가 좋은 곳은 이일레해수욕장 입구 바다풍경펜션이나 이일레펜션이다. 식당은 모두 4집이 있는데 해물에 관련한 음식을 권한다.

### 등산로 Mountain path

**당산** 총 4시간 38분 소요

선착장 → 30분 → 솔밭펜션 → 8분 → 당산 → 20분 → 부채바위 해변 → 40분 → 중랑죽공원 → 42분 → 촛대바위 → 33분 → 도로삼거리 → 15분 → 솔밭펜션 → 30분 → 선착장

승봉도(昇鳳島)는 인천에서 남서쪽으로 42km 덕적도에서 남동쪽으로 14km 해상에 위치하고 있다. 인천광역시 옹진군 자월면에 속한 섬으로 면적 2.22㎢ 해안선 길이 9.5km이다. 370여 년 전에 신 씨와 황 씨라는 두 어부가 고기잡이를 하다가 풍랑을 만나 이곳에 정착하면서 이들의 성을 따서 처음에는 신황도라 하였는데, 그후 이곳의 지형이 봉황이 하늘로 올라가는 듯한 모양을 닮아 지금의 명칭으로 불러지게 되었다고 한다.

본래는 경기도 남양군에 속했으나 1914년 행정구역 개편에 따라 부천군에 편입되었다. 1973년 부천군이 시로 승격되면서 옹진군에 속하게 되었다.

최고지점의 높이는(106.8m)이며 대체로 높이 40~60m 정도의 구릉지가 솟아 있고 그 사이에 평지가 있다. 해안 만안에는 간석지가 넓게 펼쳐져 있고 연안의 수심은 1~2m 정도이다. 비교적 한서의 차가 크며 눈이 많다. 주민은 대부분 어업보다 농업에 많이 종사한다. 농산물로는 쌀·보리·콩·마늘·고추 등이 생산되며 특히 쌀은 자급 이외에 수매가 이루어진다.

연근해에서는 꽃게 새우 숭어 우럭 노래미 조기 민어 갈치 등이 잡히며 굴 채취와 김 양식이 이루어진다. 취락은 북서쪽 분지에 주로 집중해 있다. 남쪽 이일레해수욕장은 약 3km에 달하는 백사장이며 경치가 아름다워 여름에 이곳을 찾는 피서객이 많다.

승봉도 산행은 섬의 한 중심에 위치한 당산(106.8m)은 오르고 내려오는데 불과 30분 정도 걸린다. 따라서 승봉도 산행은 대부분 해안선 트레킹을 하는 것이다.

승봉도에는 북쪽 해안에서부터 동쪽으로 부채바위 남대문바위 촛대바위 목섬 이일레해수욕장으로 이어지는 해변길이 볼거리가 많다.

승봉도에는 숙박시설이 여러 곳이 있지만 바다가 잘 보이

승봉도선착장에서 오른쪽으로 도로를 따라 20분 거리에 이르면 도깨비마트 사거리가 나온다. 사거리에서 이일레해수욕장길 왼쪽 중간 도로를 따라 10분을 가면 솔밭펜션 앞 삼거리에 등산안내판이 있다.

삼거리에서 도로를 벗어나 왼편 산책로로 간다. 넓은 산책로를 따라 5분을 오르면 삼거리에 이정표가 나온다. 삼거리에서 오른쪽으로 100m 가면 정자가 있고 이어서 50m 더 가면 당산 정상이다. 정상은 아무표시가 없고 큰 나무에 둘러싸여 시야가 없다.

하산은 올라왔던 길로 정자지난 삼거리에 도착한 다음, 오른편 남대문바위 방향 북쪽으로 간다. 북쪽 지능선길은 매우 기분 좋은 지능선길이다. 북쪽 지능선길을 따라 17분을 내려가면 북쪽 해변도로에 닿는다. 이 지점에서 해변 오른편으로 100m 지점에 부채바위가 있고, 부채바위에서 100m 더 가면 남대문바위다. 부채바위 남대문바위를 다 돌아보고 오면 약 30분 소요된다.

다시 해안가 도로 이정표에서 촛대바위 방향 동쪽 도로를 따라 10분을 가면 중락죽공원이 나온다. 중락죽공원을 지나서 계속 도로를 따라 20분을 가면 해변 모래사장 촛대바위 입구에 닿는다. 여기서 도로를 벗어나 모래사장을 따라 22분을 가면 촛대바위에 닿는다. 촛대바위에서 2분 거리 왔던 길로 다시 되돌아오면 작은 모래사장 중간 정도에서 산으로 오르는 길이 있다. 이 지점에서 모래사장을 벗어나 산길을 따라 8분을 오르면 산 능선이다. 능선에서 오른쪽으로 2분 정도 가면 갈림길이 나온다. 갈림길에서 왼쪽으로 3분 내려가면 바닷

가 데크길이 시작된다. 여기서부터 오른쪽 데크길을 따라 10분을 가면 목섬이 바로 건너다보이는 지점이다. 여기서 계속 9분을 더 가면 주차장이다.

주차장에서 도로를 따라 2분을 가면 당산에서 내려오는 도로 등산로 입구가 나온다. 여기서부터 왼쪽 도로를 따라 15분을 가면 솔밭펜션 등산로 입구다. 여기서 올라왔던 도로를 따라 계속 30분을 가면 선착장이다.

* 당산 정상에서 짧은 코스는 정상에서 직진 북서쪽으로 100m 정도 내려가면 안부 삼거리 이정표가 있다. 이정표에서 왼쪽 (촛대바위 목섬) 이정표대로 왼쪽으로 50m 정도 가면 갈림길이다. 갈림길에서 오른쪽으로 간다. 오른쪽 길은 비탈길로 이어져 13분을 가면 갈림길이다. 갈림길에서 오른쪽으로 10분을 내려가면 도로 삼거리 이정표에 닿는다.

삼거리에서 왼쪽 도로를 따라 10분 거리에 이르면 오른쪽으로 해변 촛대바위 입구이다. 여기서부터 남대문바위에서 촛대바위로 가는 등산로 설명대로 가면된다.

## 여행 정보 Tourist Information

### 🚌 교통
수도권에서 인천행 1호선 또는 용산역에서 동인천행 급행열차를 타고 동인천역 하차.
동인천역 1번 출구로 나와 지하상가 1번 출구를 통해 7번 출구로 나와 시내버스 정류장에서 인천항 연안여객선터미널행 24번 시내버스를 타고 인천항 연안여객선터미널 하차(25분 소요).
인천항 연안여객선터미널에서 (쾌속선 평일 09:00) (토 09:00 12:40) (일 09:00 15:00) (차도선 08:00) 출발하는 승봉도행 배를 타고 승봉도 선착장 하선.
나올 때는 승봉도선착장에서 (쾌속선 평일 15:20) (토 10:40 15:20) (일 13:00 16:40) (차도선 15:50).
인천연안여객선터미널 1577-2891
승봉도선착장매표소 032-831-8844

### 🍴 식당
**승봉선창식당** 자월면 승봉리 111번길 51
032-831-3938 010-7157-4089
**도깨비식당 펜션** 자월면 승봉리 574
032-831-3572 010-9047-3770
**이일레식당 펜션** 자월면 승봉리
032-832-1034 010-5238-5045

### 🏠 숙박
**바다풍경** 자월면 승봉리 572-1
032-831-0305 010-3224-9400
**바다가 보이는 집** 자월면 승봉리 831
032-762-9688 011-332-9688

### 🏛 명소
**이일레해수욕장** 자월면 승봉리
주변에 울창 숲이 있고 넓은 해변.

**남대문바위** 자월면 승봉리 북쪽 해변
바위 모양이 남대문 같다하여 부르게 되었다고 한다.

승봉도 남대문바위

**촛대바위** 자월면 승봉리 동쪽 해변
형태가 촛대처럼 생겼다고 하여 촛대바위라 한다.

승봉도 촛대바위

**부채바위** 자월면 승봉리 북쪽 해변
북쪽 해변에 부채모형 바위.

# 덕적도(德積島) / 비조봉(飛鳥峰) 292.7m 운주봉 231m 국수봉 314.3m

덕적 1:50,000

덕적도 바닷가 수로봉(용담)

## 덕적도   비조봉 · 운주봉 · 국수봉
인천광역시 옹진군 덕적면

덕적도(德積島)는 덕적군도에서 가장 큰 섬으로 인천에서 남서쪽으로 75km 해상에 위치하고 있는 섬이다. 백제 때는 인물도(仁勿島) 고려 때는 덕물도(德勿島)로 불리다가 덕적도라는 이름은 큰 물섬이라는 우리말에서 유래한 것으로 물이 깊은 바다에 있는 섬이라는 뜻으로 전해지고 있다. 삼국시대에는 백제에 속하였으며 조선시대에는 남양부에 속하였고 1914년 3월 1일 경기도 부천군 덕적면으로 불리다가 1973년 7월 1일 경기도 옹진군으로 편입 1995년 3월 1일 행정구역 개편으로 인천광역시에 편입 되었다.

삼국시대부터 황해 해상교통의 중심지였으며 조선시대에는 수군을 두어 지키게 했고 말을 기르는 국영목장도 있었다고 한다. 섬의 중심에는 비조봉(飛鳥峰. 292.7m) 운주봉(231m) 국수봉(國壽峰. 314.3m)으로 이어지는 산군을 이루고 있다. 남쪽 해안에는 서포해수욕장과 밭지름해수욕장이 있다. 산세가 가파르고 임야가 대부분을 차지하며 개펄이 발달되어 바지락 굴 김 등을 양식한다.

### 등산로 Mountain path
**비조봉-운주봉-국수봉 총 6시간 43분 소요**
진리 등산로 입구 → 40분 → 비조봉 → 25분 → 운주봉 → 32분 → 철탑 → 44분 → 도로 → 35분 → 국수봉 → 42분 → 안부사거리 → 50분 → 바닷가 수로봉 → 60분 → 안부사거리 → 15분 → 서포2리 마을회관

덕적면 소재지 덕적 농협에서 오른쪽 골목길로 5분을 올라가면 마을 끝 삼거리에 비조봉 운주봉 등산안내도가 있다. 여기서부터 산행을 시작한다. 등산안내도에서 왼쪽 비조봉을 향해 오른다. 뚜렷한 능선 등산로를 따라 30분을 오르면 안부 삼거리다. 삼거리에서 왼쪽으로 10분을 오르면 정자가 있는 비조봉이다. 사방으로 막힘없이 바다가 보이고 가야할 운주봉 국수봉능선이 바라보인다.

비조봉에서 다음 목적지 운주봉을 향해 올라왔던 그대로 되돌아 8분을 내려가면 안부 삼거리다. 삼거리에서 직진하여 12분을 가면 사거리 안부 당재이다. 당재에서 직진하여 5분을 오르면 운주봉이다.

운주봉에서 다음목적지 국수봉을 향해 동북 방향 능선길을 따라 18분을 내려가면 쉼터를 지나서 안부 삼거리다. 삼거리에서 직진하여 6분을 가면 또 갈림길이다. 갈림길에서 왼편으로 직진하여 8분을 가면 철탑 사거리다. 철탑사거리에서 직진하여 능선길을 따라 13분을 가면 이정표가 있고 왼쪽으로 8분을 가면 봉우리 쉼터이며 내리막길을 지나 9분을 가면 마지막 봉이다. 마지막봉에서 9분을 가면 갈림길이다. 갈림길에서 왼쪽으로 5분을 내려가면 2차선도로 고개에 닿는다. 간단한 산행은 여기까지만 해도 된다.

국수봉은 도로를 건너 뚜렷한 등산로를 따라 35분을 오르면 국수봉 정상 입구 이정표에 닿는다. 국수봉 정상은 오를 수 없고 여기까지만 오를 수 있다. 이 지점을 정상으로 하고 하산을 해야 한다. 이정표에서 왼편 비탈길을 따라 2분을 가면 또 이정표가 있다. 여기서부터 왼편 남쪽으로 이어지는 능선을 타고 내려간다. 남쪽 능선길을 따라 내려가면 다소 급경사 길로 이어져 22분을 가면 안부로 내렸다가 다시 오르면 전망이 트이는 봉우리다. 봉우리를 지나 10분을 내려가면 이정표가 있는 안부사거리에 닿는다. 이 지점에서 왼쪽으로 5분을 내려가면 저수지 둑 갈림길이다. 갈림길에서 왼쪽으로 농로를 따라 10분 거리에 이르면 서포2리 마을회관 버스정류장이다.

* 바닷가수로봉까지는 안부사거리에서 직진으로 이어지는 능선길을 계속 따라 간다. 등산로는 뚜렷하게 이어지고 큰 고개가 없는 남쪽 방향 능선길을 따라 20분 거리에 이르면 갈림길 이정표가 나온다. 갈림길에서 직진으로 계속 능선길을 따라 30분 거리에 이르면 의자가 이곳저곳 있는 산 능선 끝 전망대 바닷가수로봉이다. 바로 바닷가이며 멋진 곳이다.

바닷가수로봉에서 다시 왔던 길 그대로 1시간을 되돌아오면 안부사거리에 닿는다. 안부사거리에서 오른편 동쪽으로 5분 내려가면 저수지 둑 갈림길이다. 갈림길에서 왼쪽으로 10분 거리에 이르면 서포2리 마을회관이다.

### 여행 정보 Tourist Information

#### 🚌 교통

수도권에서 인천행 1호선 또는 용산역에서 동인천행 급행열차를 타고 동인천역 하차. 동인천역 1번 출구로 나와 지하도 1번 출구를 통해 7번 출구로 나와 시내버스 정류장에서 24번 시내버스를 타고 인천항 연안여객터미널 하차(25분 소요).

\* 인천항 연안여객터미널에서 덕적도행 (쾌속선)스마트호. 코리아나호. 평일은 1일 2회(09:00 14:30) 토, 일요일은 1일 4회(08:00 09:00 11:10 15:00), 연휴기간에는 증편 운항 하는 배를 이용 덕적도 하선(1시간 10분소요).
고려고속훼리(주) 케이에스해운(주) 문의 1577-2891

\* 인천항 연안여객터미널에서 덕적도행 (차도선)대부고속훼리 5호가 평소에는 주말 관계없이 08:00에 출항(2시간 40분소요) 연휴 때는 시간이 다르므로 사전에 문의 필수.
(유)대부해운 032-887-0602, 6669

\* 대부도 방아머리선착장에서 덕적도행 (평일 1회 09:30) (토 일 2회 08:00 12:30) 출항(1시간 50분 소요).
덕적도에서 복항(돌아오는) 시간은 도착한 후, 10분~20분 후에 덕적도 출항 인천항연안여객선터미널 또는 대부도 방아머리선착장으로 되돌아온다.
(인천항여객선터미널 관리센터 운항정보 ARS : 032-888-0116)

**덕적도 내 공용버스시간**

덕적도선착장에서 배가 도착하는 신간에 맞추어 공용버스 2대가 대기하고 있다. 한 대는 밭지름해변-서포1리-서포2리마을회관 행이고, 다른 한 대는 북리-자갈마당 행이며, 선착장에서 2대가 다 같이 08:40 10:30 14:50 16:00 출발 1일 4회 왕복운행 한다.
덕적택시 010-9911-2507. 덕적개인택시 010-2055-5855

#### 🍴 식당
**여수횟집**(장어탕) 덕적면 덕적북로 20. 032-832-9390
**회나라식당**(바지락칼국수) 덕적면 덕적북로 32로
032-831-5324
**진두식당**(일반식, 민박) 덕적면 덕적북로 24-1
032-832-8990

#### 🏠 숙박
**서울민박**(황토펜션) 덕적면 덕적북로 41-9. 032-831-8258
**감나무집민박** 덕적면 덕적북로 38. 032-832-5909
**옹진민박** 덕적면 진리. 032-832-8998

#### ⛩ 명소
**서포해수욕장** 덕적면 서포리
길이 약 1.5km에 걸친 백사장이 반달모양으로 펼쳐져 있으며 100년이 넘는 노송 숲이다.

덕적도 비조봉에서 내려다본 서포리

**밭지름해수욕장** 덕적면 진리
비조봉 아래 위치한 덕적도 제2의 해수욕장.

덕적도 밭지름 해변

**자갈마당** 덕적면 북리
자갈로 이루어진 해변으로 주변의 기암괴석, 갈대가 어우러져 장관을 이루는 곳.

**비조봉** 덕적면 진리
울창한 숲과 탁 트인 조망 아찔한 암릉 산행의 묘미를 느낄 수 있는 곳이다.

# 굴업도(掘業島) / 연평산 128m  덕물산 138.5m  개머리언덕 117m

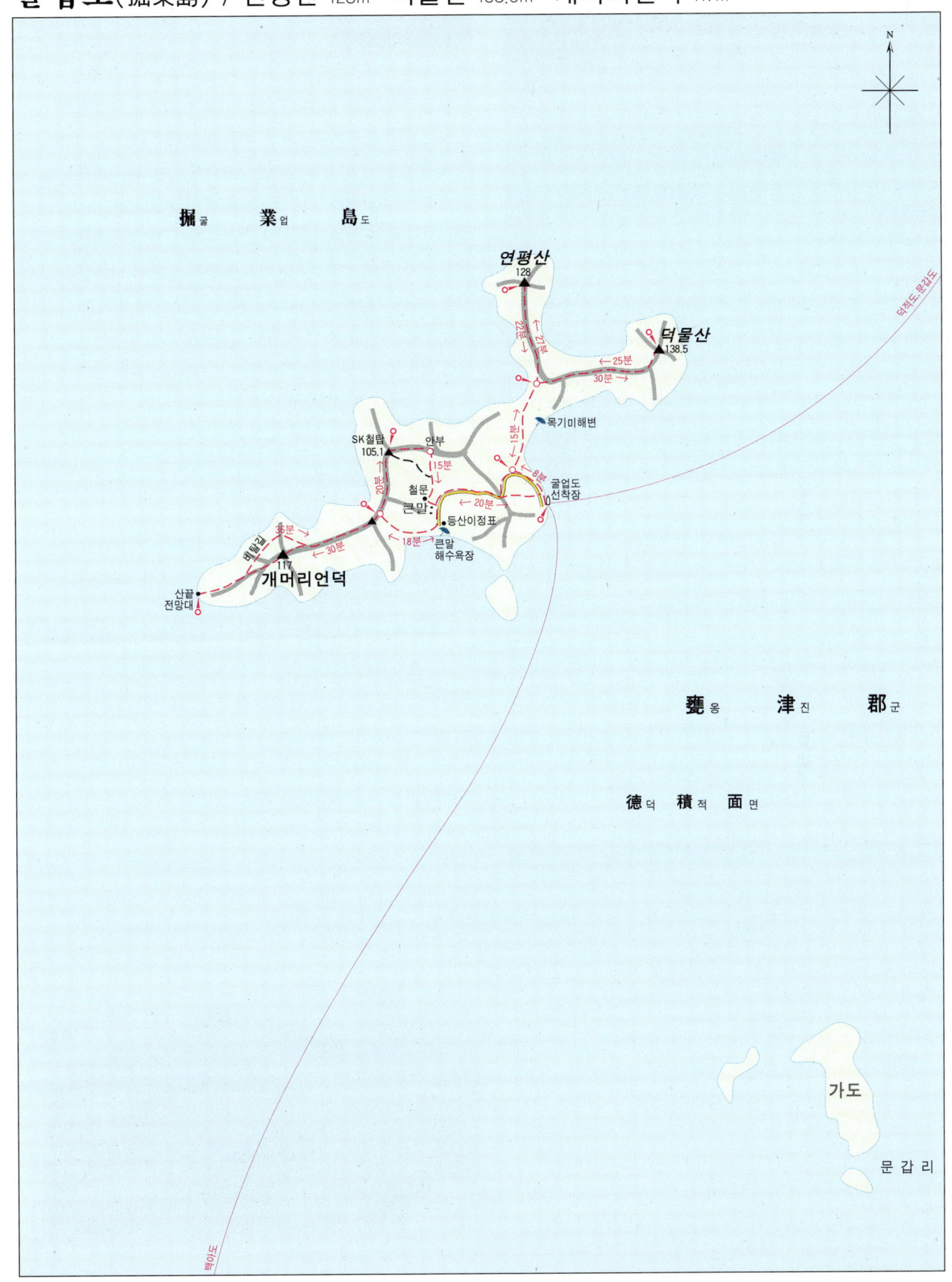

백아, 덕적 1:50,000

굴업도선착장 앞바다에서 본 연평산

## 굴업도 연평산·덕물산·개머리언덕
인천광역시 옹진군 덕적면 굴업리

굴업도(掘業島)는 덕적군도의 하나의 섬으로 인천에서 남서쪽으로 90km인 덕적도에서 남서 쪽으로 13km 거리에 위치한 작은 섬이다. 굴업도의 지명은 섬의 형태가 사람이 엎드려서 일하는 것처럼 생긴 데에서 유래되었다. 1894년 갑오개혁으로 덕적진이 폐지되고 면장제(面制) 행정으로 바뀌면서 당시 서면에 소속된 것으로 추측된다. 그 후 1910년 행정구역 개편 때 덕적면으로 통합되면서 굴업리(서포3리)가 신설되었다. 지형은 해발고도 100m 내외의 구릉으로 이루어 졌으며 해안선의 굴곡이 심하다. 굴업도는 대부분 산악지역으로 형성되어 있고, 연평산(延坪山. 128m)과 덕물산(德物山 138.5m) 개머리언덕(117m)이 있다. 남서쪽의 개간지를 제외하고는 소나무가 주요수종을 이루는데, 일부 지역에서는 자귀나무 붉나무가 우세한 식생을 보이기도 한다. 토질은 세사토(細沙土)로서 고구마나 땅콩 이외에 별다른 농작물은 재배되지 않으며, 연안에서는 김과 굴이 채취되고 지역 특산물로 야생더덕과 흑염소가 유명하다.

### 등산로 Mountain path

**연평산-덕물산** 총 3시간 32분
선착장 → 23분 → 삼거리 → 27분 → 연평산 → 22분 → 삼거리 → 30분 → 덕물산 → 25분 → 삼거리 → 15분 → 도로

굴업도선착장에서 1차선 도로를 따라 8분 거리에 이르면 도로는 왼쪽으로 꼬부라지는 지점이다. 여기서 연평산 덕물산 산행을 하기위해서 도로를 벗어나 오른쪽 백사장으로 진입하여 백사장 중간으로 10분을 가면 양편으로 백사장이 갈라지고 중간은 언덕이 나온다. 바로 이지점에서 중간언덕으로 올라서면 개인소유지 안내문이 있다. 안내문에서 왼쪽 둔덕으로 보이는 능선길을 따라 5분을 올라가면 연평산 덕물산 갈림길이다. 갈림길에서 연평산을 향해 왼편으로 급경사 위험지역을 주의하면서 25분을 오르면 바위가 나타나고, 밧줄을 이용하면서 2분을 더 오르면 연평산 정상이다. 하산은 올라왔던 그대로 24분을 내려가면 연평산 덕물산 삼거리다. 삼거리에서 왼쪽 덕물산을 향해 오른다. 등산로가 뚜렷하고 완만하게 이어지는 등산로를 따라 30분을 오르면 덕물산 정상이다. 하산을 올라왔던 그대로 25분을 내려가면 삼거리 전 왼쪽으로 길이 있다. 여기서 왼쪽 길을 따라 2분 내려가면 안내문을 통과하고, 백사장 모래사장 길을 따라 10분을 가면 처음 시작한 지점 도로에 닿는다.

**개머리언덕** 총 2시간 59분
민박촌 → 18분 → 삼거리봉 → 30분 → 능선끝 → 36분 → 삼거리봉 → 20분 → 철탑봉 → 15분 → 민박촌

민박촌에서 해수욕장으로 들어가서 오른쪽으로 300m 정도 모래사장을 통과하면 산 입구에 이정표 등산로가 있다. 여기서부터 등산로를 따라 13분을 오르면 주능선 봉우리에 닿는다.

여기서부터 왼쪽 초원지대 능선길을 따라 가면 개머리언덕에서 가장 높은 117m봉 왼쪽으로 등산로가 이어지면서 30분 거리에 이르면 초원지대 끝 전망대에 닿는다.

전망대에서 다시 돌아올 때는 117m봉 왼쪽 비탈길을 이용한다. 전망대에서 되돌아 12분을 올라가면 왼쪽으로 희미한 길이 있다. 여기서 왼쪽 희미한 길로 접어들면 초원지대를 벗어나면서 약간 왼쪽으로 내려가다가 117봉 북쪽 왼편 비탈길

굴업도 개머리언덕 끝 전망대

로 이어지면서 13분을 가면 본능선길을 만난다. 여기서부터 10분을 가면 봉우리를 지나서 갈림길이다. 갈림길에서 북쪽 철탑봉은 왼쪽으로 간다. 왼쪽 능선길을 따라 2분 정도 내려가면 안부가 나오고 갈림길이다. 안부 갈림길에서 직진으로 능선길을 따라 오르면 숲속길로 이어지면서 18분을 오르면 철탑봉 바로 아래 임도에 닿는다. 임도를 벗어나 왼편 철탑봉 정상까지 오른 다음, 오른쪽으로 능선을 따라 내려가면 길이 없어지는 지점이 나오는데 공터 왼편으로 치고 내려가면 안부에 닿는다. 철탑봉에서 5분 거리다. 안부에서 오른쪽으로 3분 내려가면 철탑봉에서 내려오는 임도를 만난다. 여기서 왼쪽 임도를 따라 5분을 내려가면 주변은 모두 철조망이고 철문이 나온다. 철문을 안에서 열고 3분을 가면 민박촌이다.

\* 철탑봉으로 가는 갈림길에서 오른쪽으로 15분 내려가면 해수욕장을 지나서 민박촌이다.

## 여행 정보 Tourist Information

### 🚌 교통

굴업도를 가기 위해서는 일단 인천항 연안여객선터미널에서 덕적도행 오전 9시 쾌속선을 타고 덕적도에 먼저 도착한 후에, 덕적도에서 굴업도로 가는 (울도선) 11시 20분에 출발하는 배를 이용해야 한다.

수도권에서 인천행 1호선 또는 용산역에서 동인천행 급행열차를 타고 동인천역 하차. 동인천역 1번 출구로 나와 건너편 (지하도 1번 출구를 통해 7번 출구) 시내버스 정류장에서 24번 시내버스를 타고 인천항연안여객선터미널 하차(25분 소요).

\* 인천항연안여객선터미널에서 덕적도행 (쾌속선)스마트호. 코리아나호. 평일은 1일 2회(09:00 14:30) 토 일 요일은 1일 4회(08:00 09:00 11:10 15:00) 연휴기간에는 증편 운항 이용 덕적도 하선.(1시간 10분소요)

\* 인천항연안여객선터미널에서 덕적도행 차도선(승용차탑승) 대부고속훼리5호가 평소 주말 관계없이 08:00에 출항(2시간 40분소요) 연휴 때는 시간이 다르므로 사전에 문의 필수 (유)대부해운 032-887-0602, 6669

\* 대부도 방아머리선착장에서도 덕적도행 (평일 1회 09:30)(토 일 2회 08:00 12:30) 출항(1시간 50분소요)
(인천항연안여객선터미널 관리센터 운항정보 ARS 032-888-0116)

\* 덕적도(진리선착장)에서-문갑도-굴업도-백아도-울도-지도-문갑도-덕적도를 한 바퀴 돌아오는 (울도선)(나래호)는 평일은 1일 1회(11:20) 있고, 토 일요일에는 1일 2회(09:30 13:00)있다. 연휴 때는 1일 3회 운항하는 나래호를 타고 굴업도 하선.

\* 이 배는 짝수일과 홀수일 운행구간이 아래와 같이 다르게 운항하므로 참고를 해야 한다.

홀수일(우측) 덕적도→문갑도→굴업도→백아도→울도→지도→문갑도→덕적도

짝수일(좌측) 덕적도→문갑도→지도→울도→백아도→굴업도→문갑도→덕적도

\* 굴업도에서 인천항으로 다시 돌아오기 위해서는 다음 날 덕적도로 가는 짝수 홀수 일 배 운항시간을 확인 메모 해 두고, 배 시간 30분 전에 선착장에 대기해야 한다. 배 시간은 일기 선박 사정에 따라 예정시간 전에 또는 후에 도착하는 경우가 있고, 선착장 관리인이 없으며 승선해서 요금을 받는다. (고려고속훼리(주) 케이에스해운(주) 문의 1577-2891

### 🏠 숙박

굴업도에는 식당이 없고 민박집이 모두 다섯 집이 있는데 민박을 예약하면서 부탁을 하면 식사가 가능하다.

**굴업도민박** 덕적면 굴업로 126
032-332-7100   010-3715-3777

**고씨민박** 덕적면 굴업로 129
032-382-2820   010-9711-2902

**굴업민박** 덕적면 굴업로 130
032-381-5349   010-831-5349

**장씨할머니민박** 덕적면 굴업로 137
032-381-7833   010-9128-0838

### 🏛 명소

**굴업도** 덕적면 굴업리
섬 전체가 산으로 이루어져 있고 모두 10여 호의 민가가 있는 청정지역의 섬이다.

**목기미해변** 덕적면 굴업리
연평산과 덕물산으로 가는 길목 양편이 바다로 이루어진 해변 모래사장이다.

**큰말해수욕장** 덕적면 굴업로 125
우리나라의 리(里)가운데 가장 작은 곳인 굴업리에 위치한 아름다운 해수욕장이다.

굴업도 큰말해수욕장

# 백아도(白牙島) / 봉화대 145.3m  잿배기봉 137m

백아도 남봉 암릉구간

## 백아도 봉화대·잿배기봉
인천광역시 옹진군 덕적면 백아리

### 등산로 Mountain path

**봉화대** 총 3시간 18분 소요
선착장 → 20분 → 봉화대 → 31분 →
조망방위 → 22분 → 갈림길 → 25분 →
안부사거리 → 40분 → 보건소마을

백아도(白牙島)는 김정호의 대동여지도에서는 배알 이라고 표기되어 있지만 그 후에는 섬 모양이 흰 상어의 이빨 같다 하여 백아도라고 부르게 되었다고 한다.

백아도에는 공공건물은 마을 보건소와 발전소가 있는데 보건소가 있는 곳을 보건소마을 발전소가 있는 곳을 발전소마을이라고 한다. 덕적군도의 일원으로 덕적도 남쪽에 위치한 작은 섬이다.

섬 전체가 산으로 이루어져 있다. 백아도 지형은 남쪽에 자리한 보건소마을을 중심으로 북쪽을 바라보고 동쪽 선착장에서부터 산 능선이 시작하여 북쪽의 봉화대(145.3m)를 지나 서쪽으로 휘어지다가 다시 남쪽으로 휘어져 철탑이 있는 잿배기봉(137m)으로 이어지는 형세다.

전답은 거의 없으며 마을 주변에 작은 밭이 있을 정도다. 대부분 산으로 이루어져 있고 민가는 보건소마을 17호, 발전소마을 13호 정도로 두 마을 합해서 30호 정도이다. 등산로는 대체적으로 정비가 되어있으나 여름철에는 부분적으로 잡초가 무성하게 자라 산길이 보이지 않는 길이 있고 요소에 이정표는 잘 되어있다.

산행은 선착장에서 시작하여 일단 봉화대에 오른 다음, 서쪽으로 이어지는 주능선을 타고 가는데 중간 중간에 왼쪽으로 갈림길이 수차례 나타나는데 대부분 희미한 길이고 오직 주능선길만 뚜렷한 편이다. 갈림길을 만나도 갈림길로 가지 말고 계속 주능선만 타고 철탑봉 을 거쳐 사거리 안부에 이른 다음, 왼쪽 보건소마을로 하산하는 것이 정석이다.

사거리 안부에서 직진으로 내려서면 도로에 닿는데 도로에서 계속 남봉 1.6km라고 이정표가 있다해서 필자가 남봉까지 2015년 7월 3일 답사를 해본 결과 남봉으로 가는 중간지점에 암릉 구간이 대단히 위험하여 이 구간은 안전설치가 될 때까지 등산로서 부적격하다고 판단을 해서 등산로 기록을 하지 않는다.

선착장에서 왼쪽으로 100m 거리에 이르면 선착장대합실 옆에 등산안내도가 있다. 안내도에서 이정표대로 등산로를 따라 2분을 가면 갈림길이다. 갈림길에서 오른쪽으로 7m가면 또 갈림길이다. 여기서 왼쪽 능선길로 간다. 왼쪽 능선으로 이어지는 등산로를 따라 17분을 오르면 삼각점이 있는 봉화대에 닿는다.

봉화대에서 계속 북서쪽 방향으로 능선길을 따라 직진으로 4분 거리에 이르면 큰바위가 나타난다. 바위 오른편으로 돌아 내려간다. 10분을 내려가면 잡초가 우거진 지대를 통과하고 다시 12분을 지나면 두 번째 봉우리에 닿는다. 두 번째 봉을 통과하고 5분을 더 가면 오른쪽으로 바위 조망대가 나타난다. 북쪽 방면 바다가 조망된다.

여기서 계속 이어지는 능선길을 따라 가는데 종종 길이 희미해지는 구간도 있으나 능선만을 벗어나지 말고 잘 살펴보면 능선길이 계속 이어지고 조망대에서 5분을 더 가면 세 번째 봉우리다. 세 번째 봉우를 지나서 5분을 가면 봉우리를 하나 통과하고 다시 7분을 내려가면 왼쪽으로 갈림길이 나타난다. 여기서 직진으로 3분을 가면 말뚝이 있는 산 능선 끝 위험지역이다. 여기서 다시 3분 거리 갈림길로 되돌아온다. 갈림길에서 오른쪽으로 간다. 평지길 같은 비탈길로 20분을 가면 안부로 내렸다가 다시 오르면서 철탑이 새워진 잿배기봉에 닿는다. 잿배기봉에서 계속 5분을 내려가면 안부사거리다.

안부사거리에서 오른쪽은 발전소마을, 직진은 도로 남봉 방면, 왼쪽은 보건소마을이다. 사거리에서 왼쪽으로 간다. 보건소마을을 향해 가면 비탈길로 이어지고 전신주 길 따라 이어지면서 20분을 내려가면 도로 위 경사지에 닿는다. 여기서 오른편으로 30m 내려서면 도로에 닿는다. 도로에서 왼쪽 도로를 따라 20분 거리에 이르면 보건소마을이다.

*안부사거리에서 직진 20분 거리에 이르면 도로에 닿는다. 도로에서 남봉은 1.6km 이정표가 있지만 답사해본 결과 남봉은 등산로는 있으나 일부 구간이 암릉 구간으로 매우 위험한 구간이 있다. 따라서 현재의 등산로는 산행이 불가하고 추후 안전설치가 이루어진 다음에 산행을 할 수 있다.

## 여행 정보 Tourist Information

### 🚌 교통

백아도를 가기 위해서는 일단 인천항 연안여객선터미널에서 덕적도행 오전 9시 쾌속선을 타고 덕적도에 먼저 도착한 후, 덕적도에서 백아도로 가는 (울도선) 11시 20분에 출발하는 배를 이용해야 한다.

수도권에서 인천행 1호선 또는 용산역에서 동인천행 급행열차를 타고 동인천역 하차. 동인천역 1번 출구로 나와 지하상가 1번 출구를 통해 7번 출구로 나와 시내버스 정류장에서 24번 시내버스를 타고 인천항 연안여객선터미널 하차(25분 소요).

인천항 연안여객선터미널에서 덕적도행 (쾌속선)스마트호. 코리아나호. 평일은 1일 2회(09:00 14:30) 토 일 요일은 1일 4회(08:00 09:00 11:10 15:00) 연휴기간에는 증편 운항 이용, 덕적도 하선(1시간 10분 소요).
고려고속훼리(주) 케이에스해운(주) 문의 1577-2891

인천항 연안여객선터미널에서 덕적도행 (차도선)대부고속 훼리5호가 평소에는 주말 관계없이 08:00에 출항(2시간 40분 소요) 연휴 때는 증편 운항.
(유)대부해운 032-887-0602, 6669

대부도 방아머리선착장에서 덕적도행 (평일 1회 09:30) (토, 일 2회 08:00 12:30) 출항(1시간 50분 소요).
(인천항여객선터미널 관리센터 운항정보 ARS 032-888-0116)

덕적도 진리선착장에서 문갑도-굴업도-백아도-울도-지도-문갑도-덕적도를 한 바퀴 돌아오는 배(나래호)는 평일은 1일 1회(11:20) 있고, 주중에는 1일 2회(09:30 13:00) 있고, 연휴 때는 1일 3회 운항하는 나래호를 타고 백아도 하선(1시간 30분 소요).

이 배는 짝수일과 홀수일 운행구간이 아래와 같이 다르게 운항하므로 참고를 해야 한다.
**홀수일**(우측) 덕적도→문갑도→굴업도→백아도→울도→지도→문갑도→덕적도
**짝수일**(좌측) 덕적도→문갑도→지도→울도→백아도→굴업도→문갑도→덕적도

백아도에서 인천항으로 다시 돌아오기 위해서는 다음 날 덕적도로 가는 짝수 홀수 일 배 운항시간을 확인 메모를 해 두고, 배 시간 30분 전에 선착장에 대기해야 한다.
배 시간은 일기 선박 사정에 따라 예정시간 전에 또는 후에 도착하는 경우가 있고, 선착장 관리인이 없으며 승선해서 요금을 받는다.
(고려고속훼리(주) 케이에스해운(주) 문의 1577-2891

### 🍴 숙식

**해변민박** 덕적면 백아로 76. 010-5251-0768
**백아도섬민박** 덕적면 백아로 98
032-834-7628   011-758-4274
**희망민박** 덕적면 백아로 8205
010-8771-5377   010-6397-5882
**큰마을민박** 덕적면 백아리 328-12
032-834-8668   010-6231-8663

### 🏛 명소

**보건소마을** 덕적면 백아리 1구
백아도는 2개 마을이 있는데 큰 마을이 17호 보건소마을이다.

**발전소마을** 덕적면 백아리 2구 백아도 남서쪽
작은 마을이 13호 발전소마을이다.

백아도선착장 주변 해변

# 문갑도(文甲島) / 깃대봉 275.5m

문갑도 깃대봉 정상

## 문갑도 깃대봉
인천광역시 옹진군 덕적면 문갑리

문갑도(文匣島)는 덕적군도의 일부를 이루는 작은 섬이다. 덕적도에서 남서쪽으로 3km 인천에서는 54.6km 지점에 위치하고 있으며 면적은 3.54㎢이고 해안선 길이는 11km이다. 원래 인천부에 속하였다가 1914년에 행정구역 개편으로 경기도 부천군에 편입되었다. 이후 1973년에 경기도 옹진군으로 이속되었으며, 1995년에 인천광역시 옹진군에 속하게 되었다.

섬의 형태가 책상의 문갑(文匣)과 같다 하여 문갑도라 불리다가 조선시대에는 독갑도(禿甲島)라고도 불렀는데, 섬의 형태가 장수가 투구를 쓴 모양이라는 뜻을 가진 것으로 전한다. 덕적도에서 남쪽 바다 건너 바로 가까이 있다.

섬 대부분이 산지인 관계로 인구는 적어서 면적상에 더 적은 소야도 보다도 인구는 적고, 해양 항로상의 굴업도 백아도 울도 지도 보다는 인구가 더 많다. 입도조가 강릉 강 씨라는 것 외에는 기록이 남아있지 않은 것으로 보인다. 선비가 앉아서 책을 본다하여 문갑처럼 생겼다 하여 문갑도 라 부르게 되었다고 하기도 한다.

사면이 바다인 문갑도는 깃대봉 정기를 이어받아 평화롭고 아름다운 섬이다. 농토는 적지만 어부로 생계를 이어가고 바다자원이 풍부하여 배 골던 시절이었지만 학자를 많이 배출한 섬이기도 하다. 대부도 가서는 있는 체 하지 말고, 문갑도 가서는 아는 체 말라고 했다. 하지만 서당 독공장 군부대, 많이 잡히던 새우의 모습은 더 이상 볼 수 없다.

섬 전체가 30여 호 70여 명의 인구가 살고 있는 아담한 섬이다. 섬 대부분이 산악지역으로 형성되어있으며 가장 높은 봉인 깃대봉(275.5m)을 중심으로 둥근 형태로 이루어져 있다. 문갑도에서는 매년 9~10월 사이 전어과의 자구리가 많이 잡혀 축제에 버금가는 낚시가 선풍을 일으키고 있다.

산행은 선착에서 시작하여 주능선을 타고 북동쪽으로 돌아 깃대봉을 경유하여 진고개 한월해변 문갑마을을 거쳐 다시 선착장으로 원점회귀 산행이다. 등산로는 비교적 뚜렷한 편이며 요소에 이정표도 잘 배치되어있다.

산행시간이 3시간 30분 정도이고 산행 외에 가볼만한 곳도 별로 없으므로 덕적도에서 울도선 오전 첫 배를 타고 가서 12시 전에 문갑도 도착하여 3시간 30분 산행을 하고 오후 4시경 덕적도행 배를 타고 나오면 좋다.

### 등산로 Mountain path

**깃대봉** 총 3시간 44분 소요

선착장 → 31분 → 첫봉 → 50분 → 깃대봉 → 28분 → 진고개 → 30분 → 한월해수욕장고개 → 25분 → 선착장

문갑도 선착장에서 마을 쪽으로 100m 정도 가면 도로 왼쪽에 등산안내도가 있고 등산로가 있다. 여기서부터 뚜렷한 등산로를 따라 3분을 올라가면 능선에 갈림길이다. 갈림길에서 오른쪽 능선길을 따라 3분을 가면 두 번째 갈림길이다. 여기서 직진하여 3분을 가면 밭이 나오고 밭에서 왼쪽으로 30m 거리 삼거리에 이정표가 있다. 삼거리에서 왼쪽으로 간다. 왼쪽 비탈길을 따라 7분을 가면 능선 갈림길이다. 갈림길에서 오른쪽 능선길을 따라 10분을 올라가면 이정표 삼거리다. 삼거리에서 직진으로 3분을 올라가면 첫 봉에 닿는다.

첫 봉에서 계속 능선길을 따라 6분을 내려가면 안부 사거리다. 안부사거리에서 직진하여 능선길을 따라 3분을 가면 갈림길이 나온다. 여기서도 직진하여 능선길을 따라 13분을 가면 안부사거리다. 사거리에서 직진하여 급경사 능선길을 따라 12분을 오르면 바위가 있는 깃대봉 정상이다. 정상은 시야가 트여 문갑도 일대가 내려다보이고 바다의 경치가 아름답게 펼쳐진다.

문갑도선착장에서 바라본 문갑마을

하산은 계속 동족 방향 능선길을 따라 10분을 내려가면 갈림길이다. 갈림길에서 직진 능선길을 따라 8분을 올라가면 왕재봉이다. 왕재봉에서 계속 동쪽 능선으로 직진하여 10분 거리에 이르면 이정표가 있는 안부 진고개에 닿는다.

진고개에서 오른쪽으로 간다. 오른쪽으로 가면 비탈길로 이어진다. 무난한 비탈길을 따라 15분을 내려가면 이정표 삼거리가 나타난다. 삼거리에서 오른쪽으로 3분을 내려가면 한월해수욕장 모래사장 입구에 닿는다. 이 지점에는 오래된 이정표만 있고 주변은 잡초가 우거져 길이 잘 보이지 않는다. 이정표에서 오른쪽으로 희미하게 이어지는 잡초밭길을 따라 100m 정도 치고 나가면 이정표가 있고 길이 보인다. 이정표에서 왼쪽으로 접어들면 산길이 뚜렷하게 있고 넓은 길이 나타난다. 여기서부터 뚜렷한 비탈길을 따라 10분을 가면 한월해수욕장으로 넘어가는 고개 1차선 도로에 닿는다. 도로에서 오른쪽 도로를 따라 10분을 가면 문갑마을 중심에 닿고, 계속 도로를 따라 15분 거리에 이르면 문갑선착장이다.

## 여행 정보 Tourist Information

### 🚌 교통

문갑도를 가기 위해서는 인천에서 쾌속선을 타고 덕적도에 먼저 도착한 후에 덕적도에서 문갑도로 가는 울도선 나래호 배를 타야한다.

수도권에서 인천행 1호선 또는 용산역에서 동인천행 급행열차를 타고 동인천역 하차. 동인천역 1번 출구로 나와 지하상가 1번 출구를 통해 7번 출구로 나와 시내버스 정류장에서 인천항연안여객선터미널행 24번 시내버스를 타고 인천항연안여객터미널 하차(25분소요)

* 인천항 연안여객터미널에서 덕적도행 (쾌속선)스마트호. 코리아나호. 평일은 1일 2회(09:00 14:30) 토 일 요일은 1일 4회(08:00 09:00 11:10 15:00) 연휴기간에는 증편 운항 이용 덕적도 하선.(1시간 10분소요)

요일에 따라 운항시간이 다르고 일기에 따라 운항일정 시간이 수시로 바뀌므로 사전에 매표소에 문의 필수. (고려고속훼리(주)1577-2891 케이에스해운(주) 문의 1577-2891

덕적도에서 인천항으로 복항(돌아오는) 배 출발시간은 도착한 후, 10분~20분 후에 덕적도 출항 인천항연안여객터미널로 되돌아온다.

* 인천항 연안여객터미널에서 덕적도행 (차도선)대부고속훼리 5호가 평소에는 주말 관계없이 08:00에 출항(2시간 40분소요) 연휴 때는 시간이 다르므로 사전에 문의 필수 (유)대부해운 032-887-0602, 6669

* 대부도 방아머리선착장에서 덕적도행 (평일 1회 09:30) (토 일 2회 08:00 12:30) 출항(1시간 50분소요)
(인천항연안여객선터미널 관리센터 운항정보 ARS : 032-888-0116)

* 덕적도진리선착장에서-문갑도-굴업도-백아도-울도-지도-문갑도-덕적도를 한 바퀴 돌아오는 (울도선) 나래호는 평일은 1일 1회(11:20) 있고, 주중에는 1일 2회(09:30 13:00)있다. 연휴 때는 1일 3회 운항하는 나래호를 타고 문갑도 하선(20분 소요)

* 문갑도에서 인천항으로 다시 돌아오기 위해서는 덕적도행 배 시간 30분 전에 선착장에 대기해야 한다. 배 시간은 일기 선박 사정에 따라 예정시간 전에 또는 후에 도착하는 경우가 있고, 선착장 관리인이 없고 승선해서 요금을 받는다.

### 🍴 숙식

● 문갑도

이깨비김밥전문점(분식) 덕적면 문갑1길 13. 032-875-5882
일공팔(한식) 덕적면 문갑리 223. 032-832-3633
바다역식당(한식) 덕적면 문갑리 82. 032-831-4980
바다향기민박 덕적면 문갑2길 24
032-831-9559   017-259-0089

● 덕적도

여수횟집(장어탕) 덕적면 덕적북로 20. 032-832-9390
회나라식당(바지락칼국수) 덕적면 덕적북로 32로
032-831-5324
진두식당(일반식, 민박) 덕적면 덕적북로 24-1
032-832-8990
서울민박 덕적면 덕적북로 41-9. 032-831-8258

### 🏛 명소

문갑해수욕장 덕적면 문갑리
섬의형태가 선비들이 책을읽는 책상의 문갑과 같다고하여 불리어진 문갑도에 위치한 해수욕장.

문갑도 한월해변

# 소야도(蘇爺島) / 국사봉 156.1m 왕재산 142.2m

소야도 국사봉

# 소야도
## 국사봉 · 왕재산
인천광역시 옹진군 덕적면 소야리

　소야도(蘇爺島)는 덕적면에 속한 하나의 섬으로 500m 거리 바다를 사이에 두고 덕적도(德積島)선착장과 소야도 선착장이 동서로 마주하고 있으며, 대부분 산으로 이루어져 있고 그 중 높은 봉이 국사봉(156.1m) 왕재산(142.2m)이 있다. 소야도는 남북으로는 11.5km에 이르고 동서쪽으로는 길이가 짧아서 새의 모습을 닮은 모형이다.

　소야도란 지명은 당나라 장수 소정방(蘇定方)이 신라의 요청으로 백제를 치기 위해 13만 대군을 이끌고 와 머물렀던 데서 유래됐다는 설도 있으나, 삼국시대 사치도(史治島)에서 유래해 사치도(史治島) 소야곳도(少也곳島) 조야도(鳥也島) 신야곳도(新也곳島) 사야도(史也島) 대야곳도(大也곳島) 소도(蘇島) 등으로 표기됐으나 어원은 확실치 않다.

　소야도에는 이름도 특이한 뗏뿌루 해수욕장이 있는데 양 옆으로 기암절벽이 웅장하게 서있다. 백사장으로 들어오는 바닷물은 잔잔하고 포근한 느낌을 주며 멋진 풍광 뿐 만 아니라 해산물도 풍부해서 꽃게 소라 조개들이 호미질에 잘 걸려든다.

　산행은 소야도 선착장 마을에서 시작해서 주능선을 타고 국사봉 왕재산을 거쳐 막끝까지 도착한 다음, 돌아올 때는 바다를 감상하면서 해변으로 이어지는 비탈길 등산로를 따라 다시 선착장으로 되돌아오는 멋진 원점회귀 산행코스이다.

### 등산로 Mountain path

**국사봉–왕재산** 총 5시간 5분 소요

다루개선착장 → 20분 → 도로 → 27분 →
국사봉 → 11분 → 도로 → 48분 → 왕재산 → 15분 →
막끝 → 54분 → 뗏뿌루해수욕장 → 34분 →
흥해부리사거리 → 36분 → 다루개선착장

　소야도(다루개)선착장에서 하선하면 50m거리 삼거리에 소야도 등산안내도가 있다. 삼거리에서 왼쪽 해안선 마을길을 따라 2분(150m)을 가면 마을길 끝이다. 여기서 오른쪽 시멘트길로 60m정도 올라가면 마지막 농가가 있고 왼쪽에 등산로 이정표가 있다. 여기서부터 산행을 시작한다. 뚜렷한 등산로를 따라 5분을 올라가면 갈림길이다. 갈림길에서 오른쪽으로 5분을 가면 쉼터 갈림길이다. 갈림길에서 오른쪽으로 3분을 가면 2차선도로에 닿는다. 여기서 도로를 건너 이어지는 등산로를 따라 오른다. 완만하게 이어지는 등산로를 따라 17분 거리에 이르면 갈림길이 나타난다. 갈림길에서 왼쪽으로 간다. 뚜렷하게 이어지는 왼쪽 능선길을 따라 10분을 오르면 삼거리가 나오고 바로 왼쪽이 국사봉 정상이다.

　국사봉에서 삼거리로 내려와 왼쪽 하산길을 따라 3분을 내려가면 갈림길이 나타난다. 여기서 왼쪽으로 30m 정도가면 길이 갈라지는데 오른쪽 길로 접어들어 100m 정도 가며 왼쪽에서 내려오는 길과 다시 합해진다. 이어서 넓은 하산길을 따라 8분을 내려가면 해오름펜션이 있는 도로에 닿는다.

　여기서 오른쪽 도로를 따라 50m 내려가서 왼쪽으로 50m 가면 삼거리에 등산안내도가 있고, 직진해서 30m 거리에 또 이정표 삼거리다. 이 삼거리에서 오른쪽 평지와 같은 완만한 등산로를 따라 7분을 가면 오른쪽 뗏뿌루해수욕장으로 가는 삼거리다. 다시 이 길로 하산해야 하기 때문에 기억을 해두고 직진한다. 직진으로 8분을 가면 염소막 철문을 통과하고 바로 삼거리다. 삼거리에서 왼쪽으로 12분을 올라가면 첫 봉우리에 닿고 계속 10분을 더 가면 정자가 있는 왕재산이다.

　왕재산에서 계속 직진 7분을 내려가면 삼거리다. 삼거리에 직진 능선길을 따라 8분을 내려가면 산자락이 끝나는 막끝이다.

　막끝에서 다시 되돌아온다. 12분을 되돌아오면 삼거리다. 삼거리에서 이번에는 왼쪽으로 간다. 왼쪽 완만한 비탈길을 따라 16분을 가면 염소막 삼거리다. 삼거리에서 왔던 길로 16분을 가면 삼거리다. 삼거리에서 왼쪽 뗏뿌루해수욕장 길로 간다. 3분 내려가면 해수욕장에 닿고 해수욕장 오른쪽 길을 따라 8분을 가면 해수욕장 입구 버스정류장이다. 여기서 주력에 따라 버스 편을 이용하여 다시 소야도(다루개)선착장으로 가거나 또는 해안선 종주산행을 결정해야 한다.

　버스를 이용할 때는 시간을 잘 확인하고 다루개선창에서

하차한다.(버스 시간이 수시로 바뀌어 운행되므로 잘 확인을 해야 한다)

종주산행은 버스정류장에서 왼쪽 해변으로 가는 길을 따라 간다. 왼쪽 민박집 쪽으로 50m 정도 가서 왼편 해수욕장 쪽으로 해변길이 있고 바로 오른편 산길로 이어진다. 산길로 접어들면 갈림길이 나오는데 왼쪽 해변 쪽 산길로 간다. 해변 쪽 길을 따라 15분을 가면 이정표 갈림길이다. 여기서도 왼편 해변 쪽 산길로 5분을 가면 해변에 목교가 있고 이정표가 있다. 여기서 목교를 건너 해변으로 이어지는 산길을 따라 14분을 가면 이정표 홍해부리 안부 사거리다.

사거리에서 오른쪽 비탈길로 간다. 비탈길을 따라 9분을 가면 갈림길이다. 갈림길에서 왼쪽으로 가면 다시 오른쪽으로 올라가서 갈림길이다. 갈림길에서 왼쪽 비탈길로 간다. 왼쪽으로 가면 계속 바닷가 비탈길로 이어진다. 바다와 약 100m~200m 정도 거리를 유지하면서 산 비탈길로 이어져 17분 거리에 이르면 물통이 있는 시멘트농로 시작점에 닿는다.

여기서부터 농로를 따라 4분을 가면 도로에 닿고 왼쪽 도로를 따라 6분을 내려가면 소야도선착장이다.

## 여행 정보 Tourist Information

### 🚌 교통
수도권에서 인천행 1호선 또는 용산역에서 동인천행 급행열차를 타고 동인천역 하차. 동인천역 앞 지하도 1번 출구를 통해 7번 출구로 나와 시내버스 정류장에서 24번 시내버스를 타고 인천항연안여객선터미널 하차(25분 소요).

* 인천항 연안여객선터미널에서 덕적도행(쾌속선) 스마트호. 코리아나호. 평일은 1일 2회(09:00 14:30) 토, 일요일은 1일 4회(08:00 09:00 11:10 15:00), 연휴기간에는 증편 운항 이용, 소야도 하선(1시간 소요).
고려고속훼리(주) 케이에스해운(주) 문의 1577-2891

* 소야도에서 인천항으로 복항(돌아오는) 배 출발시간은 도착한 후, 바로 소야도 출항 덕적도 거쳐서 인천항연안여객선터미널로 되돌아온다.

* 인천항에서 출항하는 덕적도행 쾌속선은 소야도를 먼저 들린 다음, 덕적도로 가서 다시 돌아올 때는 소야도를 들르지 않는다(인천항여객터미널 관리센터 운항정보 ARS : 032-888-0116).

### 🍴 숙식
● 소야도
**태강민박** 덕적면 소야리 595. 032-831-3283
**뗏뿌루민박** 덕적면 소야로 202번길 86. 032-831-6969
**섬초롱민박** 덕적면 소야로 202번길 22. 010-8965-5265
**솔향수펜션** 덕적면 소야로 194. 032-832-7712

● 덕적도
**여수횟집**(장어탕, 일반식) 덕적면 덕적북로 20
032-832-9390
**회나라식당**(바지락칼국수) 덕적면 덕적북로 32로
032-831-5324
**진두식당**(일반식)민박 덕적면 덕적북로 24-1
032-832-8990
**큰물가든**(일반식) 덕적면 덕적북로 8-21. 032-831-1255

### 🏛 명소
**막끝 딴섬** 소야도 등산로 남쪽 끝
소야도 마지막 숙수봉 능선 끝 바다건너편에 있는 작은 섬.

**죽노골해변** 소야리 중간
숲속 해안에 해수욕장과 해변이 있다.

**뗏뿌루해수욕장** 소야리 중간
우거진 숲과 바다, 은빛 모래사장이 어우러져 진풍경을 이루어 내는 해변.

소야도 땅끝 아름다운 경치

소야도 뗏뿌루해수욕장

위도 깊은금해수욕장 주변 해변

위도(蝟島)는 부안군 격포항에서 15km 거리 배로 50분 거리에 위치한 섬이다. 6개의 유인도와 24개의 무인도로 이루어져 있고 해안선 길이는 36km이며, 섬의 생김새가 고슴도치와 닮았다 하여 고슴도치 위(蝟)자를 써서 이런 이름이 붙었다.

고려시대부터 유배지로 이용되었던 섬이며 1682년(숙종 8년)에 위도진(蝟島鎭)이 설치되었던 군사적 요충지다. 1896년(고종 33년) 전라좌우도의 섬 대부분을 병합하여 새로 설치한 전라남도 지도군(智島郡) 위도면에 속하게 하였다. 1914년 전남 영광군으로 편입 위도면으로 하였고, 1963년 전북 부안군으로 편입하였다. 현재 진리 대리 식도 정금도 상하왕도 등 8개 법정리를 관할하고 있다.

섬은 산지가 많아 경지 율이 낮고 해안선은 북서쪽에서 굴곡이 심한데, 특히 동북부의 진리만(鎭里灣)이 규모가 커서 연안에 취락이 집중적으로 분포한다. 1993년 서해페리호 침몰사고 이후 위도종합개발사업이 추진되어 2000년까지 관광 순환도로 위도해수욕장 4개의 여객선터미널 3개의 방파제 4개의 선착장이 완공되었다. 고운 모래와 울창한 숲 기암괴석과 빼어난 해안 풍경 등 천혜의 경관이 살아 있는 섬이다.

섬 중앙으로 서쪽에서부터 망금봉(望今峰. 241.7m) 도제봉(島祭峰. 153.8m) 망월봉. 254.5m) 파장봉(波長峰. 158.7m) 방파제까지 산 능선이 연결되어있고 능선 따라 등산로가 개설되어있다. 위도산행은 서쪽 끝 전막에서 시작하여 망금봉 도제봉 마월봉 파장봉 방파제까지 등산로가 이어지는데 도상 거리로 약 20km 정도 된다.

산행은 교통편의상 서쪽 끝 전막에서 시작해서 방파제 파장금역객선 터미널로 하산하는 것이 시간이 절약되고 정석이다. 종주코스는 장거리산행이므로 체력에 따라 중간 중간에 만나는 도로에서 하산을 하면 된다. 길이 살 보이지 않을 정도로 잡초가 무성한 지역이 많으므로 여름철에는 대비를 철저히 하여야 한다.

## 위도
### 망금봉·도제봉·망월봉·파장봉
전라북도 부안군 위도면

산행계획은 어떤 방법이든 격포항에서 첫배 07시 50분배를 타고 들어가 09시 30분부터 산행을 시작하여 (산행시간 4시간 ~6시간 30분) 산행을 끝내고, 오후 3시 30분 또는 5시 10분배로 나오면 경제적이고 효율적인 산행이 된다.

섬 산행의 특징은 산이 나지막하고 등산로는 대부분 능선으로 되어있다. 따라서 산 정상에서면 사방이 막힘이 없고 섬 대부분이 시야에 들어오며 섬 전체를 파악하게 된다. 또한 먼지 한 점 없는 공기를 마시며 시원한 바닷바람을 맞으면서 산행을 하게되어 쌓였던 스트레스를 단숨에 날려버리고 무심으로 돌아가는 상태가 된다.

### 등산로 Mountain path

**망금봉-도제봉-망월봉-파장봉 총 6시간 10분 소요**
전막 → 30분 → 첫봉 → 84분 → 망금봉 → 72분 →
도제봉 → 52분 → 망월봉 → 45분 →
파장봉 → 27분 → 방파제

위도 서쪽 끝 전막 도로변에 위도종주산행 등산안내도가 있다. 이 지점이 위도 산행기점이다. 전막 등산안내도에서 등산로를 따라 오르면 산길은 뚜렷하다. 하지만 여름철에는 잡초가 무성하므로 참고를 해야 한다. 뚜렷한 등산로를 따라 30분을 오르면 주능선 바윗길을 거치면서 206.1봉에 닿는다.

206.1봉을 뒤로 하고 5분을 내려가면 안부를 통과하고 다시 10분을 오르면 두 번째 봉이다. 여기서 7분을 내려가면 안부에 닿고 다시 20분을 오르면 리본이 많이 매달린 세 번째 봉이다. 여기서 19분을 내려가면 안부 삼거리다. 삼거리에서 직진하여 23분을 오르면 삼각점이 있는 망금봉 정상에 닿는다.

망금봉에서 26분을 내려가면 안부 1차선 도로에 닿는다. 도로를 가로질러 8분을 오르면 첫 봉우리에 닿는다. 여기서부터 무난한 길로 이어지면서 16분 거리에 이르면 치도교(출렁다리)에 닿는다. 출렁다리를 통과하여 22분을 오르면 도제봉에 닿는다. 치도교 0.4km 개들넘교 1.1km 이정표가 있다.

도제봉에서 100m 정도 진행하면 도제봉과 비슷한 리본이 많이 매달린 봉우리다. 여기시부디 내리막길로 이어지면서 28분을 내려가면 개들넘교(출렁다리)에 닿는다. 여기서부터 망월봉까지는 급경사 오르막길이다. 위도 산행 중 가장 힘든 코스이다. 바윗길 밧줄을 이용하면서 25분을 오르면 넓은 헬기장 망월봉에 닿는다.

망월봉은 삼거리다. 짧은 코스는 왼쪽 위령탑으로 하산길(400m)이 있고, 파장봉 방파제 방면은 오른쪽이다. 방파제 방면 오른쪽 능선길을 따라 23분 거리에 이르면 시루교(출렁다리)에 닿는다. 시루교를 통과하면서부터 오르막길이다. 완만한 등산로를 따라 20분을 오르면 표지석이 있는 파장봉이다.

파장봉에서 계속 직진 능선길을 따라 7분을 가면 묘지를 통과하고 이어서 계속 능선길을 따라 27분 거리에 이르면 섬 끝 방파제에 닿는다. 방파제에서 파장금여객선터미널까지는 20분 거리다.

위도 망월봉 정상

## 여행 정보 Tourist Information

### 교통

부안읍에서 격포까지는 (좌석버스는 1일 15회) (농어촌 버스는 17회) 있고 격포항여객선터미널까지는 좌석버스가 (07:50 10:10 14:30 16:00) 4회 있다(격포에서 격포항까지는 약 1km).

격포항 연안여객선터미널과 위도파장금연안여객선터미널에서 평일 1일 6회(07:50 09:50 11:50 13:50 15:30 17:10) 주말 1일 8회(07:50 09:10 10:30 11:50 13:10 14:30 15:50 17:10) 동시에 출발한다(하절기 동절기 주말 월별로 시간이 변경되는 수가 있으므로 사전전화문의 필수).

격포항 연안여객선터미널 063-581-1999
격포항매표소 1666-4923
위도여객선매표소 063-581-7414

위도 공영버스는 배 도착시간에 맞추어 대기하고 있다. 이 공영버스를 타고 전막 등산로 입구 하차. 공용버스는 1시간 30분 간격으로 위도를 한 바퀴 돌아온다.
위도 버스기사 010-3658-3875

### 숙식

● 위도

위도해너머식당(민박) 위도면 파장금길 26. 010-6311-7886
송학식당.회(민박) 위도면 파장금리
063-583-4247   010-3684-4247
해넘어민박 위도면 파장금리. 010-3659-3917
서울식당 위도면 파장금길 16. 063-583-4146

● 격포항

서해오션펜션 변산면 격포항 입구. 063-582-8786
바다식당 변산면 격포리 788-30. 063-582-8754

### 명소

**위도해수욕장** 위도면 진리
폭이 1km가 넘고 맑은 물과 수심이 깊지 않아 가족단위 피서객들에게 좋은 곳.

**훼리호참사위령탑** 위도면 진리
1993년 10월 10일 서해훼리호 참사로 292명의 인명이 희생됨.

**논금해수욕장** 위도면 대리
자갈밭 해수욕장

**깊은금해수욕장** 위도면 위도로 703
산으로 둘러싸인 안담한 해수욕장.

**미영금해수욕장** 위도면 위도로 834-1
지압에 효과기 있는 몽돌 해변이 깨끗한 자연과 함께 어우러진 위도의 명소.

위도 미영금해수욕장 주변 해변

# 지도(智島) / 꽃봉산 155.4m 큰산 160.3m 깃대봉 180.5m 삼암봉(三岩峰) 197.8m

지도 깃대봉에서 바라본 북쪽 해변

지도(智島)는 목포에서 66km 떨어진 지점에 위치해 있으며, 지도중심으로 꽃봉산(155.4m) 큰산(160.3m) 깃대봉(180.5m) 삼암봉(三岩峰, 197.8m)등 150m~200m 전후한 나지막한 높이의 산으로 지도읍에서부터 능선이 시작되어 북서방향으로 점암선착장 까지 이어진다.

무안 반도의 최남단에 위치한 신안군 지도읍은 유인도 5개 무인도 41개로 구성되어 있다. 1869년 군청이 들어서면서 한때 번창했던 지도군은 현재의 신안군 각 도서는 물론 영광의 안마도 전북의 위도 목포의 율도 영암의 나불도까지 관할했다. 1914년 한일 합방으로 지도군이 폐지되고 지도면이 되면서 무안군에 예속되기까지 17년 동안 군세를 떨쳤는데 현재는 신안군에 속하여 지난 1980년 읍으로 승격되었다.

### 등산로 Mountain path

**꽃봉산-큰산-깃대봉-삼암봉 총 3시간 41분 소요**
지도초등학교 → 34분 → 꽃봉산 → 43분 →
큰산 → 12분 → 진재 → 17분 → 깃대봉 → 18분 →
삼암봉 → 37분 → 점암선착장

지도읍 지도초등학교 왼편 지도중앙교회 마당에서 정자가 있는 계단 길을 따라 10분을 오르면 첫 봉우리다. 여기서 약간 오른편으로 이어지는 능선길을 따라 8분을 가면 오봉산 삼거리다. 오봉산에서 왼편 서북쪽으로 이어지는 뚜렷한 등산로를 따라 16분 거리에 이르면 봉우리를 한번 지나서 산불감시카메라가 있는 꽃봉산이다.

꽃봉산에서 계속 이어지는 등산로를 따라 8분을 내려가면 안부사거리다. 안부사거리에서 직진으로 10분 거리에 이르면 봉우리를 하나 지나서 (171.2봉)이다. 여기서 11분을 내려가면 바람풍재다. 여기서 오르막길로 11분을 오르면 왼쪽에 고목 오른쪽에 소나무가 한 그루 있는 큰산 입구 삼거리다. 이

# 지도
## 꽃봉산·큰산·깃대봉·삼암봉
전라남도 신안군 지도읍

지점에서 직진길은 뚜렷하지만 오른쪽 큰산으로 가는 길은 희미하게 이어지다가 길이 없어진다. 큰산을 향해 오른쪽으로 희미한 능선길을 따라 5분을 가면 잡초만 우거진 아무 표시가 없는 큰산이다.

큰산에서 다시 5분 거리 삼거리로 되돌아와서 오른쪽으로 8분을 내려가면 진재에 닿는다.

진재에서 임도를 가로질러 등산로를 따라 18분을 올라가면 안내도가 있는 깃대봉이다.

깃대봉에서 계속 이어지는 등산로를 따라 18분 거리에 이르면 안내도가 있는 삼암봉이다.

삼암봉에서 서쪽으로 계속 이어지는 뚜렷한 하산길을 따라 20분을 가면 봉우리를 통과하고, 정 서쪽 방향으로 이어지는 하산길을 따라 8분을 가면 쉼터(의자)를 통과하고 5분을 더 내려가면 임도(등산로입구)에 닿는다. 여기서 왼쪽 임도를 따라 4분 내려가면 2차선 도로에 닿는다. 여기서 왼쪽 도로를 따라 17분을 가면 삼거리이고 삼거리에서 오른쪽으로 3분을 가면 점암선착장이다.

### 여행 정보 Tourist Information

**교통**
**자가운전** 무안광주간고속도로 무안IC에서 빠져나와 우회전 → 1.5km에서 좌회전 → 24번(77번) 국도를 타고 해제면 삼거리에서 좌회전 → 지도읍 주차.
**대중교통** 서울강남고속터미널(센트럴시티)호남선에서 (07:30 16:30) 무안 경유 지도행 고속버스 이용, 지도 하차(4시간 10분 소요).
광주종합시외버스터미널에서 1일 13회. 목포시외버스터미널에서 1일 10회 운행하는 지도행 버스 이용, 지도 하차(2시간 30분 소요). 지도택시 010-9028-4036 합동택시 061-275-8888 지도버스터미널 061-275-3033

**숙식**
고향수산가든(한식) 지도읍 봉리길 6. 061-275-3371
솔펜션 지도읍 증도로 45. 061-275-9046
모텔일번지 지도읍 읍내리 송도 580-1. 061-275-1327

**명소**
태평염전 증도면 증동리 1930
증도의 명물 태평염전은 단일염전으로서는 국내 최대 규모.

# 임자도(任子島) / 대둔산(大屯山) 319.9m  삼각산(三角山) 213.8m  함백산 196.9m  불갑산(拂甲山) 224.3m

임자도 병산에서 바라본 염전

# 임자도
### 대둔산·삼각산·함백산·불갑산
전라남도 신안군 임자면

임자도(荏子島)는 지도 점암에서 불과 4km 떨어져 있고 면적이 39.30㎢ 해안선 길이는 60km 인 섬이다. 백제시대의 계요지도라는 이름이, 고려 중기까지 계야소도 야야소도 라고 불리고 있다가 고려 후기 들어 임치도로 바뀌었으며, 조선숙종 37년에 이르러 오늘의 이름인 임자도가 되었다. 섬 전체가 모래언덕으로 이루어져 있고, 섬 곳곳에는 마을 사람들이 물치 모래치라고 부르는 물웅덩이가 있다. 들깨가 많이 생산돼서 들깨 임(荏)자 임자라는 섬 이름이 유래되었다고도 하며 육지와 인연을 끊어 놓는 유배의 섬이었다.

고려 초부터 수군통제사가 주둔하여 진을 두고 자은도(慈恩島)까지 관할하다가 1748년(영조 24년)영광군에 부속되었으며, 1895년(고종 32년) 진을 폐지하고 지도군의 신설로 지도군에 속하였다. 그러나 1914년 행정구역 개편 때는 지도군 폐지로 무안군에, 1969년에는 신안군에 속하게 되었다. 임자도와 증도(曾島) 사이의 해저에서는 중국 송원대의 보물이 다량 인양되기도 하였다.

섬의 북서쪽 해변은 대광해수욕장으로 그 길이가 자그마치 12km를 넘는다. 이는 단일 명칭의 해수욕장 가운데 국내에서 가장 긴 규모이다. 식생은 북가시나무 녹나무 후박나무 동백나무 구실잣밤나무 사철나무가 자라고 있다.

섬 중심으로 대둔산(大屯山. 319.9m) 삼각산(三角山. 213.8m) 함백산(196.9m) 불갑산(拂甲山. 224.3m)은 임자도 남쪽 원상리에서 동서북쪽으로 산맥이 이어져 북쪽 대광해수욕장까지 연결된 산이다.

전국에서 제일기다란 대광모래해변과 매년 4월에는 신안 튤립축제가 열리고 있어 전국의 많은 관광객이 몰리는 이름난 섬이다. 옛날 임자도에는 남쪽의 대둔산 삼락산 함박산 불갑산 병산과 북쪽의 삼학산 삼봉산의 실치 섬처럼 분리되어 있었던 것 같다.

임자도 북부 모래언덕에서 불어오는 세찬바람과 파도에 의해 모래가 운반되고, 퇴적된 사구(모래언덕)에 의해 북부와 남부가 연결되게 된다. 후에 임자도 주변의 여섯 개의 섬이 간척지로 연결되어 오늘의 임자도로 형성되었다. 특히 임자도는 토양이 비옥하고 일조량이 풍부하며 해풍이 많이 불어 국내 화훼전문가들로부터 튤립 구근 생산 적지로 선정되어, 2001년부터 튤립을 재배하기 시작하여 현재 튤립재배 면적이 10ha로 전국최대 규모를 자랑하고 있는 곳이다.

### 등산로 Mountain path

**대둔산-삼각산-함백산-불갑산 총 5시간 56분 소요**
원상리 → 40분 → 대둔산 → 71분 →
삼각산 → 71분 → 함백산 → 34분 →
불갑산 → 52분 → 병산 → 28분 → 대광해수욕장

원상리 마을회관에서 왼편 골목길로 진입하여 30m에서 양편 빨간 집 사이로 돌담길을 따라 50m 정도 가다가 파란지붕 집 오른쪽으로 가면 등산안내도가 있다. 마을회관에서 2분 거리다. 여기서부터 뚜렷한 등산로를 따라 가면 외길로 이어지면서 40분을 올라가면 헬기장에 삼각점 데크가 있는 대둔산 정상이다.

대둔산에서 삼각산을 향해 동북쪽으로 50m 내려서면 갈림길이다. 갈림길에서 왼쪽으로 간다. 왼쪽 길을 따라 18분을 내려가면 임도(부동재)에 닿는다. 부동재에서 임도를 가로질러 13분을 가면 봉우리를 통과하고 다시 13분을 내려가면 안부에 닿는다. 안부에서 직진하여 17분을 올라가면 삼각산이다.

삼각산에서 12분을 내려가면 안부 사거리다. 안부에서 직진하여 11분을 가면 도로에 닿는다. 도로에서 오른쪽 도로를 따라 7분을 가면 도로 삼거리다. 삼거리에서 왼쪽으로 1분 거리에 이르면 이정표 장목재이다. 장목재에서 도로를 가로질러 묘 왼쪽 편으로 등산로가 있다.

다소 희미한 등산로를 따라 올라가면 함백산 오른편으로 이어지다가 다시 왼쪽으로 등산로가 이어져 40분을 오르면 함백산 정상이다. 전망이 매우 좋다.

함백산에서 계속 이어지는 등산로를 따라 7분을 내려가면 안부에 닿고, 안부에서 5분을 오르면 헬기장이며 계속 13분을 가면 임도에 닿는다. 오른쪽 임도를 따라 8분을 가면 불갑산이다.

　불갑산에서 17분을 가면 다시 임도를 만나고 임도를 가로질러 9분을 가면 또 임도가 나온다. 임도를 가로질러 9분을 가면 삼거리다. 삼거리에서 오른쪽으로 9분을 올라가면 또 갈림길이다. 갈림길에서 오른쪽으로 8분을 오르면 정자가 있는 병산이다.

　병산에서 하산은 직진하여 9분을 내려가면 갈림이다. 갈림길에서 직진하여 3분을 가면 쉼터가 나오고, 계속 13분을 내려가면 솔밭이며 솔밭에서 왼쪽으로 3분 거리에 이르면 도로 등산로입구 안내도가 있다. 여기서 오른쪽 도로를 따라 15분 거리에 이르면 대광해수욕장입구이다.

　* 임자도 산행은 버스 편을 이용하여 가능한 일찍 지도읍 점암선착장에 도착하여 임자도행 배를 타고 들어가 산행을 마친 다음, 오후에 점암선착장으로 되돌아가 버스 편을 이용하여 돌아온다.

## 여행 정보 Tourist Information

### 🚌 교통
임자도를 가기위해서는 일단 육로로 이어지는 신안군 지도읍 점암여객선터미널에 도착해서 임자도 가는 배를 타야 한다. 광주종합시외버스터미널에서 1일 8회, 목포 시외버스터미널에서 1일 8회 운행하는 지도읍 점암행 버스를 이용, 점암여객선터미널 하차.
점암여객선터미널에서 임자도(진리)행 1시간 간격으로 운행하는 배를 타고 임자도(진리선착장) 하선.
진리선착장에서 원상리행 공영버스는 1일 2회  07시 10시 이용, 원상리 마을회관 하차.
진리선착장에서 원상리행 공영버스가 있을 때는 공영버스를 이용하고, 없을 때는 원상리까지 택시를 이용한다.
점암선착장매표소 임자농협 061-275-7303
택시 061-275-8000  임자택시 010-275-2525
임자리무진관광택시 061-275-8000

### 🍴 식당
부두식당(두부) 임자면 임자로 4  061-275-2566
우가(육류) 임자면 임자로 136-1  061-275-0799
오가식육점식당 신안군 임자면  061-275-8006
편안한횟집(민박, 모텔) 임자면 대기리 2523-12
061-275-2828

### 🏠 숙박
은혜민박(한식) 임자면 광산리 독우길 48-4
061-261-6494
대광해수욕장 모텔(한식, 회) 임자면 대광해수욕장길 172-41
061-5454. 5959
방주민박 임자면 대광해수욕장 내 민박촌
061-262-0400 010-5363-4241
임자펜션 임자면 대광해수욕장 내 민박촌
061-275-3388 010-9184-9399

### 🏛 명소
**대광해수욕장** 임자면 대기리
우리나라에서 가장 길고 넓은 해수욕장을 중심으로 조성된 관광지.

임자도 병산에서 내려다본 대광해수욕장

**어머리해수욕장** 임자면 삼두리
해수욕장과 해변.

**불갑산** 임자면 광산리
임자면 광산리에 있는 산 정상은 전망대이다.

**대둔산** 임자면
임자면 원상리에 있는 산 정상에 데크가 있음.

임자도 대둔산 정상 테크

# 팔금도(八禽島) / 채일봉 159.1m

팔금도 이웃 증도 갯벌다리

## 팔금도 채일봉
전라남도 신안군 팔금면

팔금도(八禽島)는 신안군의 면 단위의 섬 중에서는 가장 작은 섬이다. 목포와의 거리는 24km 떨어져 있으며 북쪽으로는 암태도와 중앙대교 남쪽의 안좌도와는 신안1교로 이어져 있다. 신안1교를 관통하는 수로는 고대로부터 일본과 중국으로 항해하는 중요한 수로였다. 지금은 흑산도 홍도 도초도 비금도 신안군 섬을 오가는 배들이 항해하는 중요한 교통로다.

팔금도는 약 350년 전에 이천 서씨가 처음으로 들어와 정착했으며 이후 양성 이씨가 들어와 마을을 형성했다고 한다. 일제시대 최량호가 사회교육사업에 헌신적인 활동을 했던 섬으로 알려지고 있다. 팔금도(八禽島)는 사람이 살았던 여덟 개의 유인도인 섬의 팔(八)자와 날짐승 지명의 금(禽)을 합해 섬 이름이 유래됐다고 한다. 팔금도의 산은 서쪽에 채일봉(159.1m)이 최고봉이며 중앙에 금당산(金堂山. 130.8m) 동쪽에 고산(高山. 143m)이 있다.

* 팔금도 산행은 가능한 송공항에서 일찍 배를 타고 암태(오도)선착장에 도착하여 자은도 두봉산 암태도 승봉산 팔금도 채일봉 순으로 연계하여 1박 2일 3개도 산행을 하고, 다시 송공항으로 되돌아오면 경제적이고 효율적인 산행이다

### 등산로 Mountain path

**채일봉 총 2시간 30분 소요**

등산로 입구(도로) → 35분 → 원산저수지 지난 갈림길 → 35분 → 채일봉 → 20분 → 등산로 입구(도로)

중앙대교 남쪽 약 700m 거리 왼쪽에 채일봉 등산기점이 있고 등산안내도가 있다. 등산안내도에서 출발하여 8분을 올라가면 첫 봉이다. 첫 봉을 통과하여 능선길을 따라 15분을 가면 등산로는 오른쪽으로 꺾어지면서 원산저수지 방향으로 내려간다. 4분 100m 정도 내려가면 저수지 동쪽 습지를 통과하고 이어서 저수지 둑으로 이어진다. 저수지 둑길을 통과하면 이정표가 있다. 저수지 둑을 통과 후 이어지는 등산로를 따라 12분 거리에 이르면 이정표 갈림길이 나타난다. 갈림길에서 왼쪽 능선으로 꺾어지는 등산로로 간다. 다소 경사가 급한 등산로를 따라 35분을 올라가면 삼각점이 있는 채일봉 정상에 닿는다.

채일봉에서 하산은 계속 남쪽 선으로 내려간다. 남쪽 능선으로 난 하산길을 따라 8분 내려가면 전망대를 통과하고 12분을 더 내려가면 등산로 입구 도로에 닿는다.

### 여행 정보 Tourist Information

**교통**

목포역 건너편 우리은행 앞에서 50분 간격으로 운행하는 송공행 130번 시내버스를 타고 송공항 하차. 목포해양대에서-동부시장-신안군청 경유 50분 간격으로 운행하는 송공행 150번 시내버스를 타고 송공항 하차.
송공항에서 오전 7시부터 19시 30분 까지 1시간 간격으로 운행하는 암태행 신안농협페리호를 타고 암태(오도)선착장 하선. 오도선착장에 도착하자마자 바로 대기하고 있는 암태 방면 공영버스를 타고 암태면 소재지에서 하차.
채일봉 등사로 입구까지는 버스가 없으므로 암태소재지에서 택시를 이용해야 한다. 공영버스시간 (07:50 11:20 15:50)
* 자은도산행을 먼저 할 경우 자은도행 공영버스를 타고 자은면 소재지 하차.
배 시간 문의 송공항 매표소 061-271-0090
암태(오도)매표소 061-271-0052
팔금선착장매표소 061-271-1063
암태개인택시 061-271-4477. 개인택시 061-271-1508
개인택시 061-271-0113

**숙식**

돼지촌(민박) 팔금면 읍리 오림진고길 2
061-271-2200  010-4198-2400
부영식당(한식) 암태면 장단고길
061-271-8089  010-2646-9094
바다식당(회전문) 암태면 단고리 27-5. 061-271-0466
해돋는언덕(민박) 암태면 수곡리 1043. 061-261-2247

**명소**

승봉산 정상에 서면 다도해의 절경을 한눈에 조망할 수 있어 감탄이 절로 터져 나온다.

# 암해도(押海島) / 송공산 230.9m

축척 1:50,000

송공산 전망대에서 내려다본 천사의섬 분재공원

## 압해도 송공산
### 전라남도 신안군 압해읍

압해도(押海島)는 낙지 다리가 세 방향으로 뻗어나가면서 바다와 갯벌을 누르고 있는 형상이라 압해도라 부르게 됐었다고 전한다. 송공산(宋孔山. 230.9m)은 압해도 서쪽 해변 송공항 동쪽에 위치한 산이다. 봄이면 등산로 주변에 진달래와 철쭉이 만개되고, 매년 겨울에는 10ha에 심어진 3천여 그루의 애기동백꽃 30만 송이와 200여 품종의 동백 분화가 꽃물결을 이룬다. 송공산 정상에 오르면 동쪽으로 압해읍 너머로 유달산 승달산 은적산 월출산이 보이고, 남쪽으로 해남의 화원반도와 진도의 다도해와 장산도 하의도가, 서쪽으로 자은도 암태도 팔금도 안좌도 장산도 비금도 도초도가, 북쪽으로 당사도 매화도 고이도 중도 지도가 조망되는 신안군 제1의 다도해 전망대다.

해도의 압해란 명칭은 통일신라시대부터 쓰이기 시작했다. 압해란 바다를 제압한다는 의미다. 이 시기에 압해도 서남해역의 해로를 감시하기 위해 송공산에 송공산성이 축조됐으며 산성은 송공산 해역의 중요한 항로를 아우르는 역할을 했다.

### 🥾 등산로 Mountain path

**송공산** 총 2시간 17분 소요
수락리 등산로 입구 → 28분 → 송공산 → 10분 → 정자전망대 → 11분 → 둘레길삼거리 → 8분 → 둘레길사거리 → 10분 → 2차선도로 → 10분 → 분재공원

수락리 송공산 등산로 입구 주차장에서 도로를 건너 등산로를 따라 10분을 올라가면 사거리 이정표가 나온다. 오른쪽은 출렁다리 왼쪽은 분재공원으로 가는 둘레길이다. 송공산 정상은 직진한다. 뚜렷한 등산로를 따라 5분을 오르면 왼쪽으로 갈림길이다 갈림길에서 직진 하여 13분을 더 오르면 송공산 정상이다. 정상은 공터에 안테나가 있고 우물터가 있다.

하산은 분재공원 방향 동쪽으로 직진 10분을 내려가면 팔각정에 닿는다.

팔각정에서 서남쪽으로 내려다보면 천사의섬 분재공원이 아름답게 내려다보이고 남쪽으로 펼쳐지는 바다와 섬들이 아름답게 보인다. 전망대에서 하산은 여러 갈래로 갈라지게 된다. 바로 왼쪽 아래로 내려가면 둘레길 분재공원으로 하산길이고, 오른쪽으로 가면 바로 왼쪽으로 하산길이 또 있으며 오른쪽으로 계속 능선길이 있다. 여기서 계속 오른쪽으로 간다. 팔각정에서 오른쪽 능선길을 따라 약 5분 정도 거리에 이르면 갈림길이다. 갈림길에서 왼쪽으로 간다. 왼쪽으로 7분 내려가면 둘레길 삼거리에 닿는다. 삼거리에서 왼쪽으로 간다. 왼쪽으로 둘레길을 따라 8분 거리에 이르면 왼쪽 팔각정에서 내려오는 길을 한번 통과하고 두 번째 이정표 사거리 지점이 나온다. 이 사거리에서 분재공원은 오른쪽으로 10분 내려가면 2차선 도로 등산안내도에 닿는다. 이도로에서 오른쪽 도로를 따라 약 10분 거리에 이르면 천사의섬 분재공원이다.

### 여행 정보 Tourist Information

**🚌 교통**
**자가운전** 서해안고속도로 목포IC에서 빠져나와 직진→약 4km에서 우회전→압해대교를 통과 신장리 삼거리에서 우회전→77번 국도를 타고 압해읍 삼거리에서 좌회전→2번 국도를 타고 수락리고개 삼거리에서 좌회전→600m 송공산 주차장.
**대중교통** 목포해양대학에서 동부시장-신안군청 경유 50분 간격으로 운행하는 송공행 150번 시내버스를 타고 수락리 송공산 등산로 입구 하차. 또는 목포역 건너편 우리은행 앞에서 송공행 130번 버스를 타고 수락리(분재공원) 입구 고개삼거리 하차 후, 삼거리에서 왼쪽 수락리 방면 도로를 따라 15분(600m)을 가면 수락리 송공산 등산로 입구이다.

**🍴 숙식**
성미식당(한식) 합해읍 수락길 315. 061-262-5533
사랑이가득한펜션 압해읍 압해로 1568. 010-9243-9799
페미리민박 합해읍 대철리 수락마을 204. 061-271-9865

**🏛 명소**
**천사의섬 분재공원** 지도읍 송공리
500여 점의 분재와 70여 점의 조각작품이 전시되어 있다.

# 암태도(岩台島) / 승봉산(升峰山) 355.5m

암태도 승봉산에서 바라본 북쪽 해변

## 암태도 승봉산
전라남도 신안군 암태면

암태도(岩泰島)는 돌이 많이 흩어져 있고 바위가 병풍처럼 둘러싸여져 있다고 하여 암태도라 한다. 조선 초기에는 나주목에 편입하였다가 영광군에 속하기도 했으나 다시 나주목에 속하였다. 1896년 지도군이 창설되어 지도군에 속하였다가 1914년 행정구역 개편으로 지도군이 폐지되면서 무안군에 소속되었다. 다시 1969년에 신안군에 편입되어 오늘에 이른다. 승봉산(升峰山. 355.5m)은 암태면 한 중심에서 동서로 이어진 산이다.

### 등산로 Mountain path

**승봉산** 총 3시간 52분 소요

암태중학교 → 49분 → 삼거리 → 35분 → 승봉산 → 27분 → 수곡고개 → 24분 → 큰봉산 → 37분 → 수곡리

암태중학교 정문으로 들어가 약 70m 가면 승봉관 왼쪽으로 승봉산 안내도가 있다. 바로 이지점에서 산행을 시작한다. 이정표대로 오르면 바로 능선으로 이어져 15분을 오르면 철탑을 통과하고 다시 4분 거리에 이르면 사거리다. 사거리에서 직진 뚜렷한 능선 등산로를 따라 오르면 등산로는 왼편으로 휘어지면서 급경사로 이어져 30분을 오르면 전망대 첫 봉우리 삼거리에 닿는다. 첫 봉에서 바라보면 암태면이 시원하게 내려다보이고 전망이 매우 좋다. 삼거리에서 간단한 산행은 왼편 암태초교 방면으로 하산길도 있다.

삼거리에서 승봉산을 향해 오른쪽 능선길을 따라 15분을 가면 만물상 바위를 통과하고, 계속 20분을 올라가면 승봉산 정상에 닿는다. 정상에 서면 바다와 수많은 섬들이 아름답게 펼쳐 보인다.

하산은 노만사 방면으로 계속 북서 방향으로 이어지는 능선길을 따라 20분 거리에 이르면 등산로는 왼편 남쪽 방향으로 꺾어지면서 7분을 내려가면 수곡고개 1차선 도로에 닿는다. 여기서 도로를 가로질러 다시 산길로 24분을 오르면 큰봉산에 닿는다.

큰봉산에서 직진 10분을 가면 등산로는 오른쪽으로 꺾어지면서 1분 내려가면 임도 이정표 삼거리다. 여기서 왼쪽으로 5분 거리에 이르면 갈림길이 있고 오른편으로 마당바위 표시가 있다. 오른쪽으로 2분을 가면 데크 마당바위다. 마당방위에서 왼쪽으로 2분 정도 가면 갈림길이 나오는데 오른쪽으로 간다. 오른쪽으로 가면 평지 길로 이어지면서 5분을 가면 오른쪽으로 오리바위가 나타난다. 오리바위를 통과하고 계속 5분을 내려가면 노만사에 닿는다. 노만사에서부터 소형차로를 따라 12분을 내려가면 수곡리 입구 도로 버스정류장에 닿는다.

* 암태도 산행은 가능한 송공항에서 일찍 배를 타고 산행을 마친 후 그날 송공항으로 되돌아 올 수 있다. 하지만 이웃 가까운 자은도와 팔금도 산행까지 연계하여 1박 2일로 3개도 산행을 하고, 다시 송공항으로 되돌아오면 경제적이고 효율적인 산행이다.

### 여행 정보 Tourist Information

**교통**

목포역 건너편 우리은행 앞에서 50분 간격으로 운행하는 송공행 130번 시내버스를 타고 송공항 하차.
목포해양대에서 동부시장-신안군청-경유 50분 간격으로 운행하는 송공항행 150번 시내버스를 타고 송공항 하차.
송공항에서 오전 7시부터 19시 30분 까지 1시간 간격으로 운항하는 암태행 신안농협페리호 배를 타고 암태도(오도)선착장 하선. 배 도착시간에 맞추어 오도선착장에서 대기하고 있는 암태행 공영버스를 타고 암태면 소재지 암태중학교 하차. 암태(오도)선착장에서 암태 방면 공영버스시간은 (07:50 11:20 15:50). 송공항 매표소 061-271-0090
암태(오도)선착장 매표소 061-271-0052
암태 개인택시 061-271-4477 개인택시 061-271-1508

**숙식**

**부영식당**(한식) 암태면 장단고길. 061-271-8089
**바다식당**(회전문) 암태면 단고리 27-5. 061-271-0466
**청수장**(식당) 암태면 기동리 348. 061-271-1565
**성배민박** 암태면 수곡리. 061-271-6767

# 자은도(慈恩島) / 두봉산(斗峰山) 362.7m  두모산(성재봉) 227.1m

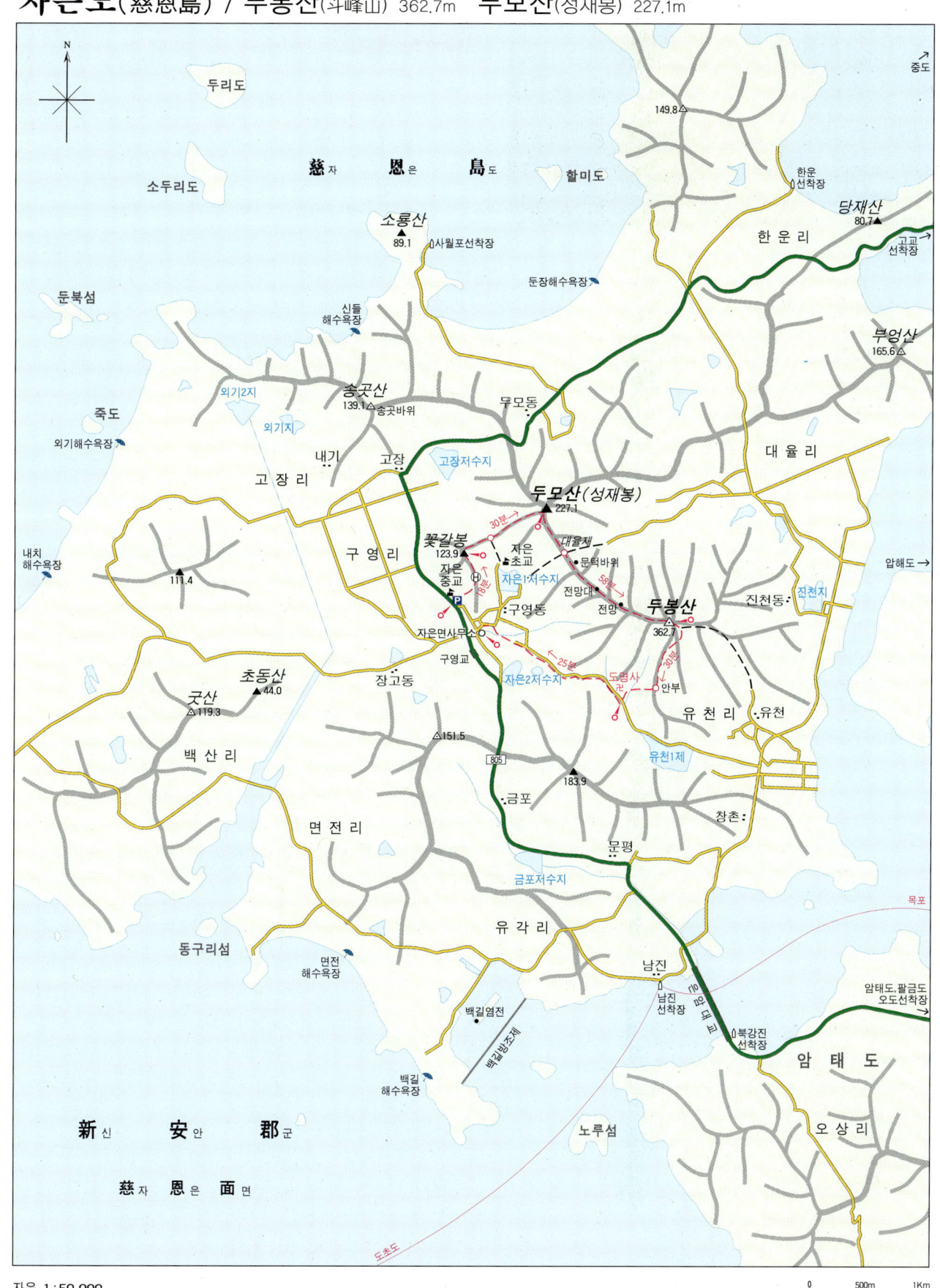

자은도 두봉산에서 바라본 동북해변

## 자은도 두봉산·두모산
### 전라남도 신안군 자은면

자은도(慈恩島)는 본섬인 자은도와 43개의 무인도로 구성된 섬이다. 목포에서 서북쪽 해상 41.3km 지점에 위치하고 있으며 동쪽으로 임자도 중도가 있고, 서남쪽으로는 비금도 동남쪽으로는 암태도와 은암대교로 연결되어 있다.

아득한 옛날 태고 때 천지가 생성되던 그때에 자은 땅이 모두 물속에 잠겨 있었고 이때 한 말(斗) 가량의 땅덩어리가 솟아 있었다고 한다. 세월이 흘러 점점 바닷물이 줄고 육지가 형성되어 높은 산을 이루고 두봉산(斗峰山, 362.7m)이 되었다고 한다. 두봉산 정상 남쪽은 바위 절벽으로 이루어져 있고 산 아래 도명사가 자연스럽게 자리하고 있다.

조선 선조 25년 임진왜란 때 명나라 이여송 장군을 따라 참전했던 중국인 두사춘이 목숨을 잃을까 두려워 군대를 이탈하여 피신하기 위해 전전하다 본도에 도착하여 지형지세 및 인심이 좋고 이웃을 사랑하고 아끼는 정신이 돈후하여 생명을 보전하게 됨을 감사히 생각하고 베풀어준 뜨거운 사랑과 은혜를 못 잊어서 자은도라 칭했다고 한다.

자은도는 남서부 해안에는 12km에 이르는 사빈(砂濱)이 발달해 해수욕장이 많다. 해안선은 경사가 완만하고 수심이 얕아 가도 가도 끝없는 모래밭이 이어진다. 그 중 최고인 백길해수욕장은 3km의 해안선을 따라 고운 모래사장이 펼쳐져 이국적인 맛을 더한다.

자은도는 신안군내에서는 큰 섬에 속한다. 이 섬 북서남면으로는 규사질 백사장이 여러 곳 형성돼 있어 해수욕장으로 개발된 곳만 여덟 곳에 이른다. 백산리에만 분계 신성 양산 내치 4곳의 해수욕장이 있고, 유각리의 백길해수욕장 면전리의 면전해수욕장 고장리의 외기 사월포해수욕장이 여름에 개장한다. 자은도는 신안군에서도 바다 쪽에 있는 섬이어서 파도의 침식작용으로 해안절벽이 멋진 절경을 이루고 있다.

예전에는 뱃길이 멀어 사람들의 발길이 뜸했는데 암태도와 자은도 사이에 은암대교가 개통된 이후로는 많은 피서객들의 발길이 끊이지 않고 있으며, 은암대교 위에서 바라보는 낙조 또한 일품이다. 백길해수욕장과 함께 많은 피서객들이 찾고 있는 분계해수욕장은 바다 건너로 철새 서식지로 유명한 칠발도 앞 바다 풍경이 아름답고, 주변의 수많은 노송의 군락 또한 장관이다. 자은도 한복판에는 섬에서 보기 드물게 해발 362.7m의 두봉산이 우뚝 서 있다. 이 두봉산을 중심으로 드넓게 펼쳐진 논밭은 이곳 주민들의 생활을 윤택하게 하고 있다.

은암대교의 개통으로 육지와 더 가까워진 자은도는 여러 가지 특산품과 개발 여지가 많은 관광자원을 안고 있어 서남해상의 중심도서로 떠오르고 있다.

* 자은도 산행은 송공항에서 오전 첫 7시 배를 타고 들어와 자은도 암태도 팔금도 3개도 산행을 1박 2일로 하고 다시 송공항으로 되돌아가면 경제적이고 효율적인 산행이다.

### 등산로 Mountain path

**두모산–두봉산 총 3시간 41분 소요**
자은중학교 → 18분 → 꽃깔봉 → 30분 →
두모산 → 58분 → 두봉산 → 30분 →
도명사 → 25분 → 자은면사무소

자은면소재지 자은중학교에서 산행을 시작한다. 자은중학교 정문으로 들어가 오른편으로 약 70m 들어가면 오른쪽으로 등산로 안내 표시가 있다. 여기서부터 뚜렷한 등산로를 따라 8분을 올라가면 헬기장이다. 헬기장에서 계속 10분을 더 올라가면 꽃갈봉이다. 꽃갈봉에서 오른쪽 능선을 따라 가면 능선길은 오른쪽으로 휘어지면서 8분 거리에 이르면 오른쪽으로 갈림길 안부에 닿는다. 안부에서 직진으로 5분을 더 가면 희미한 안부사거리가 또 나온다. 사거리에서 직진으로 오르면 급경사로 이어지며 17분을 오르면 두모산(성재봉)에 닿는다.

두모산에서 두봉산을 향해 오른쪽 능선을 탄다. 오른쪽으로 90도 꺾어지면서 동남 방향으로 등산로가 이어진다. 무난한 능선 등산로를 따라 14분을 내려가면 사거리 대율재에 닿는다. 대율재에서 계속 직진하여 15분을 가면 전망바위를 지나 쉼터가 나온다. 쉼터를 지나 7분을 가면 전망바위를 또 나온다. 전망바위를 지나서 22분 거리에 이르면 사방이 확 트인 두봉산 정상에 닿는다. 정상에서 바라보면 사방이 막힘이 없

자은도 두봉산과 도명사

대한 절벽으로 이루어져 있고 절벽 아래로 내려다보면 도명사가 조용한 시골집처럼 내려다보인다.

　두봉산에서 하산은 남쪽 도명사로 내려간다. 정상에서 동쪽으로 직진하여 2분 거리에 이르면 왼쪽으로 희미한 갈림길이 나타난다. 갈림길에서 오른편 뚜렷한 하산길로 간다. 갈림길에서 오른쪽으로 2~3분 내려가면 바윗길 밧줄지역이다. 안전시설이 잘 되어있어 위험하지는 않으나 주의를 하면서 바윗길을 내려서면 순탄한 능선으로 이어지면서 23분을 내려가면 안부에 닿는다. 안부에서 오른쪽으로 5분 내려가면 도명사 앞마당에 닿는다.

　도명사에서 100m 정도 거리 소형차로에서 오른쪽 차로를 따라 25분 거리에 이르면 자은면사무소에 닿는다.

다. 신안군 수많은 섬들로 장관을 이룬다. 우리나라에 이렇게 섬이 많이 있구나 하는 생각이 든다. 두봉산 정상 남쪽은 거

## 여행 정보 Tourist Information

### 🚌 교통
자은도를 가기위해서는 일단 목포에서 시내버스 편으로 1시간 거리인 송공항에 도착해서 암태행 배를 타야한다.
목포역 건너편 우리은행 앞에서 50분 간격으로 운행하는 송공항행 130번 시내버스를 타고 송공항 하차. 목포해양대에서-동부시장-신안군청 경유 50분 간격으로 운행하는 송공항행 150번 시내버스를 타고 송공항 하차.
송공항에서 오전 7시부터~19시 30분까지 1시간 간격으로 운항하는 암태행 신안농협페리호배를 타고 암태도(오도)선착장 하선. 오도선착장에서 배 도착시간에 맞추어 대기하고 있는 자은 방면행 공영버스를 타고 자은면 소재지 하차.
암태도 오도선착장에서 자은방면 공영버스시간(07:35 11:30 14:15 16:15)  자은개인택시 061-271-5550
개인택시 061-271-5554  개인택시 06271-5555
배 시간문의 송공항매표소 061-271-0090
암태(오도선착장)매표소 061-271-0052

### 🍴 숙식
두봉식당(한식) 자은면 구영2길 54-6. 061-271-8156
고향식당(한식) 자은면 구영리. 061-271-4805
인동초식당(육식) 자은면 구영2길 45-1. 061-271-7774
황금장(식당, 모텔) 자은면 구영리. 061-271-8100
은혜민박 자은면 구영2길 54-7
061-271-6744  010-8939-7444
은실민박 자은면 구영리
061-271-8070  010-8603-8070

### 🏛 명소
**둔장해수욕장** 자은면 송산리
자은도에서 가장 큰 규모의 해수욕장과 해변

**백길해수욕장** 자은면 면전리
3km가 넘는 광활한 해안선을 따라 고운 모래사장이 끝없이 펼쳐지는 해변.

자은도 백길해수욕장

**분계해수욕장** 자은면 분계리
깨끗한 모래사장과 해안을 따라 펼쳐진 울창한 아름드리 송림이 어우러진 해변

**신돌해수욕장** 고장리 산 111-8
백사장 길이 1,000m 소재지에서 직선거리 2.9km이다. 주위에 질이 좋은 규사가 무진장.

**면전해수욕장** 자은면 면전리
백사장 길이 1,700m, 소재지에서 직선거리 3.8km이다. 물이 맑고 경사가 완만한 해수욕장.

**추포해수욕장** 암태면 추포도
해변의 고운 백사장 길이는 2.5km이다. 추포해변 주위에는 산림이 울창하고, 몽골텐트에서 야영이 가능하다.

# 하의도(下衣島) / 김대중(金大中) 모실 올레길 양수바위 112.1m

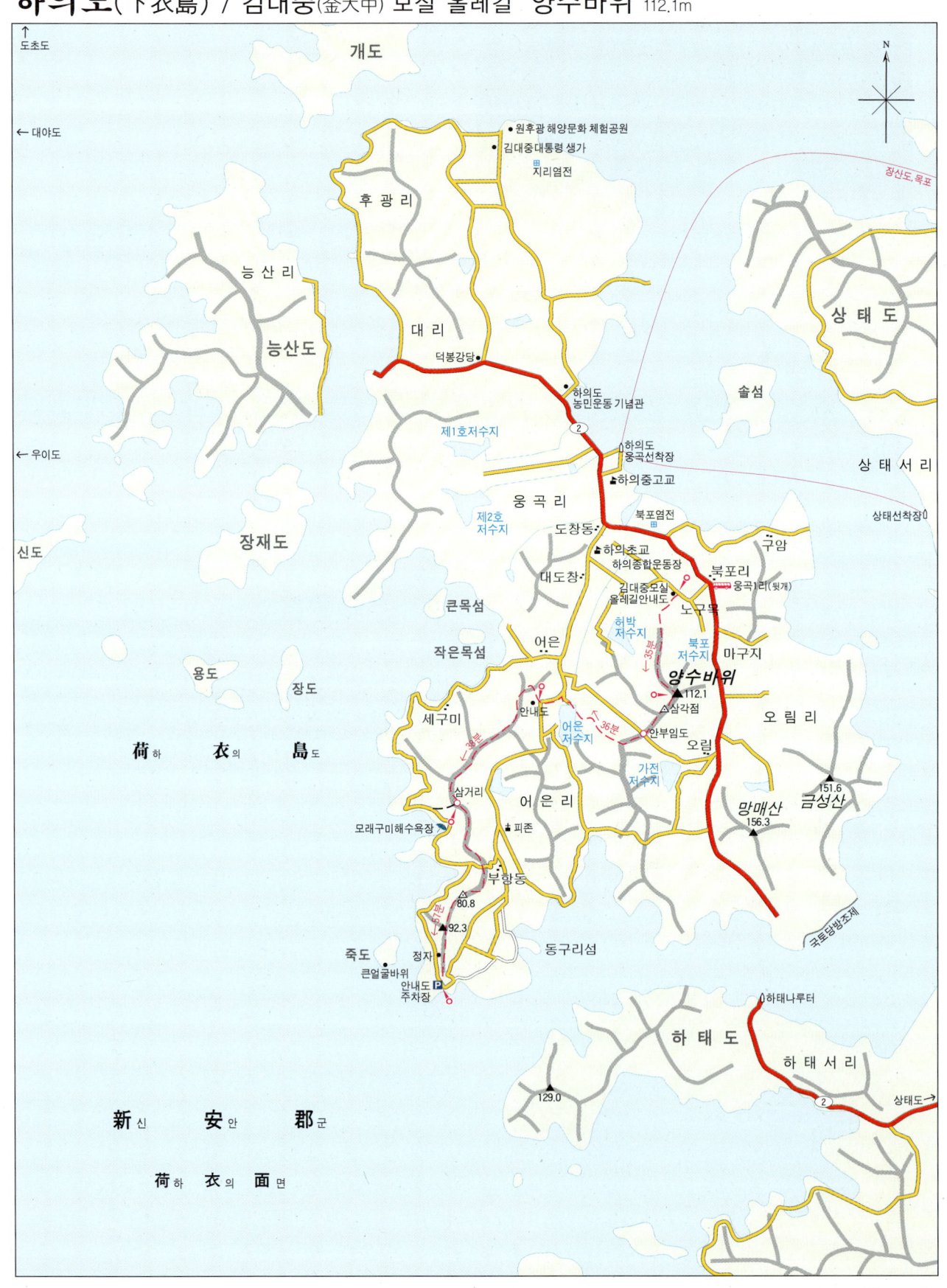

하의도 김대중 대통령 생가

하의도(下衣島)는 목포시에서 남서쪽으로 약 57.6km 해상에 위치하며 동남쪽에 상태도와 하태도, 서쪽에 능산도와 신도, 북쪽에 저도 등의 작은 섬들이 산재해 있다.

신라말기 풍수지리설에 명통한 도사가 전국의 지형을 답사하던 중 이 섬에 들리게 되어 지형을 보니 형태가 연화만개 형태이므로 연꽃과 뜻이 같은 연꽃 하를 머리에 쓰고, 음양설에 의거 음산(낮고 평탄함)하다 하여 옷의를 써서 하의라 부르게 되었다 한다..

하의도는 우리나라 근 현대사에서 두 번 주목을 받았다. 하나는 300여 년 동안 빼앗긴 땅을 되찾기 위한 농민들의 항쟁으로, 다른 하나는 노벨평화상을 받는 김대중 전 대통령의 고향이다. 하의도 하면 제일 먼저 떠오르는 것은 김대중 대통령의 고향이다. 1921년에 태어난 대통령은 초등학교 3학년인 1936년까지 이곳에 있던 초가집에서 살았다고 한다.

### 등산로 Mountain path

**김대중 모실 올레길** 총 3시간 46분 소요
능곡리(뒷개) 등산로 입구 → 35분 → 양수바위 → 13분 → 삼각점봉 → 23분 → 어은저수지 서쪽 둑 → 38분 → 모래구미해수욕장 삼거리 → 57분 → 큰얼굴바위주차장

하의도 선착장에서 남쪽으로 2번 국도를 따라 약 2km거리에 이르면 능곡1리(뒷개) 마을이다. 뒷개마을 도로변 중간쯤 하의로 397농가 앞에서 오른편 논 가운데로 난 농로를 따라 약 150m 가서 오른쪽으로 30m 가면 농로 왼편에 김대중 모실 올레길 안내도가 있다. 이지점이 하의도 등산 깃점이다.

잘 다듬어진 등산로를 따라 35분을 올라가면 큰바위가 두 개가 이는 양수바위가 나타난다.

양수바위를 바라보면서 오른쪽으로 난 등산로를 따라 13분

## 하의도
### 김대중 모실 올레길 · 양수바위
전라남도 신안군 하의면

을 가면 삼각점이 있는 봉우리에 닿는다. 이 지점에서 양수바위를 보면 더 멋지게 보이고 하의면 일대가 바라보인다.

삼각점봉에서 계속 직진 6분을 내려가면 가전저수지 위 임도에 닿는다. 여기서 임도를 가로질러 14분을 가면 어은저수지 둑으로 등사로가 이어지고 도로에 닿는다.

도로에서 왼쪽으로100m 정도 가면 안내도가 있고 등산로는 다시 오른쪽 산으로 이어진다. 등산로를 따라 8분을 오르면 직각 왼쪽으로 꺾어지는 지점이 나타난다. 여기서 왼쪽으로 15분을 오르면 또 왼쪽으로 직각으로 꺾어지는 지점이다. 여기서부터 왼편 남쪽으로 등산로를 따라 15분을 가면 오른쪽 모래구미해수욕장으로 가는 삼거리다.

삼거리에서 직진 계속 능선길을 따라 20분을 가면 사거리 이정표가 나타난다. 사거리에서 직진 9분을 가면 구멍바위를 통과한다. 구멍바위를 지나 계속 이어지는 능선길을 따라 22분 거리에 이르면 마지막 봉 80.8봉에 닿는다. 마지막 봉을 통과 6분을 더 내려가면 등산로 끝 주차장이다. 주차장에서 서쪽 작은 섬에 있는 큰얼굴바위가 건너다보인다.

### 여행 정보 Tourist Information

**🚌 교통**
목포연안여객선터미널에서 하의도행 쾌속선(07:10 14:30) 차도선(06:30 10:10 13:30) 배를 타고 하의도(웅곡)선착장 하선. 바로 대기하고 있는 남쪽 하태도 방면 공영버스를 타고 능곡리(뒷개)하차. 또는 등산로입구까지 택시 이용.
하의도(웅곡)선착장에서 목포행은 도착한 그 배가 바로 목포로 되돌아간다.
하의도(웅곡)선착장에서 신의도행 (08:00 12:30)
배 시간 문의 조양운수(매표소) 061-244-0038
하의 매표소 061-244-0038
하의택시 061-275-8875 017-601-4165

**🍴 숙식**
영수식당(한식) 하의면 곰실길. 061-275-9125
평화민박(식사) 하의면 곰실길 40. 010-3085-4055
미도식당(여관) 하의면 곰실길. 061-275-4027

**⛩ 명소**
**김대중 대통령 생가** 하의면 후광리
대통령이 태어나고 자란 곳. 생가는 헐리고 마늘밭으로 변하여 다른 곳에 원형대로 복원하였다.

# 하태도(下台島) / 문필봉(文筆峰) 170m  천왕봉(天王峰) 195m  큰산 170.9m

하의 1:50,000

하태도 천왕봉 정상

## 하태도 문필봉·천왕봉·큰산
전라남도 신안군 신의면

하태도(下台島)는 원래 상태도(上台島) 하태도(下台島) 두 개의 섬이 간척사업에 의하여 하나로 연결되었고, 1974년 하의면에서 분 면하여 신의면이 되었다. 신의면은 유인도 4개 무인도 23개의 도서로 형성되어 있다.

1608년경 경주 최씨가 진도에서 풍랑을 만나 표류하다가 황성 마을에 닿아 정착하게 되었다고 전해진다. 대부분 100m 내외의 낮은 구릉지와 평지로 이루어져 있다. 상태도와 하태도를 좌우 제방으로 연결하고 있으며, 농경지는 비교적 적고 염전이 많으며 유명한 천일염의 산지다.

하태도는 문필봉(170m) 천왕봉(195m) 큰산(170.9m)이 모두 연결되어 하태도의 산군을 이루고 있다.

### 등산로 Mountain path

**문필봉-천왕봉-큰산** 총 3시간 45분 소요

노은고개 → 45분 → 문필봉 → 30분 → 천왕봉 → 25분 → 도로 → 39분 → 큰산 → 26분 → 웰빙등산로 입구

노은마을회관에서 북쪽 농로를 따라 6분을 가면 등산안내도가 있다. 여기서부터 산행을 시작한다. 뚜렷한 등산로를 따라 오르면 여름철에는 잡초가 우거져 뱀을 조심하면서 올라야 한다. 10분을 오르면 첫 쉼터가 나온다. 쉼터를 지나서 능선으로 이어지는 등산로를 따라 9분을 가면 오른쪽으로 갈림길이다. 갈림길에서 직진으로 7분을 가면 헬기장을 통과하며 13분을 더 오르면 문필봉이다.

문필봉을 뒤로 하고 5분을 내려가면 안부 삼거리다. 삼거리에서 직진으로 천왕봉을 향해 급경사 돌밭길을 따라 25분을 올라가면 표지석이 있는 천왕봉에 닿는다.

천왕봉에서 5분을 내려가면 갈림길이다. 갈림길에서 직진 20분 거리에 이르면 도로에 닿는다.

도로에서 약간 왼쪽 묘 왼쪽으로 등산로가 있다. 잡초가 많은 등산로를 따라 13분을 올라가면 왼쪽으로 갈림길이다. 갈림길에서 직진하여 20분을 올라가면 큰산 삼거리다. 삼거리에서 왼쪽 능선으로 6분을 가면 안내도가 있는 큰산이다.

하산은 다시 올라왔던 그대로 되돌아 4분 내려가면 삼거리다. 삼거리에서 왼쪽으로 17분을 내려가면 삼거리다. 잡초가 우거져 직진 길은 보이지 않고 오른쪽 하산길은 잘 보인다. 여기서 오른쪽으로 3분 정도 내려가면 잡초가 우거져 길 찾기가 어려운 지점이 나온다. 하지만 자세히 살펴서 2분 정도 내려가면 안내도가 있는 도로 웰빙등산로 입구에 닿는다.

* 큰산 갈림길에서 17분 거리 월빙등산로와 갈라지는 갈림능선에서 서쪽 덕석바위 사자바위 방면은 지도 상에 길은 있으나 주능선길을 찾지 못하여 답사를 못 하였다.

### 여행 정보 Tourist Information

**교통**
목포연안여객선터미널에서 신의면행 (쾌속선 07:10 14:30) (차도선 06:30 11:30 15:00)이용, 신의면(상태) 하선. 배 도착시간에 맞추어 대기하고 있는 남쪽 하태도 방면 공용버스를 타고 노은마을 하차.
신의면에서 목포로 나올 때는 신의면(상태)선착장에서 목포행(쾌속선 08:40 16:00) (차도선 08:45 13:45 17:05) 이용, 배 시간 문의 신안페리 061-242-4520
신의택시 061-271-6601 010-5045-8811

**숙식**
신의식당(한식) 신의면 신의로 723. 061-271-8285
혜원식당(민박) 신의면 신의로 691. 061-271-3518
멧돼지가든 신의면 동리선착장길. 061-271-3775
누나펜션 신의면 상태동리 363-24. 061-271-8255
해오름펜션(민박) 신의면 상태동리. 061-262-8663

**명소**
황금성리해수욕장 하태 서리
바람에 날릴 정도로 고운 모래사장이 300m 정도 펼쳐져 있고 해송이 우거져 있는 해변.
천왕봉 하태도 등산로 중간 지점
정상에 서면 하태도 하의도 일대가 아름답게 내려다보인다.

# 도초도(都草島) / 큰산 265.7m

도초도 큰산 정상

## 도초도 큰산
전라남도 신안군 도초면

도초도(都草島)는 목포에서 40km 거리에 있고 해안선 면적은 약 41.94km 길이는 약 86km이며 여의도 면적 5배이다. 신안군의 2읍 12면 중 하나, 본래 나주목에 딸린 섬으로서 지형이 고슴도치처럼 생겼으므로 도치도 또는 도사도라 하였는데, 그 후에 진도군에 편입되어 도초면이라 하여 18 동리를 관할하였는데, 1914년 4월 1일 행정 구역 통폐합에 따라 무안군에 편입되어 다시 10개리로 개편 관할 하다가, 1962년 11월 21일 법령 제1176호에 따라 흑산면의 우이도리를 편입하여 11개리가 되고, 같은 해 6월 1일 군 조례 제35호에 의하여 우이도 출장소를 두었으며, 1969년 1월 1일 법령 제2059호에 의하여 신안군에 편입되었다.

동쪽은 하의면 서남쪽은 흑산면, 북쪽은 비금면이다. 나주목으로 속했을 당시에는 도치도(都雉島)라 하였다. 부근에 수치(水雉) 사치(砂雉) 팔금 비금등 조류 형국의 섬 중 큰섬이라 해서 都雉島라고 하였다 한다. 도초도와 비금도는 천일염의 메카이며 겨울 시금치의 대명사인 섬초의 원산지이기도 하다.

청정지역에서 생산되고 저염도 3년간 숙성을 하여 간수를 빼고 이물질을 수작업으로 제거해 엄격히 선별된 명품 천일염과 염전 증발지에서 자생한 함초를 이용한 순수하고 깨끗한 프리미엄급 함초 소금생산지이고, 청정지역 도초도 소금이어서 깨끗하며 천연 갯벌 소금이라 맛이 좋다고 한다. 섬이면서도 다른 섬에 비하여 비교적 농지가 많은 편이며 도초도 맨 남쪽에 큰산(大山. 265.7m)이 위치하고 있다.

도초도에서 관광명소는 시목해수욕장 정도이다. 따라서 비금도와 연도교로 연결되어있으므로 비금도를 들러오면 좋다. 비금도 명사십리 원평 하누넘해변 등 10개도 넘는 아름다운 해수욕장이 있다. 특히 드라마 봄의 왈츠 촬영지로 유명세를 탔던 비금도 하누넘해변은 하트 모양을 하고 있어 연인들에게 사랑받고 있다. 연인이나 부부들이 하누넘에 가면 헤어지지 않고 영원히 심장에 남는 사람이 된다는 전설이 있다.

비금도는 바둑왕 이세돌의 고향이기도 하고 이세돌기념관도 있다.

 **등산로** Mountain path

**큰산** 총 3시간 38분 소요
등산안내도 → 63분 → 큰산 → 57분 →
삼거리 → 38분 → 시목해수욕장 입구

도초도 선착장에서 시목해수욕장으로 가는 도로를 따라 시목해수욕장 1km 전에 있는 고개가 큰산 산행기점이다. 고개 큰산 안내도에서 바로 산으로 오른다. 뚜렷한 등산로를 따라 7분을 오르면 갈림길이다. 갈림길에서 직진으로 5분을 내려가면 안부에 닿고, 안부에서 직진으로 5분을 더 오르면 의자가 있는 쉼터이다. 쉼터를 지나서부터 오르막길로 이어진다. 비교적 급경사 길로 이어져 20분을 오르면 전망대(절벽)지대가 나타난다.

여기서부터 오른쪽 능선을 타고 올라가는데 왼쪽은 절벽이고 오른쪽은 급경사지역이다. 매우 위험하므로 주의가 필요하다. 안전설치가 되어있으므로 주의만 하면 큰 문제없이 오를 수 있다. 위험지역인 바위 능선길을 따라 13분 오르면 큰산 정상에 닿는다. 정상은 아무 표시가 없다.

하산은 왼편 동쪽 능선을 탄다. 능선길로 내려서면 밧줄이 있고 경사가 급하다. 5분 정도 내려가면 갈림길이다. 갈림길에서 오른쪽으로 내려가면 거리가 짧은 하산길이며 약 20분 내려가면 임도에 닿는다.

* 다시 능선 삼거리에서 직진으로 능선길을 따라 8분을 올라가면 끝 봉이다. 끝 봉에서 계속 하산길을 따라 4분 정도 내려가면 밧줄지역이 나온다. 여기서 오른쪽으로 하산길이 이어져 4분 정도 더 내려가면 전망지 쉼터가 나온다. 쉼터를 지나서 3분을 더 내려가면 갈림길이 나타난다. 갈림길에서 오른쪽 비탈길로 5분 거리에 이르면 쉼터 사거리다.

쉼터사거리에서 왼쪽 능선 길을 따라 10분 거리에 이르면 능선길 끝 부엉바위에 닿는다. 부엉바위에서 10분 거리 사거리로 다시 되돌아와서 왼쪽으로 간다. 쉼터사거리에서 왼쪽으로 5분 거리에 이르면 임도 끝 삼거리가 나온다. 이 지점이

정상에서 5분 거리 능선삼거리에서 내려오는 삼거리다. 여기서부터 임도를 따라 18분을 거리에 이르면 이정표가 있고 갈림길이다. 갈림길에서 임도를 벗어나 왼쪽으로 간다. 왼쪽으로 들어서면 소나무 숲길로 이어지면서 20분 거리에 이르면 시목해수욕장 입구에 닿는다(여기서 등산로입구까지는 도로를 따라 10분 거리다).

* 도초도 큰산 산행은 이웃 비금도와 가까운 거리에 차도로 이어지므로 1박2일 또는 우이도와 2박 3일 연계 산행이 바람직하다. 도초항은 비금도 우이도 흑산도 홍도 가거도로 가는 배편이 모두 도초항을 거쳐 가는 교통 요충지이다.

도초도와 비금도는 비교적 평야가 많고 전답이 많은 편이며 도로가 좋은 편이다. 도초도에 택시가 많은 편인데 지정요금제이며 대부분 4만~5만원 정도 이므로 승용차를 가지고 가면 그만한 경비를 충분히 감당하고도 편리하다.

## 여행 정보 Tourist Information

### 🚌 교통
도초도로 가는 배는 목포연안여객선터미널과 목포북항 두 곳에서 출항한다.
* 목포연안여객선터미널에서는 (도초도, 비금도) 경유 홍도 또는 가거도로 가는 (쾌속선) (07:50 08:10 13:00 16:00)이 운항하는데 (07:50 13:00)배는 비금도를 경유하고, (08:10 06:00)배는 도초도를 경유한다.
도초도와 비금도는 연도교로 연결되어있고 다리 건너 도초항과 비금항이 서로 마주하고 있다. 따라서 교통이 편리한 도초항에서 하선하여 도초도와 비금도 산행의 교통편을 이용하는 것이 편리하다.
목포연안여객선터미널 배 시간 문의(쾌속선) 061-244-9915
061-244-2111
* 목포북항에서는 도초행(차도선) (하절기 05:50 10:50 16:50) (동절기 06:00 11:00 15:30) 이용 도초 하선. (도초에서 목포북항 08:20 13:20 18:20)
북항과 도초항 간 운행하는 배 시간문의 도초농협(차도선)
061-275-2300 011-604-2034
개인택시 061-275-8035 010-3378-8035
개인택시 061-275-1508

### 🍴 식당
**보광식당**(일반식) 도초면 불섬길 85-12. 061-275-2136
**비룡식당**(일반식) 도초면 발메리 85-12. 061-275-3100
**진미식당**(일반식) 도초면 화도리. 061-275-2161
**새식당**(일반식) 신안군 도초면 서남문로 1511.
061-275-7135

### 🏠 숙박
**코리아모텔** 도초면 물섬길 95. 061-271-8800
**신흥장** 신안군 도초면. 061-275-2143, 010-2604-2143
**창성장여관** 신안군 도초면 발매(화도리) 7-7
061-275-2014

### 🏛 명소
**명사십리해수욕장** 비금면 지당리
백사장 길이가 4.3km 폭이 30m로 끝을 볼 수 없을 정도로 길게 펼쳐진 모래사장.

**원평해수욕장** 비금면 신월리
이 곳 모래는 그렇게 고울 수가 없고 밟아도 발자국이 남지 않을 정도로 단단한 것이 특징이어서 해여 점토가 아닌가 싶을 정도로 곱고 부드러운 모래가 있는 해수욕장

**하누넘해수욕장** 비금면 내월리
비금도 서남쪽 해안의 절경을 끼고 있는 한적한 곳에 위치한 하트 해변

**이세돌기념관** 비금면 신월리
비금도가 낳는 천재 바둑기사 이세돌의 기념공간이다.

**시목해수욕장** 도초도 시목리 시목길 290
물이 수정처럼 맑고 깨끗하며 주변에 감나무가 많다고 해서 시목이라는 이름이 붙여진 해변

도초도 큰산에서 내려다본 시목해수욕장

도초도 시목해수욕장

# 비금도(飛禽島) / 선왕산 254.5m  그림산 230.5m

비금도 선왕산 능선

## 비금도
### 선왕산 · 그림산
전라남도 신안군 비금면

비금도(飛禽島)는 목포항에서 54km 떨어져 있고 유인도 3개와 무인도 79개로 이루어진 면단위의 작은 섬이다. 섬 전체 형세가 날아가는 새의 형국이라 하여 날비(飛) 새금(禽) 섬도(島)자를 써서 비금도(飛禽島)라 칭 하였다.

목포 서남단에 위치하고 있으며 다도해의 일부로써 동서가 길고 남북이 짧으며, 동쪽으로는 성치산이 서쪽으로는 선왕산이 우람하고, 동남 해안은 23km의 방조제가 축조되어 1600 hr 농토와 염전이 형성되어 비금면민의 생명선으로 소득기반이 되고 있다.

섬 전체가 산과 들이 적절하게 배분 되어있고 섬 중심으로 선왕산(254.5m) 그림산(230.5m)이 이어져 있다. 해안선 길이는 약 132km에 이르며 1996년 이웃 도초도와 서남문대교로 연도교가 개통되어 하나의 생활권을 이루고 있다.

다도해 해상국립공원으로 지정되어 깨끗한 바다와 아름다운 기암절벽들이 바다를 감싸고 있으며, 해수욕과 산행을 겸할 수 있는 좋은 산행지이자 여행지다.

과거 여러 개의 섬이 연안류에 의한 퇴적으로 육지화 되어 곳곳에 구릉성 산지의 형태를 이룬다. 간척사업이 활발하게 진행되어 농경지와 염전이 넓게 발달해 있다.

동북쪽 해안은 해식애가 발달하였고, 해안선의 만입이 심한 서쪽 해안에는 사빈해안이, 동남쪽 해안에는 염전지대가 있다. 식생은 북가시나무 녹나무 후박나무 동백나무 구실 잣밤나무 사철나무 등의 난대성 식물이 자란다.

삼한시대에 떠돌아다니던 유족이 당두마을에 최초로 들어와 정착하였다고 한다. 삼국 조선시대에 와서는 유배되어 온 벼슬아치들이 그들의 가족을 이끌고 와 정착하면서 많은 씨족이 분포하게 되었다. 삼국시대에는 백제의 아노현에, 통일신라시대에는 갈도현에 속하였다. 고려시대에는 육창현에 편입되었으며 조선 초기에는 영광군에 속하였다. 조선 후기에는 나주목 관할이 되었으며 1895년에 지도군에 편입되었다.

1914년에 행정구역 개편으로 무안군에 이속되었으며, 1969년에 신안군이 무안군에서 분군 됨에 따라 신안군 비금면이 되었다.

주민의 대부분이 농업과 어업에 종사하고 있다. 호남지방에서는 해방 이후 처음으로 천일제염이 시작된 섬이다. 북서해안에는 규사가 풍부하다. 구림리해수욕장은 약 4km의 해안으로 해당화와 주변의 수목이 장관을 이룬다.

4km가 넘는 광활한 백사장의 명사십리해수욕장과 원시적 풍광이 독특한 하누넘해수욕장 등이 대단히 인상적이다. 바닷가에 서면 하늘과 바다밖에 보이지 않는다고 해서 하누넘이란 이름이 붙었다.

비금도와 도초도 두 섬은 천일염의 메카이며 겨울 시금치의 대명사인 섬초의 원산지이기도 하다. 비금도는 바둑왕 이세돌의 고향이기도 하고 이세돌기념관도 있다.

### 등산로 Mountain path

**선왕산–그림산** 총 4시간 6분 소요

등산로 입구 → 47분 → 금림산 → 47분 → 죽치재 → 43분 → 선왕산 → 49분 → 하누넘해수욕장

비금면 상암리 입구 2번 국도변에 주차장과 정자가 있고 선암산 그림산 등산안내도가 있다.

등산안도에서 바로 산행이 시작되어 12분을 올라가면 쉼터가 나온다. 쉼터에서 계속 능선으로 이어지는 등산로를 따라 올라가면 왼쪽으로 휘어지면서 급경사 계단길로 이어져 30분을 올라가면 그림산에 닿는다.

그림산에서 선왕산을 향해 오른편 북서 방향으로 이어지는 주능선 등산로를 따라 32분을 가면 오른쪽으로 갈림길이다. 갈림길에서 계속 직진하여 능선으로 이어지는 길을 따라 5분 지나면 왼쪽으로 갈림길이다. 여기서도 직진하여 10분을 가면 돌담이 있는 갈림길 죽치재에 닿는다.

죽치재에서 직진하여 진행을 하면 계속 능선길로 이어지면서 43분 거리에 이르면 선왕산 정상에 닿는다. 선왕산은 데크가 있으며 사방 바다위에 수많은 섬들이 아름답게 펼쳐진다. 특히 북쪽으로 올망졸망한 작은 섬들이 아름다운 광경이다.

하산은 계속 북서 방향 능선길을 따라 17분을 내려가면 삼거리 이정표가 나온다. 삼거리에서 직진하여 7분을 올라가면 봉우리 삼거리다. 여기서 왼쪽으로 15분 내려가면 하누넘해수욕장에 닿는다.

* 고산저수 방면은 하누넘해수욕장으로 가는 내려가는 능선삼거리에서, 직진하여 13분을 가면 마지막봉우리에 닿고 마지막봉우리에서 오른쪽으로 희미한 능선길을 따라 12분 내려가면 고산저수지 상류 1차선 도로에 닿는다. 1차선 도로 주변에 돌담이 있고 다리가 있으며 고산저수지 상류이다.

* 비금도 산행은 도초도와 연도교가 연결되어있으므로 도초도와 연계해서 1박 2일 또는 우이도와 2박3일 산행을 하면 경제적이고 효율적이다.

선왕산에서 바라본 그림산

## 여행 정보 Tourist Information

### 🚌 교통
* 비금도로 가는 배는 목포연안여객선터미널과 목포북항 두 곳에서 출항한다.
* 목포연안여객선터미널에서는 (도초도, 비금도) 경유 홍도 또는 가거도로 가는 (쾌속선) (07:50 08:10 13:00 16:00)이 운항하는데 (07:50 13:00)시간 배는 비금도를 경유하고. (08:10 06:00)시간 배는 도초도를 경유한다. 도초도와 비금도는 연도교로 연결되어있고 다리 건너 도초항과 비금항이 1km 정도 거리에 서로 마주하고 있다. 따라서 교통이 편리한 도초항에서 하선하여 도초도와 비금도 산행의 교통편을 이용하는 것이 편리하다.
목포연안여객선터미널 배 시간 문의(쾌속선) 061-244-9915 061-244-2111
* 목포북항에서는 도초행(차도선) (하절기 05:50 10:50 16:50) (동절기 06:00 11:00 15:30) 이용 도초 하선. (도초에서 목포북항 08:20 13:20 18:20).
목포북항 도초항 왕래 운항하는 시간문의 도초농협(차도선) 061-275-2300. 011-604-2034
비금택시 061-275-5454. 010-4631-5454
도초택시 061-261-0002. 010-9795-8989
도초개인택시 061-275-2024. 010-2603-2024

### 🍴 식당
청해식당(일반식) 비금면 덕산리 119-28. 061-275-4617
싱싱식육식당(택시) 비금면 덕산리 읍동 119-35
061-275-4828
만나가든(한식) 비금면서남문로 780. 061-275-0602

### 🏠 숙박
코리아모텔 도초면 물섬길 95. 061-271-8800
중앙여관 비금면 덕산리 137-8. 061-275-5148

### 🏛 명소
**명사십리해수욕장** 비금면 지당리
백사장 길이가 4.3km 폭이 30m로 끝을 볼 수 없을 정도로 길게 펼쳐진 모래사장

**원평해수욕장** 비금면 신월리
밟아도 발자국이 남지 않을 정도로 단단한 것이 특징인 곱고 부드러운 모래 해수욕장

**시목해수욕장** 도초도 시목리 시목길 290
물이 수정처럼 맑고 깨끗하며 주변에 감나무가 많다고 해서 시목이라는 이름이 붙여진 해변

**이세돌기념관** 비금면 신월리
비금도가 낳는 천재 바둑기사 이세돌의 기념공간으로 지역민에게는 문화적 자긍심 을심어준다.

**하누넘해수욕장** 비금면 내월리
비금도 서남쪽 해안의 절경을 끼고 있는 한적한 곳에 위치한 하트 해변.

선왕산에서 내려다본 하누넘해수욕장

# 우이도(牛耳島) / 상상봉(上上峰) 361.1m

우이도 상상봉에서 바라본 돈목해변

# 우이도 상상봉
### 전라남도 신안군 도초면

우이도(牛耳島)는 목포에서 뱃길로 3시간 반 정도 떨어진 섬이자 모래언덕으로 잘 알려진 곳이다. 섬 전체가 대부분 산으로 이루어져 있고 우이도의 가장 높은 곳은 상상봉(上上峰. 361.1m)이다. 돈목 성촌 띠밭넘어 해변 등 맑고 깨끗한 해변뿐 아니라 상상봉 정상에서 펼쳐지는 다도해의 풍광이 아름다운 섬이다.

진리마을이 있는 우이도항 건너편으로는 동 서 소우이도와 송도가 바라보인다. 우이도는 섬의 서쪽으로 돌출한 도리섬과 목섬이 마치 소의 귀 모양을 닮았다 하여 붙여진 이름이다. 우이도는 섬에서 가장 높은 상상봉(361.1m)을 중심으로 산지가 발달해 농지가 거의 없기 때문에 대부분 어업에 의존해 살아가고 있다.

1801년 손암 정약전과 다산 정약용 형제는 나주 금성산 아래 율정점 삼거리에서 마지막 밤을 보낸 뒤 각자 귀양길에 올랐다. 정약전의 유배지가 바로 소흑산도라 불리던 우이도다. 정약전의 유배로 잘 알려진 곳은 흑산도이지만 정약전은 우이도를 더 사랑했던 것 같다. 우이도에 먼저 자리를 잡았고 1807년에야 우이도에서 40km나 떨어진 흑산도로 들어갔다. 정약전이 육지와 가까운 우이도로 가기 위해 밤에 몰래 나섰다가 잡혔다는 기록도 있다. 대흑산도에서 유배생활을 하며 자산어보를 남긴 정약전은 소흑산도 유배생활 중에는 표해시말이라는 책을 남겼다.

진리마을 선착장 입구에는 우이도가 조선시대에 전략적으로 중요했다는 것을 알 수 있는 흔적이 남아 있다. 우이도 선창이 그것이다. 우이도는 조선시대 수군기지로도 사용되었는데, 진리마을 산자락에 관아와 돈대(墩臺)가 있었다고 전한다.

우이도 선창은 조선 영조 때인 1745년에 만들어졌다. 배를 정박시키는 포구의 기능, 파도를 막는 방파제 기능뿐 아니라 배를 건조하고 수리하는 조선소의 기능까지 담당했다. 실제로 인근 야산에서 소나무를 베어다 배를 건조했다고 한다. 우이도 선창은 높이 3m로 돌을 쌓아 만들었다. 선창 중앙에는 배를 줄로 묶는 계주석도 남아 있다. 우이도 선창은 우리나라에서 가장 오래되고 형태가 가장 온전히 남아 있는 선창으로 전라남도 기념물 제243호로 지정되었다.

우이도는 작은 섬에 섬 전체가 산악지역으로 형성되어있고 도로 자동차가 없으며 관광객이 많이 오지도 않아 먼지 한 점 없고 쓰레기 없는 천혜의 청정지역이다. 또한 마을에 식당도 없고 민박집이 몇 집 있으며, 마을 인심도 좋아 산행과 함께 1박 2일 정도로 한번 다녀오면 마음도 편안해지는 좋은 휴식처이자 추억이 남을 수 있는 곳이다.

### 등산로 Mountain path

**상상봉** 총 3시간 32분 소요

돈목선착장 → 60분 → 진리고개 → 35분 → 상상봉 → 25분 → 진리고개 → 16분 → 정약전서당터 → 16분 → 진리선착장

돈목선착장에서 산행을 시작한다. 배에서 내려 바로 마을 길로 올라가면 마을이 시작되고 다시 골목으로 내려가게 된다. 골목길로 내려가면 우이슈퍼민박집 삼거리다. 왼쪽은 돈목경로당이 있고 선착장에서 200m 정도 거리다. 삼거리에서 왼쪽 길을 따라 5분 정도 가면 돈목해수욕장이다. 여기서부터 뚜렷한 길이 없고 모래사장 오른편 모래사장 길을 따라 5분 정도 가면 언덕에 하얀 사워장이 보이고 계곡 오른 쪽에 이정표가 있다. 이 지점에서부터 산행을 시작한다. 이정표에서 오른쪽으로 가면 대나무 숲길을 거쳐 가면서 22분을 올라가면 이정표 대초리고개에 닿는다. 돈목2구 1km 상상봉 2.2km 진리 1구 2.6km이다. 등산로는 대초리고개를 넘어 내려간다. 5분 정도 내려가면 잡초만 무성한 집 없는 옛 마을터 길로 이어진다. 계속 협소한 골목길을 따라 5분 정도 더 내려가면 시멘트 다리를 통과하고, 다시 오르막길로 이어져 18분을 올라가면 진리고개 삼거리다.

상상봉은 진리고개삼거리에서 오른쪽으로 간다. 오른쪽으로 7분을 오르면 바윗길이 시작된다. 바윗길을 따라 22분을 오르면 전망대가 나오고 2분을 더 오르면 상상봉 정상이다. 정상에서 바라보면 가까이는 돈목 성촌마을과 돈목해수욕장

이고 멀리는 끝없는 다도해가 펼쳐진다. 아름다운 풍경이다.

하산은 올라왔던 그대로 되돌아 25분을 내려가면 삼거리 진리고개다. 진리고개에서 오른쪽으로 간다. 오른쪽 길을 따라 8분을 내려가면 목교를 건넌다. 여기서부터 넓은 농로를 따라 8분을 더 내려가면 정약전서당터이다.

서당터에서 계속 농로를 따라 3분 정도 가면 갈림길이다. 갈림길에서 오른쪽은 마을을 통과하는 길이다. 왼쪽으로 13분 거리에 이르면 진리선착장에 닿는다. 우이도 산행은 목포연안여객선터미널에서 11시 40분배를 타고 오후 2시 40분 우이도 돈목선착장에 도착해서 하절기에는 그날 산행을 마치고 1박 후에, 다음날 오전 주변을 돌아보고 오후 진리 3시 돈목 3시 30분에 출항하는 배를 타고 도초항을 거쳐 목포로 온다.

* 도리산 산행은 돈목선착에서 오른쪽 길을 따라 가면 농로로 이어지면서 30분을 오르면 철문이 있고 농로가 끝난다. 여기서부터 왼쪽 산길을 따라 7분을 오르면 철탑이고 3분 더 오르면 도리산 정상이다. 정상은 넓은 공터이고 전망대이다. 하산은 올라왔던 그대로 되돌아 30분 내려가면 돈목선착장이다 (왕복 1시간 20분).

* 우이도 산행은 목포연안여객선터미널에서 우이도행 일반선 오전 11시 40분 배를 타고 14시 40분 우이도 돈목항에 도착 후 돈목마을에서 1박을 하고 돈목마을에서 산행을 시작하여 상상봉에 오른 후 진리로 하산하여 나올 때는 진리항에서 배를 타고 나온다.

## 여행 정보 Tourist Information

### 교통
목포연안여객선터미널에서 도초 경유 홍도행(쾌속선) 오전 7시 50분배를 타고 도초항 하선 후, 도초항에서 우이도행 일반선(06:15 14:15) 이용. 또는 목포에서 우이도행 일반선 (오전 11시 40분배를 타고 14시 40분 우이도 도착).
우이도로 들어갈 때 배는(도초-돈목-진리로 도착)순으로 나올 때 배는 (진리-돈목-도초) 순으로 돌아온다.)
배 시간 문의 섬사랑 6호 061-244-0005
우이도 돈목선착장 061-261-4455
진리선착장 061-261-4600

### 숙식
**우이슈퍼민박** 도초면 우이도리
061-261-1863  010-4617-0505
**우림민박** 도초면 우이도리. 061-261-1860
**해돋이민박** 도초면 우이도리. 010-4238-3384
**다모아민박** 도초면 우이도리
061-261-4456  010-6611-4456
**한승이민박** 도초면 우이도리. 061-261-1740
**설희네민박**(펜션) 도초면 우리도리
061-262-7056  010-5400-7055
**진리민박** 도초면 우리도리 1구 진리취급소
061-261-4600  010-3437-4600
**진리 진이네민박** 도초면 우이도리. 061-261-1619

### 명소
**모래언덕** 우리도리 돈목
바람의 오묘한 조화로 인해 높이 50m 경사면 100m로 국내 최대 규모의 모래언덕.

**정약전 서당터** 우이도 진리

**문순득 생가** 우이도 진리

**돈목해수욕장** 우이도 돈목
물이 맑고 백사장이 단단하며 모래가 고운 해수욕장.

우이도 돈목해수욕장

**띠밭넘어해수욕장** 우이도 진리
산넘어 숨어있는 청정 해수욕장과 해변.

우이도 띠밭넘어해수욕장

# 대흑산도(大黑山島) / 칠락산(七落山) 271.8m  302.1봉 302.1m  상라산(上羅山) 229.8m

대흑산도 302.1봉에서 내려다본 흑산면

# 대흑산도

### 칠락산·302.1봉·상라산

전라남도 신안군 흑산면

등산이 어렵고 칠락산 302.1봉 상라산 산행만이 가능하다.

산행은 죽항리 샘골에서 시작하여 칠락산과 (302.1봉)을 경유하여 흑산도노래비로 하산하고 상라산은 노래비주차장에서 별도로 다녀온다.

대흑산도를 중심으로 한 인근 도서는 천혜의 관광보고로 섬에 특유의 문화유적이 많이 있으며, 흑산도는 다도해해상국립공원의 일부로 지정되어 있어 관광객이 많이 찾는다.

### 등산로 Mountain path

**칠락산–302.1봉–상라산 총 4시간 5분**

샘골 입구 → 40분 → 칠락산 → 62분 → 302.1봉 → 43분 → 도로 → 15분 → 마리재 → 15분 → 상라산 → 10분 → 마리재

대흑산도(黑山島)는 우리나라 최 서남단에 위치하여 목포와의 거리는 92.7km이고, 유인도 11개 무인도 89개로 총 100개의 도서로 형성되어 있으며, 섬 대부분이 산으로 이루어져 있고 논농사는 전무하고 바다와 관광자원에 의존하고 있다. 흑산도라는 이름은 멀리서 보면 산과 바다가 검푸르게 보인다 하여 붙여진 이름으로 알려지고 있다. 홍도 다물도 대둔도 영산도 등과 함께 흑산군도를 이룬다.

섬 전체가 대부분 산지로 이루어져 있고 인근의 섬 전체를 한 바퀴 돌아볼 수 있는 24km의 일주도로가 있어, 선착장 앞에서 버스를 타거나 택시를 이용해 섬의 아름다운 경관과 문화유적들을 찾아볼 수 있다.

흑산도에 사람이 처음으로 정착한 것은 통일신라시대인 828년(흥덕왕)으로, 장보고(張保皐)가 완도에 청해진을 설치하고 이곳에 성을 쌓으면서 마을이 형성되기 시작했다. 서해상에 출몰하는 왜구들을 막기 위한 전초기지로 이 섬에 반월성을 쌓으면서부터라고 한다.

본래는 월산군에 속하였으나 조선시대인 1678년(숙종 4년)에 흑산진이 설치되면서 나주목에 속하였고, 1914년에는 무안군에, 1969년에는 신안군에 편입되어 현재에 이른다. 조선 숙종 때는 흑산진이 설치되는 등 서남해안의 국방 기지였다.

망망대해에 있는 섬이라 예부터 유배지로 사용되었다. 조선 말기의 유학자 최익현도 흑산도에서 유배 생활을 했고, 정약전과 최익현의 유적지가 남아 있으며 장보고가 쌓았다는 전설이 있는 상라산성은 전라남도 지정 문화재이다.

이미자의 히트곡 흑산도 아가씨는 흑산도를 배경으로 한 노래이다. 흑산도 마리재 주차장에는 흑산도아가씨 노래비가 세워져 있고 계속 흑산도 아가씨 노래가 흘러나온다.

흑산도에는 문암산(404.9m) 깃대봉(381.8m) (302.1봉) (七落山. 271.8m) 상라산(上羅山. 229.8m)으로 이루어져 있으나 문암산 깃대봉은 등산로가 아직 정비되어있지 않아 일반인

흑산도 여객선터미널에서 코리아모텔 뒤로 가면 2차선도로 삼거리다. 삼거리에서 종합복지관 쪽으로 난 2차선 도로를 따라 15분 거리에 이르면 고개를 넘어 오른편에 등산안내도가 있다. 여기서부터 산행이 시작된다. 뚜렷하고 완만하게 이어지는 등산로를 따라 40분을 오르면 칠락산(어머니산)에 닿는다. 칠락산에서 바라보면 흑산항 일대가 시원하게 내려다 보인다.

칠락산을 뒤로 하고 계속 이어지는 등산로를 따라 12분을 내려가면 오른쪽으로 갈림길이다. 오른쪽으로 내려가는 길은 흑산항 방면으로 하산길이다.

갈림길에서 계속 직진하여 17분을 가면 전망대를 지나 삼거리다. 삼거리에서 직진하여 18분을 올라가면 302.1봉 삼거리에 닿는다(이정표에는 칠락산 정상 272m 라고 쓰여 있다.).

흑산도 칠락산(어머니산) 정상

(여기서 깃대봉 방향으로 능선을 따라 25분 거리까지 답사를 하였으나 길의 형태만 있고 등산하기에는 부적격하여 다시 되돌아왔다(2015. 5. 29 현재).

상라산 정상봉이라고 새겨진 302.1봉 삼거리에서 하산 코스는 상라산 방향 오른쪽으로 간다. 뚜렷하고 완만한 등산로를 따라 30분 거리에 이르면 무명봉에 닿는다. 무명봉에서 계속 이어지는 등산로를 따라 13분을 내려가면 2차선 도로에 닿는다. 2차선 도로에서 오른쪽 도로를 따라 15분 거리에 이르면 마리재 주차장이다.

마리재 주차장에서 상라산은 왕봉 25분 소요된다. 마리재에서 오른쪽 전망대(정자)는 왕복 10분 거리다. 마리재에서는 이미자 흑산도아가씨 노래가 연속 흘러나온다. 마리재에서 흑산도연안여객터미널까지는 도로를 따라 약 5km 이므로 버스나 택시를 이용하거나 걸어야 한다(1시간 30분 소요).

* 흑산도 산행은 목포연안여객선터미널에서 오전 7시 50분에 출발하는 쾌속선을 타고 오전 9시 50분 흑산도에 도착해서 당일 산행을 마치고 오후 4시 20분배로 나오면 이상적이다.

흑산도는 홍도 가거도로 가는 쾌속선이 경유하는 길목이어서 해상교통이 편리한 편이다.

흑산면에 속한 가거도나 홍도는 평야지역이 없고 산세가 험하여 도로가 없고 교통편도 없지만, 흑산도는 평야지역이 있고 농토가 있으며 도로가 있어 대중교통편이 있고 일주 관광코스가 있다. 따라서 흑산도 일주를 돌아오는 관광버스가 매일 운행하고 있다. 하지만 특별한 관광내용은 없고 그저 흑산도 이곳저곳을 돌아보는 정도이므로 큰 기대를 하지 말고 흑산도 일주를 해본다고 생각을 하면 된다.

## 여행 정보 Tourist Information

### 🚌 교통
목포연안여객선터미널에서 흑산도행(07:50 13:00) 쾌속선을 타고 흑산도 하선(1시간 50분 소요).
흑산도에서 목포행(09:00 11:10 15:20).
목포연안여객선터미널 배 시간 문의 : (쾌속선) 남해고속 061-244-9915 동양고속 061-243- 2111
(차도선) 페리호 061-242-6258
흑산개인택시 061-275-9716 010-3747-9717
개인택시 017-450-2433
개인택시 017-228-3703 동양택시 010-5306-9175
흑산도 일주버스투어(약 2시간, 15,000원) 9인승 택시도 같은 요금으로 가능하므로 택시를 이용해도 된다.

### 🍴 식당
행복식당(숙박) 흑산면 예리 173-54. 061-275-8886
서해식당(한식) 흑산면 예리 340-5. 061-275-9189
흑산홍어맛집 흑산면 예리  061-262-4999
섬마을자연산횟집 흑산면 예리 180-5. 010-7157-8870

### 🏠 숙박
개천장여관(식당) 흑산면 예리 180-57. 061-265-9154
코리아식당(모텔) 흑산면 예리 176-109. 061-5033
오랜지민박 흑산면 예리 173-3. 010-4875-5151
금수장모텔 흑산면 예리. 061-275-5370

### 🏛 명소
**흑산도일주도로**
예리항을 출발해서 S자 고갯길 상라봉 흑산도아가씨 노래비 심리 사리 예리2구를 거쳐 다시 예리항까지 돌아오는데 1시간 30분이 소요된다.

**상라산성지** 진리 산 6번지
상라산성 서쪽의 상라산 정상에 봉수대와 99년 학술조사시 확인된 제사유적이 있는 곳이다.

**김이수 생가 터** 흑산면 진리
김이수는 개혁 사상을 몸소 실천한 조선 후기 민권운동의 선구자로서 이 시대의 개혁을 희망하는 모든 사람들이 표본으로 삼아 볼 만한 인물이다.

**장기미해수욕장** 흑산면 진리
해수욕장과 해변.

**흑산도**
본섬1, 부속섬 10, 인구 2397명이며 홍도 가거도 교통 중심지이다.

흑산도 상라산에서 내려다본 꼬부랑길

# 홍도(紅島) / 깃대봉(고치산) 360.7m

홍도 깃대봉에서 내려다본 북측 능선

# 홍도 깃대봉(고치산)
전라남도 신안군 흑산면 홍도리

홍도(紅島)는 해질 무렵 멀리서 바라보면 섬 전체가 붉게 타오르는 것처럼 보인다고 해서 붙여진 이름이다. 목포항에서 서남쪽으로 115km 지점에 위치해 있고 대흑산도에는 서쪽 해상으로 19km 떨어진 지점에 있으며 본도와 20여 부속 섬으로 되어있다. 변질된 규석이 대부분이며 끊임없이 작용하는 파도의 침식작용에 의해 파괴된 바위 조각이 오랜 세월을 두고 밀려가고 밀려 와서 이루어 놓은 절경이 또한 천하의 일품이다. 해안은 경사가 심하여 조간대의 면적이 넓지 못하며 바닥은 암반이나 자갈로 된 부분이 많다. 섬 대부분이 산으로 이루어져 있고 최고봉 깃대봉(360.7m)과 양산봉(231.8m)이 있다. 남북의 길이는 약 6.4km 동서의 최대폭은 1.6km밖에 안되는 작은 섬이다.

홍도는 독립문바위 종바위 탑바위 공작새바위 병풍바위 기둥바위 남문바위 사자바위 등이 절경을 이루고 있고 귀중한 동 식물들이 많이 살고 있어 천연보호지역으로 지정되었다. 홍도의 식물은 양치식물 나자식물 피자식물 등을 포함해서 총 545종류나 된다. 특히 이 경관 중 주목되는 것은 원시림에 가까운 상태의 숲을 볼 수 있다는 것이다.

이 섬의 해안은 경사가 급해서 절벽으로 되어 있는 곳이 많고 절벽 계곡 산 잔등에 나는 식물의 종류가 각각 달라 특이한 식물경관을 보여주고 있다.

홍도의 바다는 물이 맑아서 청명하고 바람이 없는 날은 깊이 10m 이상이나 물속을 볼 수 있다. 그것은 유명한 풍란의 자생지인 홍도에는 아름드리 동백 숲과 후박나무, 식나무 등 희귀식물 540여 종과 231종의 동물 및 곤충이 서식하고 있어, 섬 전역이 천연기념물 제170호 다도해해상국립공원(1981년)으로 지정되었다. 그래서 이곳에서는 마을 이외에 산에는 들어갈 수 없으며, 돌멩이 하나 풀 한 포기도 채취하거나 반출이 금지되어 있다.

남서쪽으로 양산봉(231.8m)이 솟아 있고, 섬 전체가 비교적 기복이 큰 산지로 이루어져 있다. 해안선은 바위 절벽으로 이루어져 있어 아름다운 경치를 보여주고 있어 관광지로 유명한 곳이다. 주민들은 주로 어업에 종사하여 왔으나 현재는 대부분 관광객이 끊이지 않아 이들을 대상으로 한 수입이 주 소득원이 되고 있다.

주요관광 코스로는 남문바위 시루떡바위 물개굴 석화굴 기둥바위 탑바위 원숭이바위 주전자바위 독립문바위 홍어굴 병풍바위 등이 있는데 대부분 유람선을 타고 볼 수 있다. 섬 내에 원시림처럼 잘 보존되어 있는 당산림은 예로부터 주민의 신앙생활 중심지로 되어 있어 해마다 음력 섣달그믐이면 풍어제를 지내기도 한다.

홍도 산행은 목포에서 7시 50분에 출발하는 홍도행 쾌속선을 타고 홍도에 10시 20분 도착해서 바로 그날 산행을 마치고 1박 후 다음날 오전 10시 30분 배로 나오면 좋다.

유람선은 1일 2회 07:30~09:30, 12:30~14:30(2시간 소요) 1인당 22,000원이다.

### 등산로 Mountain path

**깃대봉** 총 4시간 52분 소요

홍도초교 정문→70분→깃대봉→10분→주능선 이정표→25분→홍도교회→15분→등대→15분→홍도교회→35분→주능선 이정표→15분→깃대봉→47분→홍도초교

홍도항에서 내리면 산비탈 양편으로 마을이 형성되어있다. 선착장에서 오른편 고개 쪽으로 마을길을 따라 15분 정도 올라가면 홍도초교 정문이다. 이 지점이 깃대봉 산행기점이다.

홍도초교 정문에서 오른쪽으로 간다. 등산로는 처음부터 계단길로 시작되어 20분을 오르면 전망대를 하나 지나 두 번째 전망대다. 계속 계단길을 따라 20분을 오르면 세 번째 전망대다. 세 번째 전망대에서 20분을 오르면 숯가마 터를 통과하고 10분을 더 오르면 깃대봉이다. 정상은 표지석이 있고 데크가 있으며 홍도 일대가 시원하게 내려다보이는 전망대이다.

하산은 (3)가지다. (1)은 올라왔던 그대로 내려온다. (2)는 홍도등대 방면 주능선 이정표까지만 가서 되돌아온다. (3)은 홍도등대(홍도2구 마을)까지 가서 되돌아온다.

홍도 전망대에서 바라본 홍도항

등대까지 종주산행 코스는 깃대봉에서 홍도2구마을 등대를 향해 10분을 내려가면 주능선이정표가 나온다.

이정표에서부터 왼쪽으로 급경사 하산길이 이어지며 25분을 내려가면 홍도 2구 마을 상단에 깃대봉 안내도가 있고 홍도교회가 있다. 안내도에서 직진으로 마을길을 따라 내려가면 홍도2구마을 선착장으로 가는 길이고, 안내도에서 홍도등대로 가는 길은 오른편 마을과 산 경계를 이루면서 비탈길로 이어진다. 등대를 향해 오른편 홍도교회 마당을 통과하면서 오른쪽으로 계속 비탈길로만 이어지는 등산로를 따라 15분 거리에 이르면 홍도등대에 닿는다. 홍도등대는 하나의 전망대이다. 등대에서는 바다 쪽 해변으로 돌아 마을을 경유하여 다시 홍도교회로 오는 길이 있으나, 시간이 배 이상 소요되므로 홍도교회에서 내려왔던 그대로 비탈길을 따라 홍도교회로 되돌아온다.

홍도교회에서 내려왔던 그대로 급경사 등산로를 따라 30분을 올라가면 주능선 이정표에 닿는다. 여기서부터는 완만하게 이어지는 등산로를 따라 15분을 오르면 깃대봉 정상이다.

깃대봉에서 하산은 올라왔던 그대로 하산길을 따라 47분을 내려가면 홍도초교에 닿는다.

* 홍도 산행은 목포에서 7시 50분에 출발하는 홍도행 쾌속선을 타고 들어가 10시경 홍도에 도착하여, 그날 산행을 마치고 같은 날 유람선을 이용하거나 주변을 돌아보고 1박 후에 다음날 홍도항에서 목포행 10시에 출항하는 배를 타고 목포로 되돌아온다.

홍도산행은 산 꾼이라면 깃대봉 종주산행만하여도 만족하겠지만 그 왜 관광에 관심이 있다면 반드시 유람선을 타야 한다. 홍도는 작은 섬이지만 수 천 년 동안 바닷물과 부딪쳐온 해안 절벽이 닮고 닮아 절경을 이루고 있으며 그 명성이 널리 알려져 있다.

이외에 가볼만한 곳은 발전소까지 탐방로가 있고 홍도우체국과 관리사무소 쪽으로 가서 동백숲길 산책로를 따라 양산봉 남쪽 정자가 있는 전망대까지 다녀오면 좋다.

## 여행 정보 Tourist Information

### 교통
목포연안여객선터미널에서(07:50 3:00) 1일 2회 출항하는 홍도행 쾌속선을 타고 홍도 하선. 홍도에서 목포행 쾌속선 (10:30 15:30) (2시간 30분 소요).
목포연안여객선터미널 배 시간문의 : 남해고속 061-244-9915 동양고속 061-243-2111
홍도일주 유람선타기 (07시~09시 30분) (12시 30분~2시 30분) 1인 22,000원 홍도항매표소.

### 식당
가정식백반(민박) 흑산면 홍도리 95-7. 061-246-2422
광주횟집식당 흑산면 홍도1길-7-2. 061-246-3729
바다횟집 흑산면 홍도리 73. 061-246-3802
선유모텔(횟집) 흑산면 홍도1길 60-2. 061-246-3708

### 숙박
서해호텔(식당) 흑산면 홍도리 1구 165. 061246-3764
청해나라(모텔, 식당) 흑산면 홍도리 1구. 061-275-4167
하나모텔(식당) 흑산면 홍도리 1구 113. 061-246-3736

### 명소
깃대봉(고치산) 홍도리 1구
홍도리에서 가장 높은 산이며 정상에서 바라보면 홍도 일대가 내려다보인다.

홍도해수욕장 홍도리 1구
몽돌해변 조막만한 자갈로 이뤄진 해변이 초승달 모양으로 크게 휘어졌다.

홍도등대길 홍도리 2구
홍도2구선착장에서 등대까지 걷는 길이다.

동백 숲 전망대 홍도리 1구
동백나무 숲과 전망대가 있어 홍도항 일대가 내려다보인다.

내연발전소길 홍도리 1구
홍도초교에서 내연발전소까지 산책길로 이어진다.

홍도 33경 홍도 해안 기암절경. 유람선을 타고 홍도일주관광.

홍도관광안내소 061-246-2280

# 가거도(可居島) / 독실산(犢實山) 571.3m

소흑산 1:50,000

가거도 회룡산에서 내려다본 가거항

# 가거도 독실산

전라남도 신안군 흑산면 가거도리

 가거도 팔경을 두루 감상하려면 민박집(식당)에 부탁하여 어선이나 낚싯배를 빌려 타는 게 좋다. 배를 타고 섬을 한 바퀴 돌아보는 데에는 대략 2시간 정도 걸린다.

### 등산로 Mountain path

**독실산** 총 5시간 15분 소요

대리마을회관 → 43분 → 첫 전망대 → 34분 → 삼거리(벙커) → 25분 → 정자 → 50분 → 임도(정자) → 20분 → 독실산 → 15분 → 임도(정자) → 40분 → 샛개재 → 25분 → 대리마을회관

 가거도(可居島)는 목포에서 남서쪽으로 140km 떨어져 있는 국토 최서남단에 위치하고 있으며 독실산(犢實山, 571.3m)을 중심으로 섬 전체가 대부분 산으로 구성되어있다.

 중국 상해 쪽으로 80km 보다 더 떨어져 있고 중국 땅에서 우는 새벽닭 울음소리가 들릴 정도라 하니, 우리나라 최 서남단에 있는 섬이라기보다 중국 쪽 땅에 더 가까운 섬이다.

 면적은 9.18㎢ 해안선 길이는 22km에 이른다. 다른 명칭인 소흑산도란 이름은 일제시대 때의 명칭이며 옛날에는 아름다운 섬이라는 뜻의 가거도(嘉佳島 可佳島)로 불리다가, 가히 살만한 섬이란 뜻의 가거도(可居島)로 불리게 된 것은 1896년부터이다.

 산이 높아 물이 풍부하고 깨끗하며 마을은 1구(대리) 2구(향리) 3구(대풍리) 등 3개 자연부락으로 나누어져 있는데, 지역 간은 배편을 이용하지 않고 도보로 진입한다. 독실산은 신안군의 높고 낮은 1004개의 섬 중 최고봉이다.

 산 정상에 오르면 동쪽은 진도 북쪽은 태도 흑산도 홍도가 보이고, 남쪽으로는 제주도 한라산이 보이며, 산 아래 바닷가 보이는 것은 1년 중 80일에 불과하고, 산봉우리는 운해가 감싸고 있어 신선이 살 것 같은 신비감을 맛볼 수 있다.

 독실산에는 고산지대 식물인 풍란 죽란 새우란 춘란을 비롯해, 천리향 산살구나무 구실잣밤나무 동백나무 후박나무 등이 자생하고 있어 아름다운 난대림을 그대로 만날 수 있다. 쉽게 접근하기 어려운 만큼 가거도가 가진 자연스러움이 유지되어 미래세대를 위한 보전해야하는 가치가 있는 숲이라 할 수 있다.

 가거도는 산세가 험하여 도로가 없고 가거도항에서 향리(2구)와 독실산 정상 바로 아래 정자까지 소형화물차만 왕래할 수 있는 임도가 연결되어있다. 따라서 교통편이 없으므로 마을 식당에서 화물차를 이용하는 방법이 있을 뿐 모두 도보를 이용 하여야한다.

 가거도선착장에서 마을 쪽으로 200m 정도 거리에 이르면 대리마을회관 해양경찰가거도 파출소가 있다. 해양경찰지서 건물 오른편으로 보면 나무계단길 입구가 보인다. 바로 이 지점에서부터 산행을 시작한다.

 산 절벽과 해안가 사이로 등산로가 조성되어있다. 등산로 표시인 나무 말뚝으로 이어지는 등산로를 따라 3분 정도 가면 절벽과 평지로 가는 갈림길이다. 갈림길에서 직진하여 평지 길을 따라 가면 오른쪽에 공사장을 만난다. 여기서 왼쪽으로 난 등산로를 따라 가면 왼쪽에서 오는 길과 합길이 되어서 등산로가 이어진다. 계속 직진하여 이어지는 등산로를 따라 올라가면 갈지자로 등산로가 이어지면서 20분 거리에 이르면 마을에서 올라오는 삼거리다. 삼거리에서 오른쪽으로 20분을 오르면 쉼터 1지점이다.

 쉼터 1지점을 뒤로 하고 8분을 올라가면 해뜰목 갈림길이다. 갈림길에서 직진하여 8분을 가면 등산로는 왼쪽으로 꺾어진다. 왼쪽으로 12분을 가면 전망데크 사진 찍기 좋은 곳 표시가 나타난다. 데크에서 계속 6분을 가면 벙커가 있고 옛 농로 같은 갈림길이다. 갈림길에서부터 옛 농로 같은 넓은 길로 직진하여 8분을 가면 리본이 많이 달린 봉우리에 닿는다. 여기서 계속 외길로 이어지는 등산로를 따라 17분을 가면 정자와 넓은 공터 표지석이 나온다. 건너편 왼쪽으로 갈림길도 있다. 여기서 직진 넓은 길을 따라 5분 정도 가면 녹색철망 갈림길이 나타난다. 록색철망에서 넓은 길을 벗어나 오른쪽 산길을 따라 12분을 가면 안테나 철탑이 나온다. 철탑을 뒤로 하고 계속 진행을 하면 등산로가 지금까지와는 달리 다소 험로로 이

가거도 독실산 정상

어지면서 장장 35분 거리에 이르면 정자가 있는 임도 삼거리에 닿는다.

임도 삼거리에서 직진으로 임도를 가로 질러 12분을 가면 헬기장을 지나서 정상 전 부대 초소 앞이다. 여기서 부대 요원의 안내를 받아 8분을 오르면 표지석이 세워진 독실산 정상이다.

하산은 올라왔던 그대로 15분을 내려가면 정자가 있는 임도 삼거리에 닿는다. 여기서부터 오른쪽 임도만을 따라 40분을 내려가면 임도(샛개재) 이정표에 닿는다.

샛개재에서 임도를 따라 20분 내려가면 파출소에 닿고 5분 거리에 이르면 마을 선착장이다.

* 회룡산은 샛개재에서 집이 있는 위치까지 50m 정도 내려가면 이정표가 있다. 이정표에서 오른쪽으로 오른다. 울창한 숲 사이로 난 등산로를 따라 20분을 오르면 회룡산 전망대에 닿는다. 전망대에서 바라보면 가거도항과 대리마을이 발 아래로 내려다보인다. 안전설치가 있지만 주의를 해야 하고 회룡산은 여기까지만 오를 수 있다. 하산은 올라왔던 그대로 15분 내려가면 다시 샛개재이다.

샛개재에서 동쪽 도로를 따라 20분 내려가면 파출소에 닿고, 파출소에서 왼쪽으로 5분 거리에 이르면 가거선착장 대리마을회관 해양경찰 파출소에 닿는다.

* 가거도 산행은 목포연안여객선터미널에서 08시 10분 가거도행 쾌속선을 타고 12시 30분 가거도에 도착해서 바로 산행을 시작하여 당일 산행을 마치고, 1박 후 다음날 오전 주변을 돌아보고 1시 목포행 쾌속선을 타고 오면 이상적이다.

독실산 주능선은 1년 중 4분의 1정도만 시야가 보이고 대부분 안개가 끼어있다. 따라서 시야가 보이지 않으므로 주능선 산행 중 중간에 갈림길이 있으나 거의 무시하고 주능선만을 따라 가면 독실산 정상으로 이어지며, 이정표만 정확하게 확인하면서 진행을 하면 큰 어려움 없이 산행을 할 수 있다.

## 여행 정보 Tourist Information

### 🚌 교통
목포연안여객선터미널에서 가거도행(쾌속선)은 오전 8시 10분에 출항하여 12시 30분 가거도항에 도착한다.
가거도항에서 목포행은 오후 1시에 출항하여 오후 5시 40분 목포항에 도착한다(1일 1회 운항, 4시간 20분 소요).
배 시간 문의 : 동양고속 061-243-2111
남해고속 061-244-9915

### 🍴 식당
남해장식당(민박) 흑산면 가거도리 1구 553. 061-246-5446
동구횟집 흑산면 가거도길 10-4. 061-346-3292
중앙식당(민박) 흑산면 가거도리 1구 560. 061-246-5467
성식당(여관) 흑산면 가거도리 1구. 061-246-1414

### 🏠 숙박
동해장모텔(식당) 흑산면 가거도리 1구. 061-246-5056
가거제일펜션 흑산면 가거도리 1구. 061-246-3437
가거도아일랜드(숙박) 흑산면 가거도리 10-2
061-246-2638 010-6780-7971

### 🏛 명소
**가거도 패총** 흑산면 가거도리 최북단
패총은 사람들이 동물이나 어패류를 식료로 사용한 후 일정한 곳에 버려 쌓인 조개무지를 말한다.

**동개해수욕장** 흑산면 가거도리 대리마을 1구
아침 해가 떠오르면 이 산비탈이 먼저 밝아 오고 해수욕장으로 적합

**섬등반도** 흑산면 가거도리 향리마을 2구
절벽과 망부석 섬등반도가 망부석을 감싸 주고 있는 듯하며 전설과 경관이 조화를 이루고 있다.

**회룡산과 장군바위** 흑산면 가거도리 대리마을 1구
섬 창조설화를 형성하는 곳으로 마을을 품에 안고 있음.

**독실산** 흑산면 가거도리
신안군 1004개 섬 중에서 가장 높은 산이다.

# 진도(珍島) / 첨찰산(尖察山) 485.2m

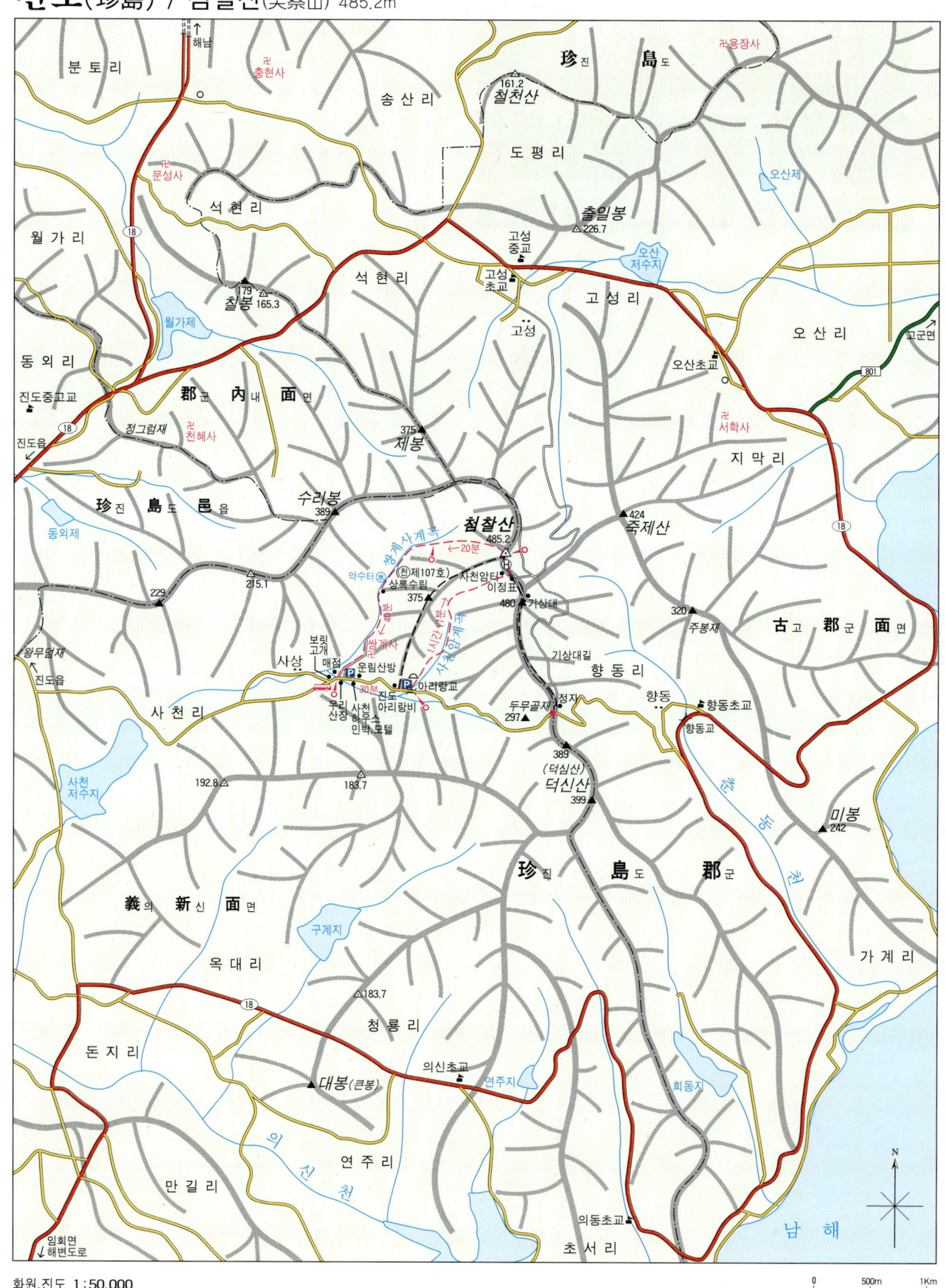

화원,진도 1:50,000

진도 첨찰산 운림산방

## 진도 첨찰산
전라남도 진도군 의신면, 고군면

진도(珍島)에는 평범한 집이라도 그림 한 점 없는 집이 없을 정도이고, 진도 사람이면 누구나 노랫가락 한 수 못하는 사람이 없을 정도로 정신적인 풍요를 누리며 살았다. 진도인의 예술적인 기질 속에는 고려시대에 삼별초 군사들의 대몽항전으로 인하여 주민 1만 명이 포로로 끌려갔다가 13년 만에 돌아온 아픈 역사가 있고, 빈번한 왜구의 약탈로 시달려야만 했던 과거가 있었다. 조선시대 정유재란 때는 명량해전을 비롯한 여러 전투에서 수많은 진도 사람들이 희생되기도 하였다.

첨찰산(尖察山. 485.2m)은 진도에서는 가장 높은 산이며 정상에서면 사방이 막힘이 없고 진도는 물론 주변 섬과 바다 일대가 시야에 들어온다. 옛날에는 봉화대여서 봉화산으로도 불렸다. 정상 남쪽 바로 건너 봉우리에는 기상대가 있다.

첨찰산 북쪽 먹바위골 주변에는 천연기념물 제107호로 지정된 상록수림으로 울창하고, 서쪽 등산로 입구에는 천년 고찰 쌍계사(雙溪寺)가 있으며 전통남화의 운림산방이 있다.

\* 진도대교는 정유재란 때 충무공 이순신 장군이 12척의 배로 왜선 330척을 무찌른 명량대첩지, 울돌목 위에 놓여진 우리나라 최초의 사장교길이 484m 폭 11.7m로 1984년 10월 18일 준공되었으며 2005년 12월 15일 제2대교가 개통되었다.

### 등산로 Mountain path

**첨찰산** 총 3시간 47분 소요
주차장 → 30분 → 아리랑교 → 67분 → 삼거리 → 10분 → 첨찰산 → 20분 → 계곡 → 40분 → 주차장

사천리 버스 종점에서 오른편 포장도로를 따라 30분 거리에 이르면 아리랑교 건너기 전에 왼쪽에 진도아리랑비가 있는 주차장이 산행기점이다. 주차장에서 오른쪽으로 가면 능선으로 산길이 시작되어 조금 올라가면 묘 오른쪽 비탈길로 이어진다. 비탈길을 따라 15분을 가면 계곡을 건너 등산로가 이어지다가, 12분 후에 다시 계곡을 건너게 되어 10분을 가면 오른편에 폭포를 지나게 된다. 폭포를 지나서 20분을 오르면 사천암터를 지난다. 사천암터를 지나서 10분을 오르면 삼거리다. 삼거리에서 왼쪽으로 올라서면 바로 헬기장이고 헬기장에서 10분을 더 오르면 정상에 닿는다.

정상에서 바라보는 시야는 막힘이 없다. 진도 일대의 산과 바다가 막힘 없이 보이고, 동남쪽으로 섬과 바다가 어우러져 한 폭의 그림 같다. 남쪽 안부 건너 봉에는 기상대가 있다.

하산은 서쪽의 지능선을 타고 내려간다. 서쪽 지능선을 따라 내려가면 가파른 길로 이어지며 20분을 내려가면 먹바위골 상류에 닿는다. 여기서부터 먹바위골을 따라 내려가는데 평지와 같은 계곡길로 이어진다. 계곡길은 상록수림지역으로 울창한 숲길로 이어진다. 중간쯤에 약수가 있고 40분을 내려가면 버스종점이다.

### 여행 정보 Tourist Information

#### 교통
**자가운전** 서해안고속도로 목포IC에서 빠져나와 순천 방면 2번 국도를 타고 성전면에서 우회전→13번 국도를 타고 해남읍에서 우회전→18번 국도를 타고 진도대교 통과 진도읍에서 좌회전→운림산방 이정표 따라 6km 운림산방 주차장.
**대중교통** 서울-진도 1일 4회. 광주-진도 1일 36회. 목포~진도 1일 23회 운행하는 버스 이용, 진도 버스터미널 하차, 진도버스터미널에서 1일 5회(07:30 10:30 13:30 16:30 18:30) 운행하는 운림산방 행 버스 이용, 운림산방 하차. 진도 개인택시 061-544-2444

#### 숙식
수산시장식당(회) 진도읍 수산시장 내. 061-542-7788
보릿보개(일반식) 의신면 사천리 108-4. 061-543-6788
사천하우스(민박) 의신면 사천리. 061-544-1144

#### 명소
**진도 신비의 바닷길** 고군면 금계리 산93
매년 음력 2월말에서 3월초에 2.8km의 바다가 조수간만의 차이로 인해 바다 밑이 40m의 폭으로 물 위로 드러나 바닷길이 열린다.

**운림산방** 의신면 운림산방로
조선조 남화의 대가인 소치(小痴) 허유(維)가 말년에 거처하던 화실의 당호.

# 완도(莞島) / 상황봉(象皇峰) 645.1m

완도 상황봉 관음사터

## 완도 상황봉
전라남도 완도군 완도읍, 군외면

완도(莞島)는 해남군 땅 끝 동쪽의 크고 작은 섬 201개 (유인도 54개 무인도 147개)로 이루어졌다. 이 가운데 완도가 가장 큰 섬으로 군소재지이고 상황봉(象皇峰. 645.1m)은 완도에서 가장 큰 봉이다.

### 등산로 Mountain path

**상황봉** 총 5시간 38분 소요
청해초교 → 66분 → 관음사터 → 48분 →
상황봉 → 52분 → 백운봉 → 51분 →
숙승봉 → 44분 → 주차장 → 17분 → 군외초교

완도읍 장좌리 청해초교 남쪽 편에서 서쪽으로 포장된 넓은 도로를 따라가 약 200m 거리에서 도로 밑을 지나면 1차선으로 좁아지고 저수지 중간에 오른쪽으로 산판길 같은 갈림길이 있다. 청해초교에서 14분 거리다. 이 지점이 상황봉 기점이다. 오른쪽 삼판길을 따라 6분을 가면 산판길이 끝나고 갈림길이 나온다. 갈림길에서 왼쪽 화살표 방향으로 20분 정도 가면 음침하고 키가 큰 산죽 밭을 통과하며, 계속 3분 정도 지나면 산죽 밭은 끝나고 임도를 만난다. 임도를 가로질러 15분을 가면 왼편에 통나무집이 보이고 이어서 올라가면 왼편에 임도가 보인다. 임도 오른편으로 이어지는 등산로를 따라 8분을 가면 관음사터에 닿는다. 관음사터에서 양 갈래 길이 있다. 어느 길로 가도 10분 후에 다시 만난다.

관음사터에서 오른쪽 비탈길을 따라 1분을 올라가면 대야리에서 올라오는 능선 삼거리다. 능선삼거리에서 왼쪽 능선을 따라 올라가면 관음사 위 405봉을 지나고 관음사에서 올라오는 갈림길을 만나며, 바로 이어서 황장사바위를 지나고 계속 이어지는 주능선을 따라 2분을 가면 임도가 나온다.

임도를 가로질러 능선길로 간다. 능선길을 뚜렷하게 이어지면서 36분을 더 올라가면 삼거리가 나온다. 사거리에서 왼쪽으로 올라서면 상황봉 정상이다.

정상에서 하산은 북쪽 능선을 탄다. 삼거리로 내려선 다음 왼편 북쪽능선을 따라 내려가면 11분을 지나서 592봉을 통과하고 계속 10분을 가면 나무로 만든 전망대에 닿는다. 전망대에서 계속 이어지는 북릉을 따라 9분을 내려가면 임도를 만난다. 임도에서 임도를 가로질러 북쪽 주능선을 따라 7분을 가면 헬기장을 통과하고 15분을 더 오르면 바위봉 백운봉이다.

백운봉에서 북쪽으로 조금 내려서면 갈림길이다. 갈림길에서 왼편 북쪽능선을 따라 17분을 가면 업진봉을 통과하고, 업진봉에서 5분 정도 진행하면 주능선을 벗어나 오른쪽 비탈길로 이어진다. 비탈길을 따라 7분 정도 가면 다시 주능선 헬기장에 닿는다. 헬기장에서 13분을 내려가면 임도가 나온다. 임도를 가로질러 숙승봉 쪽 왼편으로 하산길이 이어져 3분을 가면 숙승봉으로 오르는 갈림길이다. 여기서 6분을 오르면 바위봉 숙승봉 정상이다.

숙승봉에서 하산은 5m 바위를 내려선 갈림길에서 오른쪽 북쪽 방향으로 6분을 내려가면 다시 합길이 나온다. 합길에서 오른쪽으로 내려서면 밧줄을 잡고 바위를 내리게 되고 이어서 능선으로 이어져 16분을 내려가면 하산 길은 오른쪽으로 휘어져 내려간다. 오른쪽으로 22분 정도 내려가면 청소년수련장을 지나서 주차장에 닿는다. 주차장에서 17분 거리에 이르면 불목리 불목초교 버스정류장에 닿는다.

### 여행 정보 Tourist Information

**교통**

**자가운전** 서해안고속도로 목포IC에서 빠져나와 해남 방면 2번 국도를 타고 강진군 성전에 이른 다음, 우회전→남쪽 13번 국도를 타고 해남을 거쳐 완도 방면 남창교 건너 완도읍 대야리 혹은 좌장리 주차.
광주에서 완도 방면 13번 국도를 타고 완도 남창교 건너 완도읍 대야리 혹은 좌장리 주차.
**대중교통** 완도버스터미널에서 남창 방면 35분 간격 군내버스 이용, 좌장리 청해초교 하차. 또는 대야리 하차.

**숙식**

수산시장중매인37(회) 영풍리 수산시장. 061-552-5125
수산시장중매인43(회) 영풍리 수산시장. 061-552-0642
장보고모텔 완도읍 가용리 1014-3. 061-554-8551

신지도 명사십리

## 신지도 상산
전라남도 완도군 신지면

　신지도(新智島)는 섬이지만 완도읍과 신지대교가 건설되면서 육지와 같은 해택을 받게 되었다. 그러한 신지도가 아름다운 해변을 따라 명사갯길이 만들어지면서 새롭게 주목받고 있다. 숲길과 모래사장으로 연결된 해변을 따라 걸을 수 있는 길이다.

　신지도에는 상산(象山. 325.8m)이 있다. 섬의 모양이 코끼리 코를 닮아 길쭉하게 생겨서 상산(코끼리 象)이 됐다. 나지막한 산이나 주변에 가려지는 곳이 없어 완도와 고금도 조약도 등의 주변 풍광을 막힘없이 바라볼 수 있다.

　명사십리해수욕장 부근에서 상산 산행만은 단조로운 편이므로 신지대교를 지나 바로 만나는 신지대교휴게소에서 시작한다. 이곳에서 물하태를 거쳐 상산 뾰족산 서봉각등대 명사십리해수욕장까지가 약 10km 거리다.

　어지면서 멸사십리해수욕장까지 이어진다.

　사거리에서 상산은 왼쪽으로 100m 정도 가면 오른쪽에 상산 이정표가 있다. 이정표에서 오른편으로 오른다. 뚜렷한 등산로를 따라 40분을 오르면 오른쪽으로 갈림길이 나타난다. 여기서 직진으로 능선길을 따라 17분을 더 오르면 상산 표지석이다. 표지석에서 50m 정도 더 오르면 통신시설 안테나가 있고 삼거리 실제 정상이다.

　하산은 통신시설 전에 오른쪽 넓은 길로 내려간다. 오른쪽으로 15분을 내려가면 명주암에 닿는다. 명주암에서부터 임도를 따라 내려간다. 임도를 따라 31분을 내려가면 명주암 입구 사거리다. 이 삼거리에서 오른편 뾰족산 방향으로 간다. 오른쪽 등산로를 따라 가면 비탈길로 이어져 10분을 가면 안부 삼거리다. 삼거리에서 왼편 뾰족산을 향해 7분을 오르면 정자가 있는 뾰족산이다. 뾰족산에서 계속 이어지는 하산 길을 따라 13분을 내려가면 등대사거리다. 등대사거리에서 직진하여 12분을 가면 서봉각등대(데크)에 닿는다.

　서봉각등대(데크)에서 다시 등대사거리로 되돌아온 다음, 오른쪽으로 18분을 가면 명사십리해수욕장 서쪽 편이다.

### 등산로 Mountain path

**상산** 총 4시간 33분 소요
신지대교휴게소→50분→물하태→60분→상산→31분→명주암사거리→17분→뾰족산→25분→서봉각등대→30분→명사십리해수욕장

**둘레길** 총 3시간 6분 소요
신지대교휴게소→50분→물하태→46분→서봉각등대→30분→명사십리해수욕장

　신시대교휴게소에서 나무계단 등산로를 따라 5분을 가면 강독 도로변에 닿는다. 여기서 이정표대로 등산로를 따라 25분을 가면 소형차로가 만난다. 여기서 소형차로를 가로질러 20분을 가면 뒷골산장표지석이 있는 물하태 도로에 닿는다.

　여기서 도로를 건너 뒷골산장표석 쪽으로 100m 정도 가면 집이 있고 농로 삼거리다. 삼거리에서 오른쪽은 둘레길로 이

### 여행 정보 Tourist Information

**교통**
**자가운전** 영암순천간고속도로 강진IC에서 빠져나와 해남 완도 방면 13번 국도를 타고 완도대교 통과 완도주유소 삼거리에서 좌회전→신지대교 통과 신지휴게소 주차.
**대중교통** 광주종합시외버스터미널에서 완도버스터미널(30분~40분 간격, 2시간 소요).
목포시외버스터미널~해남행, 해남~완도버스터미널.
완도 버스터미널에서 수시로 운행하는 신지도행 군내버스를 타고 신지대교 건너 바로 신지대교휴게소 하차. 완도로 올 때는 명사십리해수욕장에서 완도행 시내버스를 탄다.

**숙식**
**소라수산**(회) 명사십리해수욕장길 85-29. 061-552-7874
**모래뜰식당**(모텔, 펜션) 명사십리해수욕장길 74번지 061-552-4015
**바다향기펜션** 명사십리해수욕장길 98. 061-552-7181

**명소**
**명사십리해수욕장** 신지도 신리
미네랄 등 기능성 성분이 풍부한 남해안 최고의 해수욕장.

# 보길도(甫吉島) / 격자봉(格子峰) 431.1m

보길도 등산로 입구 곡수당길

## 보길도 격자봉
전라남도 완도군 보길면

보길도(甫吉島)는 다도해 해상국립공원의 하나이고 완도에서 남서쪽으로 32km 떨어져 있으며 해남반도 땅 끝에서는 남으로 12km 떨어져 있다. 보길도에는 격자봉(格子峰 431.1m)이 있고, 산자락에 고산 윤선도(孤山 尹善道 1587-1671)의 유적지가 있다. 적자봉(赤紫峰)이라고도 하는 격자봉은 보길도 한 중심에 자리하고 있는 보길도의 상징적인 산이다.

산세는 전형적인 육산이며 섬에서 자라는 동백나무와 수목이 대부분이고 길이 아니면 들어갈 수 없을 만큼 숲이 우거져 있다. 전체적으로 등산로는 정비가 되어있으며 요소에 이정표가 있다. 산행코스는 여러 곳이 있으나 주요등산로는 세연정에서 1.5km 지점인 큰 주차장에서 시작하여 큰길재를 경유하여 격자봉에 오른 다음, 서쪽 뽀래기재를 경유하여 다시 주차장으로 원점회귀 산행이다.

### 등산로 Mountain path

**격자봉** 총 3시간 43분 소요

주차장 → 28분 → 큰길 → 63분 → 격자봉 → 33분 → 뽀래기재 → 39분 → 주차장

세연정에서 1.5km 거리 주차장에서 남쪽 격자봉을 바라보고 왼편으로 접어들어 삼거리에서 왼쪽으로 소형차로를 따라 3분을 가면 삼거리에 이정표 있다. 삼거리에서 오른쪽은 낙석재이고 왼쪽은 곡수당이다. 왼쪽 곡수당 쪽으로 100m 정도 들어가면 곡수당이다. 곡수당 두 건물 뒤에 등산로 이정표가 있다. 여기서부터 동백나무 숲길 뚜렷한 등산로를 따라 28분을 오르면 큰길재 사거리에 닿는다.

큰길재에서 오른쪽으로 간다. 숲이 빽빽한 향기로운 등산로를 따라 18분을 오르면 첫 봉에 닿는다. 첫 봉을 뒤로 하고 능선 길을 따라 진행을 하면 전망대를 지나고 다시 전망바위를 통과하면서 11분 거리에 이르면 수리봉이다. 수리봉을 지나서부터 오르막길로 이어지면서 35분을 오르면 데크가 있는 격자봉에 닿는다.

하산은 서쪽 방향 주능선을 탄다. 올라왔던 방향에서 반대 방향으로 직진 숲길을 따라 8분을 가면 누룩바위를 통과하고 다시 계속 5분을 내려가면 이정표 삼거리다. 이정표 삼거리에서 오른쪽은 좀 더 가까운 거리로 1시간 정도 내려가면 출발했던 윤선도 유적지가 있는 주차장으로 하산하는 길이다.

뽀래기재 코스는 삼거리에서 서쪽 방면으로 주능선을 타고 계속 진행을 하면 능선으로 이어져 20분 거리에 이르면 뽀래기재 사거리에 닿는다.

뽀래기재에서 오른쪽으로 간다. 북동 방향 오른쪽으로 내려서면 하산길이 비에 파 해쳐져 다소 불편한 길이 이어진다. 하지만 하산길이 뚜렷하고 숲이 깊게 우거져 있다. 뽀래기재에서 20분을 내려가면 저수지(수원지) 상류에 닿는다. 상류에서 저수지 오른편으로 하산길이 계속 이어지는데 어느 지점에 이르면 저수지 물과 하산길이 거의 같은 높이가 되는 지역을 통과면서 10분 정도 가면 저수지 둑 오른편 지점에 닿는다. 이 지점에서부터 약 150m 정도 구간이 정상적인 길이 없다. 하지만 설명대로만 진행을 하면 큰 어려움 없이 하산을 할 수 있다. 저수지 둑에서 수로 오른편으로 50m 정도 내려가면 길이 없어진다. 이 지점에서 계속 수로를 따라가지 말고 오른쪽 비탈진 지역으로 희미하게 난 길 흔적을 따라 70m 정도 진행을 하면 산과 밭 사이에 돌담이 나타난다. 이 돌담을 넘어 올라서면 동백나무과 황칠나무 밭이다. 여기서 황칠나무 밭 오른편으로 30m 정도 가면 왼편으로 농로가 나타난다. 여기서부터 농로를 따라 5분 거리에 이르면 산행기점 주차장이다.

보길도 주차장에서 바라본 격자봉능선

## 여행 정보 Tourist Information

### 🚌 교통

서울센트럴시티(호남선)~완도버스터미널 1일 4회(5시간)
광주종합시외버스터미널~완도버스터미널(1시간 간격, 2시간)
목포시외버스터미널~해남행, 해남~완도버스터미널(2시간)
완도버스터미널에 도착한 다음, 완도버스터미널에서 시내버스나 택시를 이용, 화흥포항에 도착 후, 화흥포항에서 노화(동천항) 경유 소안도행 여객선을 타고 노화(동천항) 하선(승용차 승선 가능).

* 보길도는 노화읍과 연도교로 연결되어 동천항에서 하선하여 마을버스를 타고 보길도까지 간다. 동천항에서 마을버스 편이 배 도착시간에 맞추어 보길면소재지 청별항까지 운행한다.

■ 하절기
* 완도(화흥포항)에서 노화(동천항)(보길) 경유 소안도로 가는 배 운항시간 (06:30 07:40 08:50 10:00 11:10 12:30 13:40 15:50 16:00 17:00 18:20)
화흥포항 매표소 061-555-1010 1099

* 노화(동천항)(보길)에서 완도(화흥포항)으로 가는 배 시간 (06:55 08:20 09:20 10:20 11:20 12:20 13:20 14:20 15:20 16:20 17:20 18:30)
노화(동천)(보길) 매표소 061-553-5635)

■ 동절기
* 완도(화흥포)하에서 노화(동천항) 경유 소안도로 가는 배 운항시간(07:00 07:50 08:50 09:50 10:50 11:50 12:50 13:50 14:50 16:00 17:10)

* 노화(동천항)에서 완도(화흥포항)으로 가는 배 운항시간 (07:10 08:20 10:20 11:20 12:20 13:20 14:20 15:20 16:20 17:20)

* 해남(땅끝)~노화(산양진항) (07:00 08:00 08:40 09:00 10:00 11:00 12:00 13:00 14:00 14:40 15:00 16:00 16:50 17:40) 해남 땅끝 매표소 061-533-4269

* 노화(동천항)에서 해남 땅끝 (산양진)으로 가는 배 시간은 1시간 간격으로 있다.
땅끝 산양진매표소 061-553-6107

* 보길도 청별항에서 노화(동천항)으로 가는 버스시간은 1일 11회(06:55 07:55 08:55 09:55 10:55 11:55 13:55 14:55 14:55 15:55 17:00)
보길택시 061-553-8876
개인택시 061-553-6262, 6353 010-3193-8846

셔틀버스 보길~동천 061-553-8188
버스안내 061-553-7077

### 🍴 숙식

**세연정횟집**(모텔) 보길면 청별리 보길동로 19번길 30-1
061-553-6782 061-554-5005
**바위섬횟집모텔** 보길면 보길동로 19길 28
061-555-5612~3
**청명횟집** 보길동로 19번길 34-2. 061-552-8506
**황원포횟집** 보길면 청별리 7-25. 061-555-2776
**보길휴심당**(민박) 보길면 청별리 해남슈퍼. 061-553-6217

### 🏛 명소

**보길도원림** 보길면 부황길 57
고산 윤선도가 병자호란 때 왕이 항복했다는 소식을 듣고 울분을 참지 못하고 제주도로 향하다 보길도의 자연경관에 감동하여 머물렀다고 한다.

**예송리해수욕장** 보길면 예송리
6,700여 종의 상록수림과 물이 맑고 밤이면 철썩이는 파도 소리가 인상적인 곳.

**중리은모래해수욕장** 보길도 중리
경사가 완만하고 마을의 방풍림인 송림이 아름다운 곳

**통리해수욕장** 보길도 중통리
보길도의 크고 작은 섬을 가슴에 앉은 솔밭해수욕장.

**동천석실** 보길면 부황길 67
낙서재 바로 건너 산 중턱 절벽 바위 위에는 동천석실이라는 한칸집의 조그마한 정자가 있다.

**예송리상록수림** 보길도 예송리 220
해안가를 따라 발달되어 있는 이상록수림은 길이 약 740m 폭 30m 높이는 15~20m 정도 둘레는 30cm 대상림이다.

**공룡알 해변** 보길도 보옥리
청명석이라고 불리는 갯돌이 크고 둥글둥글 하여 공룡알 같이 생겼다 하여 공룡알 해변.

**통리해수욕장** 보길면 중통리
아름다운 보길도의 크고 작은 섬을 가슴에 안으며 시원하게 펼쳐진 통리 해수욕장.

# 소안도(所安島) / 가학산(駕鶴山) 368.3m  대봉산(大鳳山) 337.6m

소안도 가학산 북쪽 해변

# 소안도
## 가학산 · 대봉산
### 전라남도 완도군 소안면

앙에 솟은 가학산은 훌륭한 다도해 전망대 역할을 한다.

소안항을 출입항으로 하고 있으며 교통편은 노화 동천항을 경유하여 완도 화흥포항으로 여객선을 이용하고 있다. 가학산은 전형적인 동백나무와 섬에서만 자라는 나무로 깊은 숲을 이루고 있다. 등산로는 뚜렷하고 무난한 편이며 면에서 등산로를 정비하였고 이정표도 요소에 세워져 있어 산행 중에 길 잃을 염려는 거의 없다.

### 등산로 Mountain path

**가학산** 총 3시간 10분 소요
운동장약수터 옆 주차장 → 48분 →
가학산 → 36분 → 팔각정 → 24분 →
맹성재 → 22분 → 해안도로 전망대

가학산 산행기점은 가학산 동쪽 가학리에서 미라리로 이어지는 도로 중간에 운동장약수터가 있다. 운동장약수터에서 미라리 방면으로 300m 가면 도로변에 소형주차장이 있고 가학산 등산안내도가 있다. 등산안내도에서 나무계단으로 시작하는 등산로를 따라 20분을 오르면 잔디밭쉼터가 나온다. 쉼터를 지나 13분을 오르면 전망이 좋은 곳을 지나고 5분 더 오르면 정자가 있다. 정자에서 10분을 더 오르면 가학산 정상이다. 정상에서 바라보면 사방이 막힘이 없고 완도 주변의 섬들이 한눈에 들어온다.

하산은 서남 방향으로 주능선을 타고 간다. 6분을 내려가면 돌탑봉에 닿고 6분을 더 내려가면 안부 사거리다. 오른쪽은 가학리 왼쪽은 미라리이며 직진은 맹선팔각정이다. 직진으로 5분을 가면 오른쪽으로 갈림길이 나온다. 갈림길에서 직진하여 9분을 가면 수원지 삼거리다. 삼거리에서 오른쪽 나무계단 길을 따라 10분을 오르면 팔각정이다. 팔각정에서 계속 가면 안부를 지나면서 14분 거리에 이르면 봉우리다. 봉우리에서 계속 5분을 가면 갈라지는 능선이다. 갈라지는 능선에서 하산길은 오른편으로 꼬부라진다. 꼬부라지는 지점에서 5분을 내려가면 맹성재에 닿는다.

맹성재에서 계속 직진 7분을 오르면 작은 봉우리가 나오고 다시 5분 거리에 이르면 마지막 봉이다. 여기서부터 10분 내려가면 해안도로 정자 전망대에 닿는다.

소안도(所安島)는 완도읍에서 남쪽 직선거리로 약 20km 거리에 위치한 섬이며 노화도 보길도와 바로 인접하고 있는 작은 섬이다. 소안군도의 중심 섬이며, 주변에는 청산도 노화도 보길도가 있다. 본래는 남쪽과 북쪽 2개의 섬이었으나 너비 500m 길이 1.3km 되는 사주로 연결되면서 하나의 섬이 되었다.

남쪽에는 가학산(駕鶴山, 368.3m) 북쪽에는 대봉산(大鳳山, 337.6m)이 위치하고 있으며 중앙의 사주(沙洲)와 만입(灣入)부에는 농경지와 취락이 분포한다.

해안은 동쪽에 반도처럼 돌출된 부분을 비롯하여 곳곳에 소규모의 돌출부가 있다. 동쪽과 남쪽 해안은 암석해안이 대부분이며, 중앙의 사주와 북쪽 해안에는 간석지가 펼쳐져 있다. 농산물로는 보리 쌀 콩 고구마 고추 등이 생산되며 귤 키위 등이 재배되고 있다.

주민은 대부분 어업에 종사하고 연근해에서는 도미 멸치 장어 등이 잡히며 굴 전복 미역 등의 양식이 활발하다. 유적으로 비자리에 1874년(고종 11)에 설치된 소안진(所安鎭)터와 항일 기념탑이 있으며, 맹선리 해안에 왜구가 침입하여 지었던 움막집터가 있다. 이월리에 김해김씨 맹선리에 전주이씨 미라리에 평산신씨의 동족부락이 있다.

다도해해상국립공원 완도해상지구에 속하며 완도미라리 상록수림(천연기념물 제339호) 완도 맹선리 상록수림(천연기념물 제340호)이 방풍림 역할을 한다. 특히 남쪽해안 진산리포와 동쪽 아부반도 미라리에 동백나무숲을 낀 넓은 해수욕장은 섬 주민의 휴식터가 되고 있을 뿐 아니라 인근에서 많은 피서객이 찾아온다.

천연기념물 제339호인 미라리 상록수림과 제340호인 맹선리 상록수림이 대표적인 해변의 볼거리다. 고개 너머 조용한 몽돌해변인 부상 해수욕장도 숨어 있다. 비록 규모는 작으나 절벽을 따라 아스라이 이어진 해안도로 또한 절경이다. 섬 중

## 대봉산 총 3시간 44분 소요

이목리 → 32분 → 닭장발삼거리 → 60분 → 대봉산 → 52분 → 청리끝약수터 → 20분 → 소안면사무소

대봉산 서쪽 이목리 경로당에서 북쪽 50m 거리 도로변에 대봉산 이정표가 있다. 이정표에서 도로를 건너 마을길을 따라 100m 정도 가면 주차공간이 있고 이정표가 있다. 주차장 왼편 산 쪽으로 난 길을 따라가면 묵밭 사이로 가다가 바로 숲길로 이어진다. 전형적인 섬에서 자라는 동백나무 과 나무가 울창하지만 등산로는 뚜렷하다. 뚜렷한 등산로를 따라 30분을 오르면 닭장발삼거리에 닿는다.

삼거리에서 왼쪽으로 7분을 오르면 292.3봉에 닿는다. 여기서 북동 방향 능선길을 따라 15분을 내려가면 북암재사거리에 닿는다. 사거리에서 직진 14분을 오르면 청정약수터 갈림길을 통과하고 6분을 더 오르면 304.3봉 헬기장 삼거리다. 삼거리에서 오른쪽은 하산길이다. 삼거리에서 왼쪽으로 내려가서 다시 오르면서 20분 거리에 이르면 대봉산 정상이다. 정상에서 바라보면 끝없이 펼쳐지는 바다가 아름답게 펼쳐

소안도 북섬 대봉산 정상

진다.

하산은 20분 거리 헬기장 삼거리로 되돌아 온 다음, 청리끝약수터 방면으로 간다. 삼거리에서 왼쪽으로 15분을 내려가면 이정표를 통과하고 13분을 더 내려가면 삼거리다. 삼거리에서 왼쪽으로 5분 내려가면 청정약수터 입구 농로가 나온다. 여기서 왼쪽 농로를 따라 3분 내려가면 청리끝약수터이다.

청리끝약수터에서부터 소형차로로 20분을 가면 소안면사무소 앞이다.

## 여행 정보 Tourist Information

### 교통
소안도를 가기위해서는 먼저 버스 편을 이용 완도(화흥포항)에 도착한 다음, 소한도행 배를 타야한다.
서울센트럴시티(호남선)~완도버스터미널 1일 4회(5시간)
광주종합시외버스터미널~완도버스터미널(1시간 간격, 2시)
목포시외버스터미널~해남행, 해남~완도버스터미널(2시간)
완도버스터미널에서 화흥포행 시내버스 이용 화흥포항 하차.

* 완도(화흥포항)에서 노화(동천항) 경유 소안도행 배를 탄다.
화흥포항에서 노화(동천항) 경유 소안도 여객선 1일 12회
(06:30 07:40 08:50 10:00 11:10 12:30 13:40 15:50 16:00 17:00 18:20) 운항하는 배편을 이용하여 소안항 하선.
완도 화흥포항 매표소 061-555-1010

* 소안항에서 완도(화흥포행)(06:40 08:00 9:00 10:00 11:00 12:00 13:00 14:00 15:00 16:00 17:00 18:30)
소안항매표소 061-553-8177
소안택시 061-555-1233  010-5033-2659
소안택시 061-553-7233  010-2867-7233
소안개인택시 061-555-0017

### 식당
작은샘식당(한식) 소안면 비자리. 061-552-7088

현대식당(한식) 소안면 비자리. 061-554-0957

### 숙박
해변식당(모텔) 소안면 비자리 1186-37
061-553-7740   010-5120-3323
미소민박 소안면 소안로538번길. 061-555-3667

### 명소
**미라상록수림해수욕장** 소안도 미라리
상록수림으로 난대지방을 향토로 하는 후박나무를 중심으로 24종 776그루의 수목이 숲을 형성하고 있다.

**맹선상록수림** 소안도 맹선리
약 20여 종 80여 그루의 상록수가 수령은 200~300년으로 추정하고 있다. 후박나무를 비롯하여 21종 245그루가 해안선을 따라 수림을 형성하고 있는데 그 길이는 500m에 이르고 있다.

**진산리 해변** 소안도 진산리 392-3
해수욕장의 앞으로는 제주해협이 시원하게 펼쳐져 있고 저녁이 되면 당사도의 등대가 불을 밝혀 여름밤의 운치를 더한다.

# 청산도(靑山島) / 대봉산(大鳳山) 379m  대성산(大城山) 345.9m  대선산 313m  보적산(寶積山) 335m

청산 1 : 50,000

청산도 고성산 정상

## 청산도

### 대봉산·대성산·대선산·보적산
전라남도 완도군 청산면

청산도(靑山島)는 청산도 옛날부터 신선의 섬이라 불리었다. 청산도는 완도에서 남쪽으로 19.2km 떨어진 다도해 최남단 해역에 5개의 유인도와 9개의 무인도로 이루어진 섬으로 청산도 본도를 비롯하여 여서도 대모도 소모도 장도로 이루어져 있다.

하늘 바다 산 모두가 푸르다 해서 청산(靑山)이라는 이름을 갖게 된 섬으로 자연 경관이 유별나게 아름다워 옛날부터 청산여수(靑山麗水)라 불렀고, 다도해 해상국립공원으로 지정되어 무공해 청정지역으로 보존되고 있다.

대봉산(大鳳山. 379m) 대성산(大城山. 345.9m) 대선산(313m) 고성산(225m) 보적산(寶積山. 335m) 등 300m 내외의 산이 사방으로 솟아 있으며 이들 산지에서 발원해 사방으로 흐르는 작은 하천 연안을 따라 청산도의 중앙부와 서부 일부지역에 비교적 넓은 평야가 이루어져 있다.

위 다섯 봉우리를 다 종주를 하면 청산도 일대가 대부분 다 내려다보여 청산도 일대를 파악하게 된다. 전형적인 섬 산으로 육지에서 볼 수 없는 동백나무 과 수림으로 우거져 있으며 산세는 완 만한 편이다. 등산로는 뚜렷하고 이정표 안내문이 요소에 세워져 있어 확인만 잘 하면서 산행을 하면 길 잃을 염려는 없다. 중간 중간에 하산길이 있으므로 주력에 따라 선택을 하면 된다.

청산도 내에서 교통편은 마을버스와 순환버스가 수시로 운행하므로 시간여유가 있으면 이용하면 도움이 되고 시간이 없을 때는 택시를 이용한다. 택시는 지정요금제도이다.

배편은 약 2시간 간격으로 비교적 많은 편이며 주말 어린이 날에는 증편 운행한다.

당일 산행이라면 완도항에서 6시30분 첫 배를 타고 7시 30분경에 청산도에 도착하여 산행을 마치고 버스 편을 이용하여 청산도를 한 바퀴 돌아본 뒤, 오후 배를 타고 완도항으로 돌아오면 경제적인 산행이다. 1박 2일 산행이라면 먼저 청산도에 들어가 숙박을 하고 일찍 산행을 마치고 청산도를 한 바퀴 돌아본 뒤 오후 배로 돌아오면 무난하다.

 **등산로** Mountain path

**대봉산－대성산－대선산－보적산**
총 5시간 17분 소요
보리마당 → 51분 → 대봉산 → 30분 →
대성산 → 40분 → 대선산 → 21분 →
고성산 → 63분 → 보적산 → 52분 → 권덕리

대봉산 동쪽 신흥리 보리마당에서 산행을 시작한다. 보리마당은 산행기점이며 도로변에 대봉산 등산 안내도가 있다. 안내도에서 산길로 접어들면 바로 갈림길이 나오는데 왼쪽으로 간다. 왼쪽으로 난 길을 따라 2분을 가면 갈림길이 나온다. 갈림길에서 오른쪽으로 간다. 오른쪽으로 3분을 가면 갈림길이다. 갈림길에서 오른쪽으로 17분을 오르면 까마귀바위를 통과하고 이어서 왼쪽으로 하산길이 있다. 계속 능선으로 난 길을 따라 12분을 가면 첫 봉우리를 지나고 17분을 더 오르면 대봉산 정상이다. 정상은 표지석이 있고 사방이 확 트여 청산도 일대가 시원하게 내려다보인다.

대봉산에서 10분을 내려가면 안부 갈림길이다. 갈림길에서 직진 완만한 등산로를 따라 20분 거리에 이르면 대성산이다.

대성산에서 계속 가면 왼쪽으로 등산로가 꺾어지면서 16분을 내려가면 안부에 닿는다. 안부에서 직진 30분을 오르면 대선산 삼거리다. 삼거리에서 오른쪽으로 4분 거리에 이르면 대선산이다.

* 대선산에서 청산항으로 하산길은 서쪽으로 직진 20분 내려가면 안부에 닿고, 안부에서 왼쪽으로 5분 내려가면 청산중학교이며 5분 더 내려가면 청산초교에 닿고 10분 거리에 청산항이다.

* 대선산에서 고성산 보적산 방면은 대선산삼거리로 되돌아와서 오른쪽으로 보적산을 향해 11분을 내려가면 안부사거리에 닿고 직진하여 10분을 오르면 고성산이다. 고성산에서 14분 거리에 이르면 율리고개(큰재) 도로에 닿는다. 율리고개에서 청산항까지는 버스 편을 이용하며 약 3km이다.

* 보적산까지 진행은 도로를 건너 보적산 이정표를 따라 간

다. 뚜렷한 등산로를 따라 15분을 올라가면 봉우리를 통과하고 8분을 지나면 안부 사거리다. 사거리에서 직진 26분을 오르면 바위산 보적산 정상이다.

보적산에서 하산은 계속 남쪽 방면으로 12분을 내려가면 오른쪽으로 갈림길이 나온다. 여기서 오른쪽으로 6분 내려가면 주차장에 닿고, 주차장에서 소형차로를 따라 10분 더 내려가면 권덕리 2차선 도로에 닿는다.

\* 범바위, 전망대 쪽은 정상에서 12분 거리 갈림길에서 직진하면 임도가 나오고 오른쪽 임도를 따라 4분 거리에 이르면 전망대주차장이다. 여기서 바로 왼편 능선길로 4분을 오르면 봉우리에 닿고, 봉우리에서 4분을 내려가면 전망대이며 조금 내려서면 범바위 앞이다. 여기서 오른쪽으로 10분을 가면 전망대주차장이다. 여기서 보적산 정상에서 하산길 12분 거리 갈림길까지 다시 되 돌아온 다음, 왼쪽 권덕리 방향으로 6분 내려가면 주차장에 닿고, 주차장에서 소형차로를 따라 10분 더 내려가면 권덕리 2차선 도로에 닿는다.

## 여행 정보 Tourist Information

### 🚌 교통
청산도를 가기위해서는 먼저 버스 편이나 승용차 편을 이용, 완도항에 도착한 다음 청산도행 배를 타야한다.
\* 서울센트럴시티(호남선)~완도버스터미널 1일 4회(5시간)
광주종합시외버스터미~완도버스터미널(1시간 간격, 2시간)
목포시외버스터미널~해남행, 해남~완도버스터미널(2시간)
다음은 완도항에서 청산도행 여객선을 이용한다(승용차 도선 가능)
완도항에서 청산도항 배 시간(06:30 08:00 09:30 11:30 13:00 14:30 16:00 18:00)
완도연안여객선터미널 061-552-0116 (ARS 1666-0950)
청산항에서 완도항 배 시간(06:30 9:00 09:30 11:00 13:00 14:30 16:20 18:00)
청산농협 061-552-9388-9

\* 배 시간은 수시로 변경될 수 있으므로 사전에 완도여객터미널에 문의한다.
청산버스 061-552-8546 010-6428-9432
청산마을버스 010-9981-0078
청산택시 061-552-8519 011-9610-8545
청산개인택시 061-6552-8747 010-6552-8747
청산관광안내소 061-550-51582

**청산도 순환버스 노선**
복지회관→당리(서편제)→읍리(고인돌)→권덕리(법바위)→청계리(범바위)→양지리(구들장논)→상서리(돌담길)→신흥리(풀등해변)→진사리(갯돌해변)→지리(청송 해변)→복지회관
노선안내 061-552-1999

### 🍴 식당
**섬마을식당**(한식) 청산면 도청리 수협 뒤
061-552-8672 010-9912-5485
**푸른식당**(한식) 청산면 청산로 21. 061-553-2585
**어부횟집** 청산면 도청리 930-25. 061-552-8517
**막끌리네식당**(전복, 탕) 청산면 도청리. 010-4602-8809

### 🏠 숙박
**서편제 한옥펜션** 청산면 청산로 72번길 43-24
010-5300-9131
**청산도 등대모텔** 청산면 도청리
061-552-8558 011-634-8559
**도락민박** 청산면 도락리 청산로 72번길 70. 010-8614-8873

### 🏛 명소
**서편제촬영지** 청산면 당락리
촬영지 영화 서편제 촬영이후 향토색 짙은 고장으로 전국에 알려짐.

**지리청송해수욕장** 청산면 지리
해변으로 일몰이 우리나라에서 가장 아름다운 해변 가운데 하나이다.

**청산도슬로시티** 청산면 청산로 7
영화 서편제와 드라마 촬영지로 푸른 바다와 산과 모내기를 끝낸 논 슬로길등 느림의 풍경이 가득한 곳이다.

**신흥해수욕장** 청산면 신흥리백사장이 매우 넓은 해변으로 물이 깨끗하고 조용하며 주변바다가 전부 낚시터.

**청산도 슬로길 1코스(미항길)** 도청항 부두~연애바위 입구(1시간 30분 소요) : 도청항부터 선창(부둣가)을 따라 걷는 활기가 넘쳐나는 미항길.

**청산도 슬로길 7코스(돌담길)** 상서돌담 마을~신흥리풀등해수욕장(2시간 16분 소요) : 상서리와 동촌리를 지나가는 길로 마을 전체가 돌담으로 이루어져 있다.

**청산도슬로길 6코스(구들장길)** 청산면 청계리
구들장논이 펼쳐진 논길을 따라 걷는 길이다.

생일도 백운산 정상

## 생일도
### 백운산 · 용출봉
전라남도 완도군 생일면

생일도(生日島)는 2개의 유인도와 7개의 무인도로 구성되어 있다. 완도군에 속한 섬들 중에는 읍 면을 이루고 있는 제법 큰 섬들이 많이 있다. 노화도, 보길도, 소안도, 신지도, 고금도, 조약도, 금일도, 생일도, 금당도가 있는데, 그 중에 생일도는 작은 섬이다. 주민 수 또한 1980년대 초만 해도 3,000명에 가까웠으나 2015년 현재 1,000명도 채 안 된다. 그나마 매년 5% 가까이 인구가 줄어들어 65세 이상 고령층이 33%를 차지한다.(면사무소 통계자료)

생일도의 지명유래는 옛날 이 섬에서 각종 사고가 자주 발생하여 지나가던 중이 이름을 새로 짓고 절을 세우라는 말에, 새로 태어나라는 뜻으로 날생(生) 날일(日) 자를 붙여 이 섬 이름을 생일이라고 하였고, 산봉우리에 암자를 지어 재앙을 예방하였다는 전설이 있다. 섬의 동쪽으로 금일도, 서쪽으로 신지도, 서남쪽으로 청산도, 서북쪽으로 약산도를 마주보고 있다.

1916년 평일도, 생일도, 금당도를 합하여 금일면이라 불러왔으나 1989년 4월 1일 금일읍 생일출장소에서 생일면으로 승격되어 오늘에 이르고 있다. 면의 전 지역이 남해안에 위치하여 기후가 온화하기 때문에 동백나무 후박나무 등 난대림이 무성하다.

섬 중앙에 위치한 백운산(白雲山 483.1m)은 바다에서 바로 돌출되어 있어 농지면적이 거의 없으며, 해안가를 중심으로 마을이 형성되어 있고 주민의 약 90%가 수산업에 종사하고 있다. 다시마와 전복 미역 어류 등이 주 소득원이며 특히 덕우도의 전복은 전국 최고의 맛을 자랑한다고 한다.

주요관광지로는 신비로운 산으로 알려진 백운산(483.1m)과 용이 출몰한 용굴, 용출마을 해변에 계란알 크기의 자갈들이 수놓은 갯돌해변, 금곡리에 소재한 금곡 해수욕장은 약 500m의 금빛모래와 해송이 어우러져 주변경관이 아름답고 수심이 완만하여 뭍사람에게 잘 알려지지 않은 천혜의 해변으로 손꼽히고 있다.

생일도는 대부분 산으로 이루어져 있으며 백운산(白雲山 483.1m) 용출봉(351.6m)은 생일도 한 중심에 위치한 산이며 생일도를 상징하는 산이기도 하다. 생일도 산행의 가장 중요한 것은 교통편이다. 육로를 통해 약산도 당목항까지 가는 방법과, 약산도 당목항에서 생일도 서성항까지 배편 그리고 생일도에서 등산로 입구까지 버스나 택시를 이용하는 방법을 세밀하게 계획을 세워야 성공적인 산행을 할 수 있다.

교통편을 자세히 살펴 생일면 서성항에 도착한 다음, 산행 입구까지는 택시를 이용한다.

* 관광을 겸한 산행이라면 승용차를 가지고 들어가야 한다. 산행 후에 해안도로를 따라 생일도를 한 바퀴 돌아보고 금강해수욕장과 용출리 몽돌해안을 들러온다. 금강해수욕장은 폭 100m에 길이가 1.2km이며 주변에 후박과 잣밤나무 동백나무 등 상록수림이 울창하고 조용하고 깨끗해 가족단위 피서지로 적합하다.

* 용출리 쪽으로는 너도밤나무 숲과 용출 몽돌해안이 볼거리다. 너도밤나무 군락은 서성항~용출리 도로 중간 사면에서 자생하므로 놓치지 않도록 눈여겨봐야 한다. 몽돌해안은 검은 돌과 조약돌이 조화롭게 섞여 있는 곳이다. 몽돌을 뭍으로 밀어 올리고 바다로 끌어내리느라 흘러나오는 파도 소리와 몽돌 부딪치는 소리가 시심을 돋우고, 미역과 다시마 혹은 전복 양식을 위해 오가는 작은 고깃배와 어부들을 통해 갯마을 정취를 느낄 수 있는 곳이기도 하다. 탐방안내 약산면사무소(061-550-5607)

### 등산로 Mountain path

**백운산-용출봉** 총 3시간 42분 소요

생일중학교 입구 → 21분 → 임도 이정표 → 60분 → 백운산 → 27분 → 임도 이정표 → 26분 → 용출봉 → 28분 → 용출리(도로)

생일면 서성항에서 하선하면서 오른편 도로를 따라 서쪽으로 약 500m거리 금일중학교생일분교 입구에서 산행을 시작한다. 등산로 입구에는 백운산 이정표가 있다. 이정표에서 생일중학교로 가는 소형차로를 따라 약 5분(300m) 거리에 이르면 생일중학교 담이 끝나면서 왼쪽으로 30m거리 삼거리에 이정표가 있다. 삼거리에서 오른쪽 임도를 따라 16분을 가면 오른편에 백운산 이정표가 나온다.

 * 또 다른 산행기점은 면소재지 생일초교 정문에서 동쪽으로 난 소형차로를 따라 가면 물탱크가 있고 백운산 안내도가 있는 지점을 경유하여 15분을 오르면 바로 이 지점에 닿는다.

임도 이정표에서 임도를 벗어나 뚜렷한 등산로를 따라 27분을 올라가면 학서암 갈림길이 나온다. 갈림길에서 직진하여 21분을 올라가면 전망이 좋은 첫 바위봉이다. 첫 바위봉에서 10분을 더 오르면 백운산 정상에 닿는다. 정상은 산불감시작은 철탑이 있고 사방이 막힘이 없다.

백운산 정상에서 다음 진행은 용출봉 용출리로 한다. 백운산에서 동남쪽으로 난 외길을 따라 13분을 내려가면 삼거리다. 삼거리에서 직진길은 태마공원을 지나 임도로 가는 길이다.

 * 삼거리에서 용출봉을 향해 오른쪽 비탈길을 따라 8분을 가면 본 능선길로 이어지면서 5분을 더 가면 임도에 닿는다.

임도를 가로질러 오른쪽으로 30m 정도 거리에 용출봉 이

생일도 백운산 남측 용출봉

정표가 있다. 여기서 용출봉을 향해 17분을 오르면 전망 데크가 있고 데크에서 9분을 더 오르면 용출봉이다. 용출봉에서 계속 이어지는 능선길을 따라 11분을 내려가면 돌담터가 나오고, 10분을 더 내려가면 둘레길 삼거리 이정표가 나타난다. 삼거리에서 왼쪽으로 10m 가면 오른쪽에 이정표가 있고 하산길이 있다. 여기서 오른쪽 하산 길을 따라 3분 내려가면 갈림길이다. 갈림길에서 오른쪽으로 4분 더 내려가면 철 계단을 지나 용출리 도로에 닿는다.

## 여행 정보 Tourist Information

### 🚌 교통
광주종합시외버스터미널에서 강진→마량→고금→약산면→당목행(04:50 12:10 15:40 17:30)버스 이용, 약산면 당목항 하차. 또는 수시로 운행하는 광주종합시외버스터미널에서 강진→마량→고금행 버스 이용 후, 고금에서 당목행 농어촌버스 이용, 약산면 당목항 하차(강진에서 마량→고금→당목행 농어촌버스(05:30 07:00 10:05 12:20 16:05) 이용, 약산면 당목항 하차. 광주종합버스터미널 062-360-8114

 * 다음은 약산면 당목항에서 생일도 서성항으로 운항하는 배편을 이용한다.
약산면 당목항→생일도 서성항 (06:30 07:40 09:40 11:40 13:40 15:40 17:30)
약산면 당목항안내 061-553-9085

 * 생일도(서성항)→약산면 당목항 (07:00 08:20 10:20 12:20 16:40 18:30)
생일도 서성항 안내 061-553-3632
생일도 농어촌버스는 면소재에서 출발(1일 3회), 양쪽 해안도로. 생일택시 011-614-3716

### 🍴 식당
**생일식당**(민박) 생일면 생일로 613
061-555-0911 010-2688-3209
**해수욕장가는길식당**(회, 장어탕) 생일면 금곡리
061-552-4019 010-4799-4019
**길목식당**(한식) 생일면 400-5. 061-552-4019
**활주로민박**(식당) 생일면 유서리 888-2. 061-553-1948

### 🏠 숙박
**바다풍경펜션** 약산면 약산일주로 696. 061-554-4800
**디딤돌펜션** 약산면 약산일주로 696. 061-554-8152

### 🏛 명소
**금곡해수욕장** 생일면 금곡리
금곡 해변은 최근까지 전혀 알려지지 않았던 처녀욕장으로 조개껍데기가 부서져 쌓인 백사장을 거닐면 스폰지 위를 걷는 느낌이 들 정도로 포근하다.

**해안갯돌밭** 생일면 용출리
용출리 해안은 생일도의 남쪽에 자리한 갯돌 해안.

# 금당도(金塘島) / 금당산(金塘山) 179.9m   사랑산 221.3m   봉좌산 191.7m

금당도 공산

## 금당도
### 금당산·사랑산·봉좌산
전라남도 완도군 금당면

### 등산로 Mountain path

**금당산-사랑산-봉좌산** 총 5시간 31분 소요
금당면사무소 → 32분 → 공산 → 45분 →
금당산 → 26분 → 육동리 도로 → 56분 →
가학재 → 49분 → 사랑산 → 20분 →
오봉산 → 25분 → 봉좌산 → 18분 → 신흥리

금당도(金塘島)는 고려시대 이후 장흥에 속해오다 1896년 완도군이 신설되면서 현재의 완도군에 편입되었다. 이후 1916년에 평일면 생일면과 함께 금일읍으로 합병되었고, 1986년에 금당면으로 승격되었으며 3개의 유인도와 15개의 무인도로 형성되어 있다. 금당이라는 지명이 붙게 된 유래는 금일 금당 생일도의 금곡 등 금자의 지명이 붙은 것으로 보아 금이 산출된 고사에서 연유된 것으로 추정하며 금댕이가 금당으로 불리우게 되었다고 한다.

금당도는 완도군의 동북부에 위치하여 동쪽은 고흥군의 거금도와 인접하고, 서북쪽은 장흥군을 서남쪽은 약산면을 바라보고 남쪽은 금일읍의 제도와 삼면에 인접해 있다. 완도군에서 34.8km 거리이다.

금당팔경(기암절벽)등이 있으며 미역 톳 해태의 생산으로 많은 소득을 올리고 있다. 금당도에는 공산(121.9m) 금당산(金塘山. 179.9m) 사랑산(221.3m) 오봉산(175.5m) 봉좌산(191.7m)등이 금당도 전체를 ㄷ자 모양으로 길게 이어져 있고, 산 높이가 200m 전후한 고만고만한 봉우로 이루어져 있으며 높이는 낮지만 오르고 내림이 많아 다소 힘든 산이다.

산에는 일반적인 섬에서 자라는 나무가 아닌 키가 작은 소나무가 대부분이고 깊은 숲이 거의 없는 산이다. 등산로는 시작부터 끝까지 능선으로 나 있으며 바윗길이 많은 편이나 험로는 없다. 깊은 숲이 없기 때문에 산행 중 사방 바다가 시원하게 펼쳐 보인다.

금당도로 진입하는 방법은 두 곳이 있다. 하나는 육로를 통해 장흥군 회진면 노력항에 이른 다음, 노력항(노력리선착장)에서 금당도(가학항)로 운항하는 배를 이용한다. 다른 하나는 육로를 통해 고흥군 녹동항에 이른 다음, 녹동항에서 금당도(울포항)로 운항하는 배를 이용한다. 산행은 울포항에서 가까운 금당면사무소에서 시작하여 신흥리 또는 중간 어느 지점에 내려와도 가학항이나 울포항까지 택시를 이용해야 한다.

금당면소재지인 울포항에서 10분 거리 금당면사무소로 찾아간다. 면사무소내 복지회관 검물 동쪽 편에 금당산 안내도가 있다. 안내도대로 산행을 시작하여 5분을 올라가면 첫 봉우리다. 첫 봉우리에서 3분 거리 이정표 갈림길에서 직진으로 4분을 가면 도로 차우고개에 닿는다. 차우고개에서 도로를 가로질러 능선길을 따라 올라가면 바윗길(밧줄)로 이어지면서 17분을 올라가면 뾰쪽한 봉우리 표지석이 있는 공산에 닿는다.

공산에서 금당산을 바라보면서 계속 이어지는 능선길을 따라 30분 거리에 이르면 왼쪽으로 갈림길이 나온다. 갈림길에서 직진으로 15분을 오르면 표지석이 있는 금당산에 닿는다.

금당산에서 계속 이어지는 능선길을 따라 5분을 내려가면 갈림길이다. 갈림길에서 왼쪽으로 간다. 왼쪽으로 가면 능선으로 이어지면서 18분 거리에 이르면 하얀 취수통이 나타난다. 취수통에서부터 농로로 이어지는 길을 따라 3분을 내려가면 소형차로 삼거리다.

소형차로 삼거리에서 오른쪽으로 50m 가서 다리를 건너 바로 왼쪽 산으로 오르는 등산로가 있다. 초입에는 길이 희미하다. 희미한 등산로를 따라 오르면 바로 밧줄이 있고 숲이 거의 없는 능선으로 이어져 23분을 오르면 도로에서 시작해서 첫 봉에 닿는다. 첫 봉에서 6분을 내려가면 안부 바위능선을 통과하며 다시 14분을 오르면 두 번째 봉에 닿는다. 여기서 6분을 더 가면 세 번째 봉이다. 세 번째 봉에서는 왼쪽으로 꼬부라지면서 7분을 내려가면 가학재 도로에 닿는다.

가학재에서 도로를 건너 22분을 오르면 220.9봉에 닿는다. 여기서 계속 이어지는 능선길을 따라 27분을 가면 사랑산에 닿는다. 사랑산에서 계속 능선길을 따라 20분 거리에 이르면 오봉산에 닿는다. 오봉산에서 5분을 내려가면 정자를 지나 소

금당도 금당산

금당도 봉좌산에서 바라본 오봉산

형차로 세주목재에 닿는다. 세주목재에서 도로를 가로질러 20분을 올라가면 봉좌산 정상이다.

봉좌산에서 하산은 동쪽 능선을 탄다. 동쪽 능선 하산길이 희미하게 두 길이 있다. 두 길 중 신흥리를 바라보고 왼쪽 길로 간다. 봉좌산 표지석에서 왼쪽 길을 따라 5분을 내려가면 반반한 바위가 나타난다. 바위에서부터 하산길은 왼쪽 능선으로 이어지면서 8분을 더 내려가면 농로가 나온다. 여기서부터 농로를 따라 5분 거리에 이르면 대형 하얀 물탱크가 있는 2차선 도로에 닿는다. 이 지점(도로)에서 금당면사무소와 울포항까지는 약 3km 1시간 정도 거리다.

## 여행 정보 Tourist Information

### 교통

서울, 광주, 목포 순천, 방면에서 수시로 운행하는 장흥행 버스 이용 후, 장흥에서 1일 19회 운행하는 장흥군 회진면행 버스를 이용한다. 회진면에서 4km 노력항(노력리)까지는 마을버스를 이용하거나 택시를 이용한다(회진면 노력항은 2곳이다. 하나는 제주로 가는 노력항이고, 다른 하나는 금당도 방면으로 가는 노력리항이다).
회진면 노력항(노력리)에서는 금당도 가학항을 왕래하는 여객선을 이용하고, 고흥군 녹동항 에서는 금당도(울포항)으로 운행하는 여객선을 이용한다(하절기와 동절기 운항시간이 다르다). 광주종합시외버스터미널 062-360-8114
금당택시 011-5053-9451

■ 하절기
회진(노력항)→금당도 가학항(06:30 08:30 11:30 14:30 17:30)
금당도(가학항)→회진면 노력항(07:00 09:00 12:00 15:00 18:00)
고흥(녹동항)→금당도 울포항(06:00 09:15 13:00 16:30)
금당도(울포항)→고흥 녹동항(08:00 11:20 15:00 18:20)

■ 동절기
회진(노력항)→금당도 가학항(07:00 08:30 11:30 14:30 17:00)
금당도(가학항)→회진면 노력항(07:30 09:00 12:00 15:00 17:20)
고흥(녹동항)→금당도 울포항(06:00 09:15 13:00 16:00)
금당도(울포항)→고흥 녹동항(08:00 11:20 15:00 17:50)
금당도(가학항) 매표소 061-843-8168  010-4626-8168
금당도(울포항) 매표소 061-842-0122  011-616-3916
고흥(녹동항)매표소 061-842-6111  061-843-2300
회진(노력항)매표소 010-2623-7950
배 시간안내 농협금당지점 061-843-9717

### 숙식
● 회진 노력항
본전밥상(한식) 회진면 노력도. 061-867-6196
노력항민박 회진면 덕산리 2038-22. 061-867-5560

● 금당도
오거리식당(한식) 금당면 금당길 3. 061-844-0024
해송가든(한식) 금당면 금당해변로 507-1. 061-842-0122
아리랑식당(민박) 금당면 차우길 25-1. 061-843-7071
광주식당(회전문) 금당면 울포리. 061-843-9742
해송민박(식사가능) 금당면 해변로. 061-553-2387
대일장여관 당면 울포리. 061-843-9727 010-4527-9727
삼일민박 금당면 금당로321번길. 061-843-9788

### 명소
금당도 금당면
승용차로 섬 일주 돌아보기.

삼산저수지  금당면 육산리
금당면 한가운데 육산리에 있는 저수지.

조약도(助藥島) / 장룡산(藏龍山) 358.4m  삼문산(三門山) 399m  가사봉 368.4m

조약도 삼문산 정상

# 조약도
## 장룡산·삼문산·가사봉
전라남도 완도군 약산면

조약도(助山島)는 섬이지만 연륙교가 개통되어 육지와 같은 섬이다. 조약도에는 장룡산(藏龍山. 358.4m) 삼문산(三門山. 399m) 가사봉(368.4m)이 있고 산세는 완만한 편이며 섬에서 자라는 동백나무가 많고 등산로는 뚜렷한 편이다. 약산도(藥山島)로도 불린다.

### 등산로 Mountain path

**장룡산–삼문산–가사봉 총 4시간 5분 소요**

죽선마을회관 → 45분 → 장룡산 → 37분 → 삼문산 → 11분 → 토끼봉 → 16분 → 삼문산 → 13분 → 진달래공원 → 36분 → 가사봉 → 27분 → 가사리마을(도로)

죽선리 마을회관 서쪽 50m거리 도로에서 산이 보이는 남쪽으로 시멘트로 포장된 소형차로를 따라 200m 정도 가면 등산안내 이정표가 있다. 여기서 오른쪽으로 100m 거리 은행나무에서 왼쪽으로 9분을 올라가면 마지막 외딴집을 지나 시멘트포장길이 끝나고 등산로가 시작된다. 여기서부터 등산로를 따라 15분을 올라가면 신선골약수터이다. 약수터에서 왼편으로 난 뚜렷한 등산로를 따라 18분을 올라가면 삼각점이 있는 장룡산에 닿는다.

장룡산에서 삼문산을 향해 서남쪽으로 이어지는 주능선 등산로를 따라 10분을 가면 작은 봉우리를 통과하고 계속 이어지는 주능선을 따라 27분 거리에 이르면 사방이 트인 삼문산(망봉)에 닿는다.

삼문산에서 토끼봉을 향해 직진으로 능선길을 따라 3분을 내려가면 이정표가 있고 오른쪽으로 갈림길이 나타난다.

*갈림길에서 오른쪽으로 40분을 내려가면 마당재 도로변 등산로입구에 닿는다. 다시 삼거리에서 토끼봉은 직진하여 능선길을 따라 11분을 올라가면 데크가 있는 토끼봉이다. 토끼봉은 데크가 있고 전망대이며 망망대해가 끝없이 펼쳐지는 장소이다. 토끼봉에서 진달래공원, 또는 가사봉까지의 산행은 다시 삼문산으로 되돌아간다.

*가사봉은 삼문산 정상에서 오른편 동쪽 능선길을 따라 13분을 내려가면 헬기장을 지나 진달래공원 주차장에 닿는다.

*가사봉은 주차장 오른쪽 건너편 이정표에서 산길로 오른다. 5분을 오르면 주능선에 닿는다. 주능선에서 왼쪽 주능선길을 따라 8분을 가면 바위봉을 통과하고 4분을 더 가면 너럭바위다. 너럭바위에서 계속 주능선을 따라 봉우리를 한번 통과하면서 19분을 가면 아무 표시가 없는 가사봉이다. 가사봉에서 하산은 가사리마을이다. 직진으로 50m 거리에 이르면 갈림길이다. 갈림길에서 오른쪽으로 간다. 오른쪽 하산길을 따라 17분을 내려가면 안부에 닿는다. 안부에서 오른쪽으로 5분을 내려가면 가사리마을 도로에 닿는다.

### 여행 정보 Tourist Information

**교통**

**자가운전** 영암순천간고속도로 강진IC에서 빠져나와 강진 방면 2번 국도로 진입 강진읍 남쪽 2번 23번국도 교차지점에서 우회전→23번 국도를 타고 마량 삼거리에서 우회전→고금대교를 건너 직진 고금면 삼거리에서 좌회전→830번 지방도를 타고 약산면소재지 통과 고개 넘어 장룡리 마을회관 주차.

**대중교통** 광주종합시외버스터미널에서 강진→마량→고금→약산면→당목행(04:50 12:10 15:40 17:30). 직행 버스 이용. 약산면사무소 하차.

또는 수시로 운행하는 광주종합시외버스터미널에서 강진→마량→고금행 버스 이용 고금하차 후, 고금에서 당목행 군내버스 이용, 약산면사무소 하차.

강진→마량→고금→약산면 당목행 농어촌버스(05:30 07:00 10:05 12:20 16:05) 이용 약산면소재지 하차.
산행 후 가사리에서(06:20 08:20 10:20 11:40) 장룡리 산행기점 면사무행 군내버스 이용. 약산택시 061-553-8378

**숙식**

약산흑염소전문 약산면 장용리 521-10. 061-553-8320
대복식당(회, 염소탕) 장용리 897-5. 061-552-3234
고산모텔(민박, 가든) 약산면 해동리. 061-554-4549
디딤돌펜션(가사해수욕장) 해동리 874-13. 061-554-8452

# 거금도(巨金島) / 적대봉(積臺峰) 587.4m

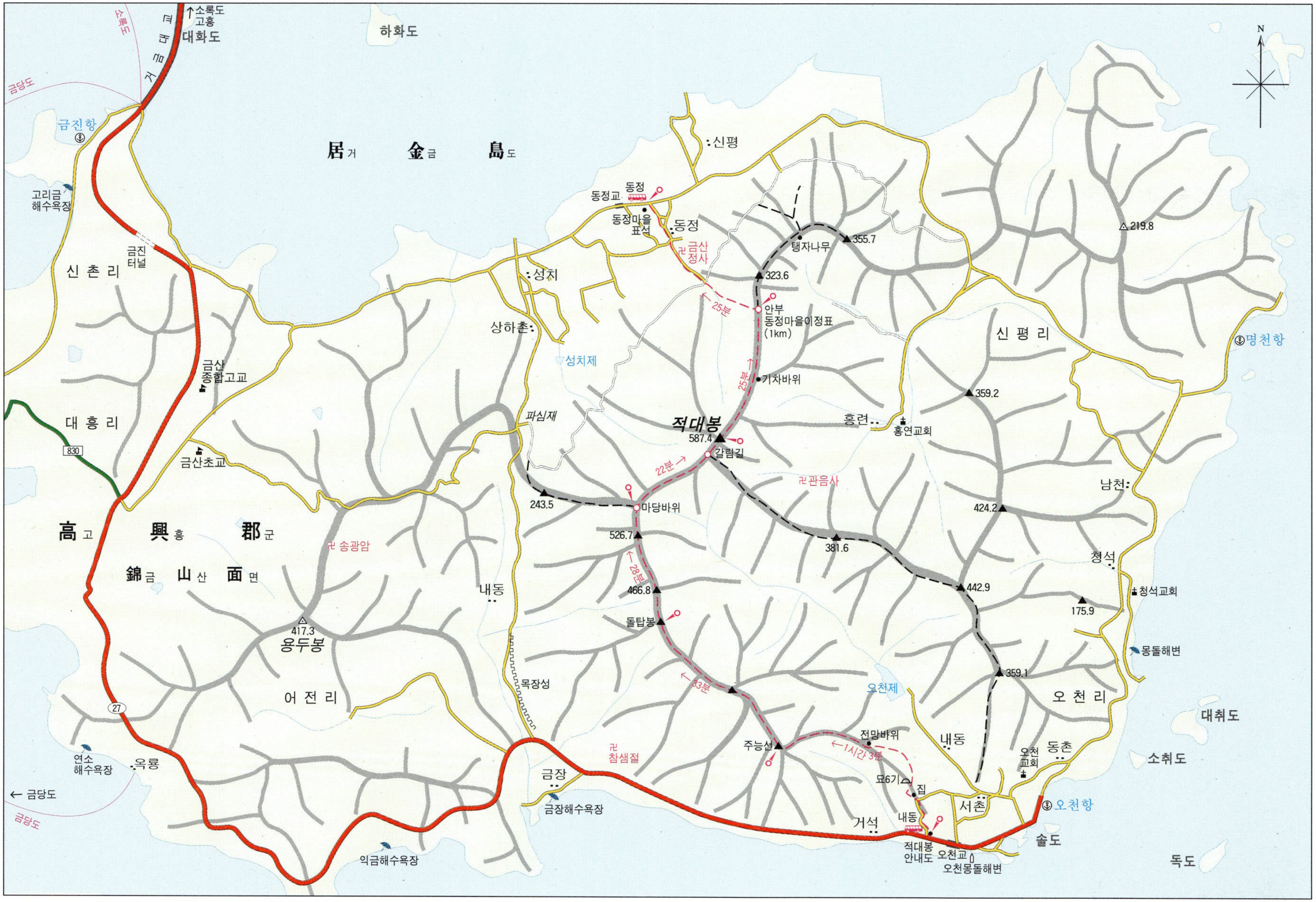


거금 1:50,000

0 500m 1Km
1cm=500m

거금도 몽돌해변

# 거금도 적대봉
### 전라남도 고흥군 금산면

거금도(居金島)는 고흥군 최 남쪽에 위치한 큰 섬이다. 한때는 강진군에 편입되었다가 1897년 돌산군 금산면에 속하였으며 1914년 행정구역 개편 때 고흥군 금산면이 되었다.

해안은 사질해안이 많으나 돌출한 지역 일대는 암석해안을 이루고 있으며 해식애도 발달해 있다. 산기슭에는 조선시대에 목장성(牧場城)이 있었던 것으로 알려져 있다.

고흥 녹동에서 배를 타야만 갈 수 있는 큰 섬이었으나 녹동에서 소록도로 이어지는 소록대교가 건설되었고 2011년 소록도와 거금도를 연결하는 거금대교가 개통되면서 자동차로 갈 수 있는 육지와 같은 섬이 되었다. 적대봉(587.4m)은 마치 바다에 떠 있는 고래 등 같은 분위기를 풍기는 산이다. 고흥군에서는 팔영산(606.7m) 다음으로 높은 적대봉은 펑퍼짐한 산세와 달리 전망이 매우 뛰어난 산이다.

주능선에서부터는 암릉길로 이어지면서 10분 거리에 이르면 첫 봉에 닿고, 첫봉에서 10분을 더 오르면 두 번째 봉을 통과하며 12분을 더 오르면 돌탑봉이다.

돌탑봉에서 오른쪽으로 이어지는 등산로를 따라 20분을 가면 봉우리를 한번 통과하고 8분을 더 내려가면 정자가 있는 삼거리 마당재에 닿는다.

마당재에서 왼쪽은 파상재이고 적대봉은 오른쪽이다. 마당재에서 오른쪽으로 17분을 오르면 삼거리가 나타난다. 삼거리에서 오른쪽은 오천리로 가는 장거리 등산로이다. 삼거리에서 왼쪽으로 직진하여 5분을 더 오르면 적대봉 정상이다.

하산은 북쪽 방향 직진으로 내려가면 10분 거리에 기차바위가 나타난다. 기차바위에서 우회길이 있으므로 참고를 하면서 15분을 더 내려가면 동정마을 1km 라고 표시된 이정표 안부 삼거리에 닿는다.

안부삼거리에서 동정마을로 하산한다. 동정마을 1km 표시대로 왼쪽 넓은 하산길을 따라 15분을 내려가면 임도를 만난다. 임도를 가로질러 직진하여 5분을 내려가면 금산정사에 닿고 5분 더 내려가면 동정마을 버스 정류장이다. 동정마을에서 녹동-고흥행 버스를 이용한다.

## 등산로 Mountain path

**적대봉 총 4시간 16분 소요**

오천리 → 63분 → 첫봉 → 33분 → 돌탑봉 → 28분 → 마당재 → 22분 → 적대봉 → 25분 → 안부 → 25분 → 동정마을

27번국도 끝 거금도 남쪽 금산면 오천리 내동마을 입구 대봉산안내도에서 도로를 벗어나 마을 쪽으로 50m 들어가면 마을 갈림길이다. 갈림길에서 왼쪽 마을길을 따라 가다가 마을 끝집에서 오른쪽으로 올라가면 산자락 둔덕에 올라선다. 오른쪽으로 희미한 갈림길이 있고 왼쪽으로 묘 6기가 있으며 버스정류장에서 5분 거리다. 여기서 왼쪽 능선길로 접어들어 묘 6기 상단에서 바로 산길은 오른쪽 비탈길로 이어진다. 비탈길로 이어지는 등산로를 따라 가면 다시 왼편 능선방향 비탈길로 이어지면서 45분을 오르면 경사진 위치에 바위를 지나고 바위를 지나서 13분을 더 오르면 주능선에 닿는다.

## 여행 정보 Tourist Information

### 🚌 교통
**자가운전** 남해안고속도로 벌교IC에서 빠져나와 고흥 방면 27번 국도를 타고, 고흥읍 통과→도암 1km 전 삼거리에서 우회전→소록대교→거금대교→통과 금산면 소재지에서 우회전→오천리 내동마을 주차.

**대중교통** 광주종합시외버스터미널에서 오전 5시 3분부터 20시 25분까지 40분 간격으로 운행하는 광주 녹동간 왕복 운행하는 버스 이용(서울에서 녹동행 고속버스 1일 5회) 후, 녹동버스터미널에서 삼산면(거금도) 오천리 방면행 1일 7회(07:40 09:00 10:30 12:20 16:00 17:30 19:00) 이용, 오천리 내동마을 하차. 녹동버스터미널 061-842-2706

### 🍴 숙식
**동원타운**(식당, 민박) 금산면 평산길 98. 061-843-6800
**만남횟집** 금산면 평전길 5. 061-843-7928
**유정식당**(한식) 금산면 오천길 57-2. 061-844-7602
**하얀파도**(펜션) 금산면 거금일주로 1474. 061-844-1232

# 나로도(羅老島) / 봉래산(蓬萊山) 410.9m

봉래산에서 내려다본 나로도

# 나로도 봉래산
### 전라남도 고흥군 화정면 외나로도

나로도(羅老島)는 고흥반도 남쪽 끝자락에 위치한 작은 섬이다. 나로도는 내나로도와 외나로도로 이루어져 있는데 두 도는 연륙교로 이어져있다. 비단이 바람에 날리는 듯 아름답다며 비단 라(羅)와 늙을 로(老)를 써 나로도라 불렀다고 한다. 우리나라 최초의 우주센터가 건설된 전남 고흥군 외나로도에는 울창하고 멋진 삼나무 숲이 있다.

이 섬 최고봉인 봉래산(蓬萊山 410.9m) 서쪽 사면에 위치한 삼나무 숲은 일제 강점기인 1920년 즈음에 조성됐다. 이 숲은 일본 특산이라 할 수 있는 삼나무의 생육상태를 관찰하기 위해 조림했다고 알려져 있다. 일종의 시험림으로 만든 인공림으로 66만여m²의 거대한 규모를 자랑한다.

봉래산 자락에 조림된 삼나무는 대부분 수령 80년 이상으로 높이도 30m가 넘는 우리나라에서 보기 드문 큰 나무들이다. 따뜻한 남쪽 기후에 잘 적응해 몇 아름은 충분히 될 정도로 잘 자라고 있다. 3만여 그루가 넘는 이들 삼나무는 봉래산 자락에 빽빽하게 자라고 있어 정상에서 내려다보면 숲 일대가 짙은 색을 띠고 있다.

### 등산로 Mountain path

**봉래산** 총 3시간 20분 소요

주차장 → 60분 → 봉래산 → 20분 → 시름재 → 60분 → 주차장

봉래면 소재지 입구 사거리에서 왼편 동쪽으로 약 3km 거리 삼거리에서 좌회전 1.2km 창포삼거리에서 우회전-1km 예내고개 삼거리에서 우회전 300m 거리 무선국 주차장이다.

주차장에서 무선국 왼쪽으로 150m 가면 삼거리에 봉래산 산행안내도와 이정표가 있다.

이정표에서 왼쪽 길은 하산길로 하고 오른쪽 능선길을 따라 7분을 올라가면 산불초소가 나온다. 산불초소에서 계속 12분을 오르면 첫 봉에 닿는다. 첫 봉을 뒤로하고 24분 거리에 이르면 삼각점이 있는 봉래2봉에 닿는다. 봉래2봉을 지나 15분 거리에 이르면 봉래산 정상에 닿는다. 정상에서는 사방에 위치한 섬들과 특히 나로도 우주센터가 내려다보인다.

정상에서 하산은 동북 방향 시름재를 향해 직진으로 10분 내려가면 용승안내문을 통과하고 계속 10분을 더 내려가면 시름재에 닿는다. 시름재는 넓은 광장에 쉼터가 있고 반대 방향은 철조망이다.

시름재 왼쪽 임도 30m에서 임도를 벗어나 왼쪽 산길로 접어들어 6분을 가면 다시 오른쪽 임도로 빠져나온다. 임도를 따라 150m 정도 가면 다시 왼쪽 숲길이 나온다. 여기서 왼쪽 숲길로 간다. 숲길로 접어들어 30m 정도에 갈림길이 나온다. 오른쪽은 삼나무 숲길이고 왼쪽으로 간다. 왼쪽으로 등산로를 따라가면 비탈길로 이어진다. 비탈길을 따라 15분 정도 가면 옛 마을터를 통과하고 계속 15분 정도 진행을 하면 우주센터로 가는 갈림길 이정표가 나온다. 갈림길에서 계속 왼쪽 비탈길을 따라 20분 거리에 이르면 안내도를 지나서 주차장에 닿는다.

### 여행 정보 Tourist Information

#### 교통
**자가운전** 목포~순천 간 10번 고속도로 벌교IC에서 빠져나와(또는 2번국도 벌교IC에서 빠져나와) 고흥방면 15번 국도를 타고 고흥 통과 계속 15번 국도를 따라 나로2대교를 건너서 2km 거리 봉래면 소재지 입구 사거리에서 좌회전→봉래중하교를 왼쪽으로 끼고 3km거리 삼거리에서 좌회전→1.2m 창포삼거리에서 우회전→1.km 예내고개 삼거리에서 우회전 300m 주차장.

**대중교통** 고흥버스터미널에서 1일 8회 운행하는 나로도행 버스를 타고 외나로도 봉래면 소재지 입구 하차. 봉래면 소재지에서 등산로 입구까지 약 5km는 대중교통편이 없어 택시나 일반 차편을 이용해야 한다.

#### 숙식
**황토흑돼지** 봉래면 신금리 998-4. 061-834-6340
**대동식당**(회, 탕) 신금리 1000-34. 061-833-6673
**남도식당**(생선탕) 신금리 1000-70. 061-832-4505
**나로힐펜션** 봉래면 신금리 1252-2. 061-833-8893

# 백야도(白也島) / 백호산 383.5m

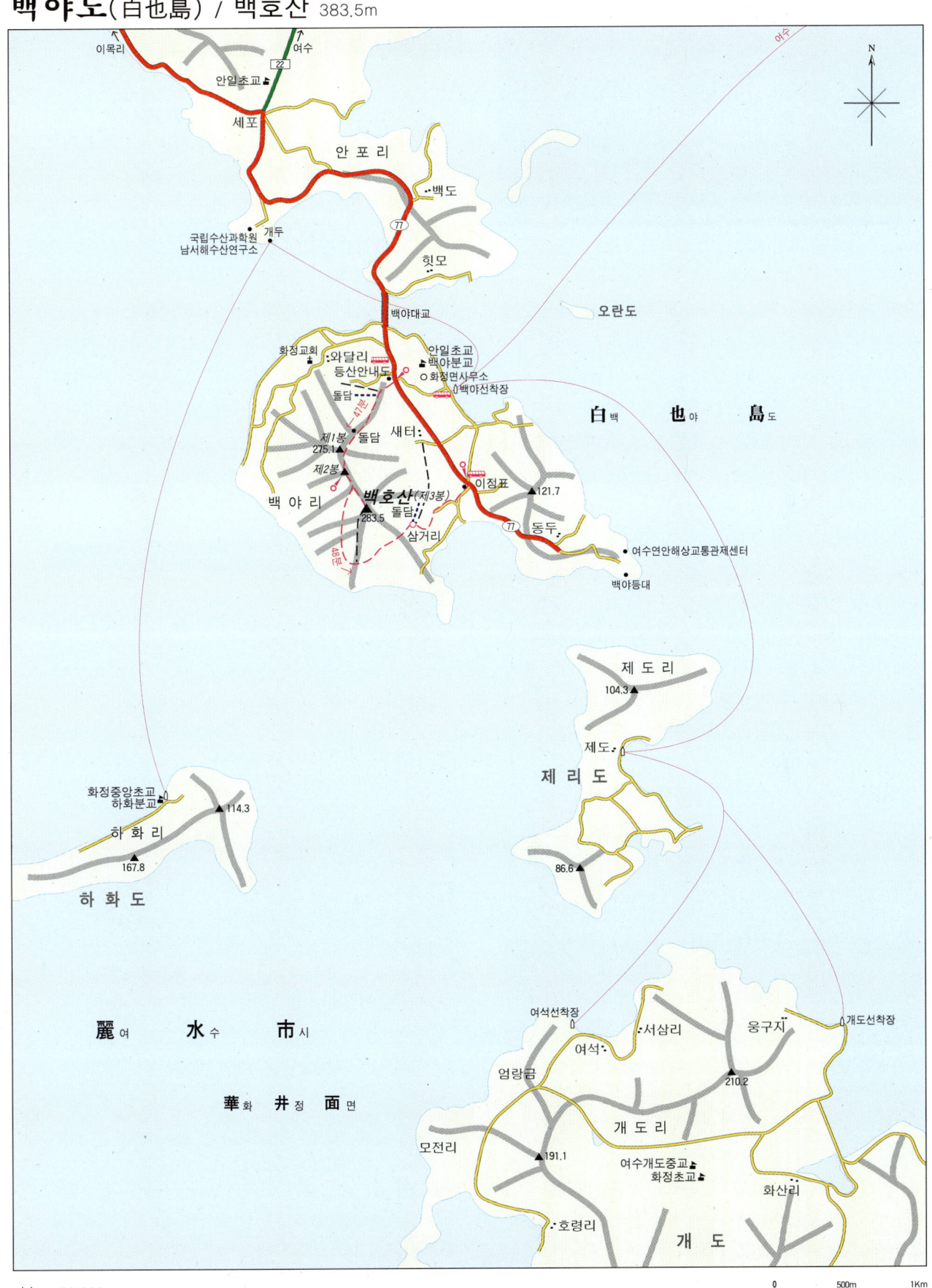

백야도 정상에서 바라본 백야대교

# 백야도 백호산
전라남도 여수시 화정면 백야도

 백야도(白也島)는 면적 3.08㎢의 비교적 작은 섬이다. 정상인 백호산(白虎山 283.5m)은 3개의 봉우리로 이루어져 있고 남해의 다도해를 한 눈에 관망할 수 있다. 백호산은 산의 형태가 호랑이의 형태를 하고 있고 돌의 색이 흰 이끼 같다고 하여 붙여진 이름이다. 정상에서 멀리 금호도와 여천 여수시가지의 모습 돌산 방향과 우주 발사대인 나라도 사도와 팔영산까지 조망된다.

 산정에는 산성터와 봉수대 흔적이 남아 있으며 편백나무숲을 위시하여 자연환경이 잘 보존되어 있다. 백야도 성터의 축조연대는 확실치 않지만 성벽둘레는 약 3km에 달했다고 한다. 다만 1592년 이순신 장군이 전라좌수사로 임명받고 임진왜란이 일어날 것을 예상하여 왜적의 침입을 막기 위해 쌓았다고 전해진다. 현재는 성벽 기단 부 일부만 남아 있다. 백야등대 가는 길목의 몽돌해변엔 몽돌에 부딪히는 파도소리가 시원함을 느끼게 한다.

 2005년 4월에 백야대교가 건설되어 차량운행이 가능해졌으며, 여수시내에서 시내버스를 통해서도 섬까지 들어갈 수 있다. 3봉정상은 사유지라고 통제안내문이 있으므로 2봉을 정상으로 대신하고 우회 등산로를 이용해야 한다.

 5분 거리에 이르면 2봉에 닿는다. 정상은 3봉이다. 하지만 3봉 일대는 염소목장 사유지라고 입산금지 표지가 있으므로 참고를 해야해야 한다.

 2봉에서 4분을 내려가면 안부 입산통제 안내문이 있고 갈림길이다. 여기서 직진 능선으로 5분을 오르면 3봉 백호산 정상이다. 하지만 통제구역이므로 오른쪽 우회 등산로로 간다. 오른쪽으로 가면 3봉 오른편 비탈길로 이어진다. 비탈길을 따라 15분 내려가면 3봉에서 내려오는 능선길과 만나게 된다. 이지점에서부터 등산로는 직각 왼쪽으로 휘어져 이어진다. 계속 비탈길을 따라 12분을 가면 이정표 갈림길이 나온다. 갈림길에서 오른쪽 생태탐방길로 간다. 오른쪽으로 5분을 내려가면 생태탐방길 삼거리가 나온다. 삼거리에서 왼쪽으로 12분 거리에 이르면 백야삼거리 도로 버스정류장이다.

## 등산로 Mountain path

**백호산** 총 2시간 35분 소요

등산로 입구 → 47분 → 2봉 → 48분 → 백야삼거리

 화양면에서 백야대교 건너 약 1km 지점 도로변에 등산로 입구에 버스정류장이 있고 안내도가 있다. 안내도에서 오른쪽 산으로 오르는 등산로를 따라 12분을 오르면 돌담이 있는 삼거리가 나온다. 삼거리에서 왼쪽으로 오른다. 뚜렷한 등산로를 따라 25분을 올라가면 주능선에 돌담이 또 나타난다. 돌담을 뒤로 하고 5분을 오르면 1봉에 닿는다. 1봉을 뒤로하고

## 여행 정보 Tourist Information

### 교통
**자가운전** 남해고속도로 완주순천고속도로 순천IC에서 빠져나와 여수 방면 17번 국도를 타고 소라면삼거리에서 우회전→22번 지방도를 타고 안포리 삼거리에서 직진→77번 국도를 타고 백야대교 통과 약 1km거리 백야도 등산로입구버스정류장 주변 주차. 또는 선착장 주변 주차.
**대중교통** 여수여객선터미널 옆 여수시외버스터미널에서 오전 6시 20분부터 오후 10시까지 약 1시간 간격으로 운행하는 백야도행 28번 시내버스를 타고 백야대교 건너 백야도 등산로 입구정류장 하차.

### 숙식
**예날맛손두부** 화정면 백야리 51번지. 061-685-1027
**시골집가든** (한식) 화양면 화양로 14-3. 061-681-5679
**힛도횟집** 여수시 화양면 화양로 2-4. 061-686-2766
**하늬바람펜션** 화정면 화백해안길 17. 010-4474-5482
**백야민박** 여수시 화정면 백야2길 8. 061-685-8045
**윤희네펜션** 민박 화정면 백야2길 29-6. 010-7759-4905

### 명소
**백야등대** 푸른 잔디와 조각품들이 잘 정돈되어 있고, 해안으로 내려가면 갯바위는 낚시도 가능하다.
**백야대교** 백야도로 들어가는 내나로도와 외나로도로 이어지는 연결다리.
**백호산** 백야도에서 가장 높은 산이며 전망대이다.

돌산도 금오산에서 바라본 돌산도 산줄기

# 돌산도

## 봉화산 · 금오산

전라남도 여수시 돌산읍

돌산도(突山島)는 여수에서 돌산대교 또는 거북선대교를 건너면 바로 돌산도가 시작되어 향일암까지 이어진다. 봉황산(鳳凰山 460.3m)과 금오산(金鰲山 320.9m)은 여수시 돌산읍에 위치해 있으며, 산의 형상이 거북이가 부처님의 경전을 등에 업고 용궁으로 들어가는 모습과 흡사하다 해서 금오산이며, 봉황산은 하늘에서 내려다보면 봉황을 닮았다고 해서 얻어진 이름이다.

여수 남단의 돌산도에는 여수 사람들이 우리나라에서 일출 풍경이 가장 뛰어나다고 자랑하는 향일암이 있다. 향일암이란 암자의 이름부터가 해를 향해 있다는 뜻으로 이 절경의 향일암을 안고 있는 산이 금오산으로 비록 높이는 낮아도 명산이라 일러 부족함이 없는 산이다. 향일암에는 금거북이의 전설이 얽혀 있는데 풍수지리상 바닷속으로 막 잠수해 들어가는 금거북이의 형상이라 한다.

대웅전 앞에서 왼쪽 아래로 내려다뵈는 야트막하게 솟아오른 봉우리가 머리, 향일암이 선 곳이 거북의 몸체에 해당하며 산 이름은 쇠 금(金)자 큰 바다거북 오(鰲)자를 쓴 금오산이다. 한때 거북 구자를 써서 영구암(靈龜庵)이라 부른 적이 있고, 현재 영구암이란 편액이 남아 있기도 하다. 이러한 전설을 더욱 그럴 듯하게 꾸며주는 것이 이 일대 바위의 무늬다. 바위마다 한결 같이 거북의 등 무늬를 닮은 문양이 나 있는 것이다.

향일암에서 백미를 이루는 경관은 원효대사가 수도했다는 관음전 앞에서 바라보는 풍경이다. 향일암에서 뒤의 금오산 오름길은 정상까지 단 20분 거리로 향일암 일대의 절경을 제대로 즐기기를 원한다면 이 산정의 등행을 한번 해 볼 만 하다.

여수 돌산도 금오산(金鰲山 320.9m)은 해넘이와 해돋이가 아름답기로 이름난 산이다. 바다거북 등처럼 무늬를 이룬 정상 암봉에서는 일망무제의 남해 바다 크고 작은 섬들이 아름

다운 풍광을 자아내는 다도해, 여기에 돌산도 내의 옹골찬 산줄기도 볼 수 있다. 동으로 여수만 서로 금오열도와 그 너머 고흥반도까지 눈에 들어오고, 북으로 봉황산(鳳凰山 460.3m)을 향해 내리닫는 산줄기까지 바라보인다.

산 남쪽 수십 길 벼랑 위에 올라앉은 향일암(向日庵)은 동해 낙산사 홍련암, 서해 석모도 보문사, 남해 금산 보리암과 더불어 우리나라 4대 관음성지(觀音聖地) 중 하나로 기도객의 발길이 끊이지 않는 명찰이다. 특히 새해 첫날에는 발 디딜 틈 없을 만큼 많은 인파로 붐비는 해맞이 명소다.

### 등산로 Mountain path

**봉화산-금오산 총 4시간 14분 소요**

죽포느티나무 → 66분 → 봉화산 → 45분 → 유림치 → 15분 → 금오산 → 38분 → 금오봉 → 30분 → 버스정류장

돌산도 중심 죽포삼거리에서 서쪽 도로를 따라 300m 거리에 이르면 죽포교회가 있고 느티나무(보호수)가 있으며 등산안내도가 있다. 바로 보호수에서 도로를 벗어나 왼쪽 마을길을 따라 끝까지 12분을 가면 등산로 이정표가 나온다. 이정표에서부터 산행이 시작된다.

이 지점에서부터 뚜렷한 등산로를 따라 22분을 올라가면 임도를 만난다. 임도를 가로 질러 23분을 올라가면 430.5m봉에 닿고 8분을 더 진행을 하면 봉화산 정상이다. 정상은 데크가 있고 산불감시철탑이 있다.

다음 진행은 남쪽으로 이어지는 주능선을 타고 10분을 내려가면 이정표 도로를 만난다. 여기서 왼쪽 도로를 따라 10분을 가면 도로 삼거리다. 도로 삼거리에서 도로를 벗어나 오른쪽 산으로 난 등산로를 따라 간다. 등산로를 따라 5분을 오르면 왼쪽에 작은 흔들바위를 지나고, 다시 2분 거리에 큰 흔들바위를 지나 산불초소이며 계속 8분 지나면 유림치 도로에 닿는다. 유림치는 식당이 있고 금오산만 오르려면 이 지점에서 시작하면 된다.

유림치 식당 오른편에서 등산로를 따라 15분을 올라가면 금오산 정상이다.

해가 뜨고 지는 광경이 최고라고 하는 금오산에서 바라보

면 남해바다가 끝없이 펼쳐진다. 하산은 동쪽으로 이어지는 능선길을 따라 12분을 가면 바윗봉 전망대이다. 12분을 내려가면 임도 갈림길이 나온다. 갈림길에서 직진으로 등산로를 따라 14분을 오르면 금오봉에 닿는다.

금오봉에서 하산은 바윗길 사이사이로 계단길을 따라 20분을 내려가면 항일암 입구에 닿는다. 항일암 입구에서 오른쪽 30m에서 왼쪽으로 내려가는 계단길을 따라 내려간다. 항일암 입구에서 오른쪽으로 100m 지점에 항일암이다. 항일암을 10여 분 둘러보고 나와 계단길로 내려간다. 5분 내려가면 상가 도로에 닿고, 상가에서 오른쪽 도로를 따라 3분 거리 삼거리에서 왼쪽으로 2분 거리에 이르면 여수 돌산도를 왕래하는 시내버스종점이다.

돌산도 금오산에서 바라본 돌산도 해안

## 여행 정보 Tourist Information

### 🚌 교통

**자가운전** 부산-목포 10번 고속도로 (또는 완주-순천간고속도로) 순천IC에서 빠져나와 (또는 2번국도 순천IC에서 빠져나와) 여수 방면 17번 국도로 진입 여수시 외곽 도로를 타고 거북선대교 통과 후 계속 17번 국도를 타고 돌산도 장포삼거리에서 우회전 300m 거리 느티나무 주변 주차.

**대중교통** 여수여객선터미널 옆 여수버스터미널에서 수시로 운행하는 돌산도 항일암행 111번 113번 116번 버스를 타고 죽포삼거리 하차.
산행을 마치고 여수로 돌아올 때는 항일암 버스종점에서 111번 113번 116번 시내버스를 이용한다.

### 🍴 식당

**조산식당**(한식) 돌산읍 죽포2길 12-2
061-644-6917  010-2630-6917
**맏며느리식당**(한식) 돌산읍 항일암 입구. 061-644-3990
**몬당휴게소**(장어탕) 돌산읍 항일암 입구. 010-3631-1422
**돌산해수타운**(횟집, 모텔) 돌산읍 우두리 806-8
061-644-6664

### 🏠 숙박

**늘푸른민박** 돌산읍 항일암 입구. 061-644-5355
**돌산처갓집모텔** 돌산읍 유릴리 11-3
061-644-7949  010-8606-7949
**백림횟집모텔** 돌산읍 율림리 18-3
061-644-1335  010-3621-4730

### 🏯 명소

**항일암** 불교성지
금오봉 정상에 서면 항일암 일대가 내려다보인다.

**방죽포해수욕장** 돌산읍 죽포리
항아리처럼 오목하게 자리잡고 있어 아늑한 해수욕장.
**무술목해수욕장** 돌산읍 평사리
무술목 어귀에 잔잔해 마치 호수로 착각할 정도이다. 이곳은 임진왜란 당시 이순신 장군이 왜군을 물리친 전적지로도 유명하다.

# 금오도(金鰲島) / 대부산 382m   옥녀봉(玉女峰) 260.8m

금오도에서 바라본 돌산도 방면 아름다운 섬들

# 금오도 대부산·옥녀봉
### 전라남도 여수시 남면 금오도

금오도(金鰲島)는 여수만 남서쪽에 있으며 북쪽에 돌산도 북서쪽에 개도 남쪽에 소리도가 있다. 섬의 지형이 자라를 닮았다 하여 큰 자라라는 뜻으로 금오도라 부르게 되었다고 한다.

1396년까지는 군천면에 소속되었고, 1479년에는 전라좌수영의 관할 하에 있다가 1896년에 돌산군 금오면에 편입되었다. 1914년에는 여수군에 소속되었고 1917년 금오면이 남면으로 개칭되었다. 1949년에 여천군에 편입되었고 1998년에 여수시로 통합되어 오늘에 이른다.

최고점은 북쪽에 있는 대부산(382m)이며 그밖에도 남쪽에 망산(343.9m) 동쪽의 옥녀봉(玉女峰 260.8m)이 있다. 대부분이 암석해안이며 소규모의 만과 갑이 발달해 비교적 해안선의 드나듦이 심하다. 연안 일대에서는 멸치 삼치 장어 등이 잡히며 미역 김 등의 양식업이 활발하다.

옛날에는 숲이 울창하고 사슴들이 떼지어 살아 조선 고종때 명성황후는 이 섬을 사슴목장으로 지정하여 출입 벌채를 금하는 봉산으로 삼기도 하였다. 1885년 봉산이 해제되자 당시 관의 포수였던 박씨가 아들 삼형제를 데리고 섬에 들어가 두포에 정착하였다고 한다.

두모리에는 직포 해송림이 있는데 옥녀봉에서 선녀들이 달밤에 베를 짜다가 무더위를 식히기 위하여 바닷가로 내려와서 날이 새는 줄도 모르고 목욕을 하다가 승천하지 못하고 소나무로 변하였다고 한다. 마을 이름을 직포라 한 것도 이러한 전설과 관계가 있다.

금오도는 다도해해상국립공원에 속하며 고인돌 군이 있으며 해수욕장이 여러 곳에 있다. 1903년 호랑이가 사람을 잡아먹은 이후부터 호환을 막고 주민들의 안녕과 풍년을 기원하기 위하여 매년 정월 대보름에 당제를 지낸다. 설화와 전설 민요와 민속놀이 등이 다양하게 전해져 오고 있다.

여수 금오도에는 정기항로가 열려 있어 교통이 편리하다.

금오도에는 등산로 외에 비렁길로도 유명하다. 금오도 해변을 돌아 이어지는 비렁 코스가 있다. 비렁이란 말은 바위벼랑 비렁에서 유래한 금오도 지역의 방언이다. 금오도 지역에선 커다란 바위능선을 비렁이라고 부르는데 함구미에서 직포 또는 직포에서 함구미로 이어지는 금오도 자연생태탐방로의 대부분 구간이 시종일관 해안가로 뻗어내린 거대한 바위능선을 가로지르고 있기 때문에 비렁길이라 부르게 되었다고 한다. 산악인들은 대부분 대부산 옥녀봉 망산을 오르겠지만 일반 관광객들은 비랑길을 선호할 것이다.

### 등산로 Mountain path

**대부산-옥녀봉 총 4시간 52분 소요**
함구미선착장 → 18분 → 두우고개 → 47분 →
대부산 → 44분 → 여천삼거리 → 34분 →
느진목 → 54분 → 옥녀봉 → 35분 →
검바위 등산로 입구

함구미선착장 배에서 내리면 양 갈림길이다. 양 갈림길에서 왼쪽으로 소형차로를 따라 5분(300m)거리에 이르면 도로 삼거리가 나온다. 삼거리에서 오른쪽 30m에서 도로를 벗어나 왼쪽 빨간 기와집을 왼쪽으로 끼고 5분 거리에 이르면 마을 끝 기와집이다. 끝 기와집에서 부터 산길이 시작된다. 뚜렷한 등산로를 따라 가면 옛 마을 돌담을 지나면서 8분을 가면 두우고개 삼거리에 닿는다. 오른쪽은 비렁길 왼쪽은 등산로 이정표가 있다.

여기서 왼쪽으로 간다. 왼쪽으로 10분을 가면 너덜지대가 나오고 너덜지대를 지나 계속 11분을 가면 안내도가 있는 봉우리에 닿으며 다시 3분을 더 가면 전망대이다. 전망대에서 계속 23분 거리에 이르면 삼각점이 있는 대부산 정상이다.

대부산에서 동북쪽 능선을 따라 30분을 가면 문바위다. 문바위에서 14분을 내려가면 여천선착장으로 가는 삼거리다.

삼거리에서 직진하여 12분을 오르면 칼이봉이다. 칼이봉에서부터 등산로는 남쪽으로 이어져 13분을 내려가면 안부에 옛 마을 흔적 돌담이 있고 돌담을 지나 비탈길을 따라 9분을 가면 느진목 사거리다.

느진목 사거리에서 직진하여 가면 평지길로 이어져 26분을 거리에 이르면 묘가 있고 갈림길이다. 갈림길에서 7분을 가면 이정표 사거리가 나온다. 오른쪽은 냉수동 왼쪽은 소유다. 사거리에서 직진으로 10분 거리에 이르면 사거리 갈림길이다. 갈림길에서 직진으로 7분을 올라가면 옥녀봉 정상이다.

  옥녀봉에서 동남 방향으로 이어지는 능선길을 따라 20분 거리에 이르면 마지막봉에 닿고, 마지막봉에서 3분 내려가면 아치를 통과하며 아치에서 오른쪽으로 6분을 더 내려가면 검바위 등산로 입구 도로에 닿는다.

금오도 아름다운 해안

## 여행 정보 Tourist Information

### 🚌 교통

* 여수→금오도(함구미)
하절기(06:10 09:50 14:50) 동절기(06:10 09:50 14:20)

* 금오도(함구미)→여수
하절기(07:40 11:10 16:30) 동절기(07:40 11:10 16:00)
(주)화신해운 061-665-0011-12

* 돌산도(신기)→금오도(여천)
하절기(07:45 09:10 10:30 12:00 14:30 16:00 18:00)
동절기(07:45 09:10 10:30 12:00 14:00 15:50 17:00)

* 금오도(여천)→돌산도(신기)
하절기(08:20 09:40 11:00 13:00 15:00 16:30 18:30)
동절기(08:20 09:40 11:00 13:00 14:30 16:20 17:30)
(주)한림해운 061-666-8092

* 백야도→금오도(함구미)
하절기(07:20 09:10 10:50 15:40)
동절기(08:10 10:00 14:30)

* 금오도(함구미)→백야도
하절기(08:10 09:55 14:30 17:30) 동절기(13:00 16:00)
(주)좌수영해운  061-665-6565
여수연안여객선터미널 1666-0920

* 금오도 내 교통안내
남면택시 061-666-2651-2 010-3608-2651
남면버스 배 시간에 맞춰 대기하고 있다가 바로 출발한다.
(011-616-9644)

### 🍴 식당

**중앙식당**(일반식) 남면 우학리 680-22
061-665-1212 010-7727-9535

**여남(회)식당**(민박) 남면 금오로 850
061-665-9546 010-6756-2993

**섬마을민박식당** 남면 용머리길 25. 061-664-9133

**상록수식당민박** 남면 내외진 652-17. 061-665-9506

### 🏠 숙박

**오케마트민박** 남면 내외진길9
061-665-9549  010-6490-3938

**우실바다펜션** 남면 우실해안길 23-2. 010-4623-5047

**구들장민박** 남면 우학리 1041
010-5521-8554  010-5680-8554

### 🏛 명소

**금오도 비령길**  남면 심장리
금오도에 위치한 생태탐방로.

**직포해수욕장**  남면 두모리
아름다운 해변.

**옥녀봉**  금오도 산봉우리
옥녀봉에서면 금오도가 한눈에 내려다보인다.

**대부산** 금오도에서 가장 높은 봉우리로 정상에 서면 함구미 일대가 내려다보인다.

# 개도(蓋島) / 봉화산(烽火山) 334.9m  천제봉(天祭峰) 328.4m

개도 북쪽 호수와 같은 해안

## 개도 봉화산·천제봉
전라남도 여수시 남면 개도리

개도(蓋島)는 여수에서 남쪽으로 약 21.5㎞ 떨어진 섬이며 여수에서 세 번째로 큰 섬이다. 주위에 작은 섬들을 거느리고 있다는 뜻에서 덮을 개(蓋)를 써서 개도(蓋島)라고 부르게 되었다고 한다. 임진왜란 때 이동예가 난을 피하여 처음 섬에 들어와 살았다고 한다. 개도의 봉화산과 천제봉 모양이 개귀처럼 보이므로 개섬이라 하였으며 이것이 한자화 되면서 개도(蓋島)가 된 것이라 한다.

개도에는 천제봉(天祭峰 328.4m)과 봉화산(烽火山 334.9m)이 마름모꼴로 한 바퀴 도는 형태의 평범한 육산이지만 짙푸른 바다에 떠있는 수많은 섬들을 보면서 걷는 매력적인 산이다. 북쪽 일부 간석지를 제외하면 암석해안이 대부분이고 남쪽은 높은 절벽으로 이루어져 있다. 취락은 북쪽의 화산마을을 중심으로 신흥 서사미마을이 모여 있으며 주민들은 농업과 어업을 겸하고 있다. 해안선을 따라 도로가 나 있으며 곳곳에 동백나무가 무성하여 남국적인 풍경을 이루고 있다. 개도출장소 우체국 보건소 경찰출장소 등의 관공서와 교육기관으로 중학교 1개교 초등학교 1개교가 있다.

청석포해수욕장과 낚시터가 유명하여 많은 관광객들이 찾고 있다. 전력은 공급되나 상수도는 공급되지 않아 주민 대다수가 개도저수지나 우물물을 식수로 이용하고 있다.

### 등산로 Mountain path

**천제봉-봉화산 총 4시간 32분 소요**

선착장 → 38분 → 1차선도로 → 35분 → 2차선도로 → 35분 → 사거리 → 30분 → 봉화산 → 22분 → 천제봉 → 32분 → 화산파출소 → 20분 → 선착장

개도 선착장에서 하선하여 오른쪽으로 5분 거리에 이르면 오른쪽 2층집으로 가는 길이 있고 바로 왼쪽으로 희미하게 산길이 있다. 이 지점이 등산기점이다. 왼쪽 희미한 등산로를 따라 오르면 등산로는 왼쪽으로 이어져 100m 정도가면 왼쪽 마을에서 오르는 길과 합해져서 오른쪽 능선으로 등산로가 이어진다. 여기서 오른쪽 능선으로 이어지는 등산로를 따라 33분 거리에 이르면 첫 봉에 닿는다. 첫 봉에서부터 평지길 같은 등산로를 따라 33분을 내려가면 1차선 도로에 닿는다. 도로를 가로 질러 17분을 오르면 정자가 있는 전망대에 닿는다. 전망대에서 18분을 내려가면 이정표가 있는 안부사거리다.

안부사거리에서 직진하여 27분을 오르면 전망장소가 있고 3분을 더 가면 봉화산이다.

봉화산에서 계속 직진 22분 거리에 이르면 천제봉 정상이다. 천제봉은 돌무더기이고 삼각점이 있다.

천제봉에서 하산은 동쪽으로 직진하여 평지와 같은 주능선 길을 따라 32분 거리에 이르면 삼거리 이정표가 나온다. 삼거리에서 왼쪽으로 내려가면 잡초 밭으로 이어지면서 15분을 내려가면 화산제일교회가 있는 마을이다. 여기서부터 마을 골목길을 따라 3분 내려가면 우체국을 지나 파출소 삼거리다. 삼거리에서 오른쪽 도로를 따라 20분을 가면 선착장에 닿는다.

### 여행 정보 Tourist Information

**🚌 교통**

여수여객선터미널에서 개도→금오도행 여객선(06:10 09:50 14:50)(동계 14:20)을 타고 개도 선착장 하선.
개도선착장에서 여수행은(08:20 11:40 17:00) 이용(1시간 소요).
백야도에서 개도(여석항)(07:00 08:00 11:30 14:45)
개도(여석항)에서 백야도(07:20 10:30 14:00 15:20)
백야도→개도 태평양해운(주)여석대리점 010-3623-0387
배 시간은 평일 주말 연휴 하절기 동절기 일기에 따라 시간이 다르게 운항하므로 언제나 사전에 확인해야 한다.
여수항여객선터미널 운항안내 1666-0920
태평양해운(주) 백야사무소 061-686-6655

**🍴 숙식**

중앙펜션식당 화정면 개도화산길 38-2. 061-666-8730
갯마을식당 화정면 개도리 259번지. 010-4137-2225
화산횟집(민박) 화정면 화산1길 27. 061-665-0586
황토마루민박 화정면 개도리 화산 2길 11-9.
061-666-2223  010-2571-3900

# 창선도(昌善島) / 대방산 467.6m  속금산 357m  대사산 261m  연태산 338m

창선도 대방산 정상

창선도(昌善島)는 독립된 섬으로 현재 32개의 행정마을로 이루어진 남해군에서 가장 큰 면으로 지난 2003년 창선교-삼천포대교가 개통되어 섬 속의 섬에서 관광 중심도시 남해군의 새로운 관문으로서 그 위상과 역할을 다하고자 노력하고 있다.

창선면은 동양최고의 아름다운 창선교-삼천포대교(한국에서 가장 아름다운 길 100선에 선정) 창선교 죽방렴 천연기념물인 단항 왕후박나무와 가인리 공룡발자국, 도지정문화재인 대방산 봉수대, 금오산성 등으로 천혜의 자연환경과 문화재를 가진 관광지로서 면모를 갖추고 있다.

남해군은 남해 본섬과 창선도라는 두 개의 큰 섬이 대부분의 면적을 차지하고 있는 고장이다. 따로 떨어진 섬이었다면 당당히 유명한 섬 산이었을 수도 있었던 창선도는 남해 본섬에 가려 빛을 보지 못한 섬이었다. 하지만 이제 창선대교가 건설되어 편리한 교통과 자연스러운 산세로 많은 산악인들에게 인기 있는 산이 되었다.

특히 남해군에서 창선일주등산로 정비를 마무리해 길 찾기가 수월하고 육산이라 걷기가 편하여 가족 산행지로 또는 가까운 친구들과 다녀올 수 있는 산행지로 적합하고, 근래에는 인근 도심의 사천시와 진주시 창원등지에서 휴일에는 전국에서 많은 등산객들이 찾는 산이다.

창선도에는 대방산(臺芳山. 467.6m) 속금산(束錦山. 357m) 대사산(261m) 연태산(蓮台山. 338m)이 있다.

대방산은 중요한 군사적 요충지였던 관계로 봉수대가 설치되어 있다. 대방산 봉수대는 남해 해안에서 발생한 모든 상황을 육지로 전달하는 중간봉수로서 최남단에 위치한 금산봉수대와 사천 각산에 있는 봉수대의 교량역할을 한 중요한 지역이다.

고려 때부터 군사 통신수단으로 연기를 올려 이곳 상황을 전국의 봉화 망으로 묶어 연락을 하였다. 밤에는 봉화를 올렸고 낮에는 연기를 피어 올렸다.

창선도는 고려 때부터 조선조에 이르기까지 말목장으로 국마(國馬)를 키우던 곳이다. 이 말목장이 있었던 곳이 대방산 자락으로 지금의 운대암 뒤편 얕은 구릉지대로 추정된다.

지금의 창선도는 다리 하나로 남해군에 속한 창선면이지만 1906년 행정구역이 통폐합되기 이전에는 진주에 속한 지역이었다.

## 창선도
### 대방산·속금산·대사산·연태산
경상남도 남해군 창선면

### 등산로 Mountain path

**대방산-속금산-대사산-연태산**
총 5시간 26분 소요

대운암 → 48분 → 대방산 → 45분 → 산도곡고개 → 46분 → 속금산 → 36분 → 율도고개 → 20분 → 대사산 → 36분 → 연태산 → 30분 → 원촌

남해군 창선면사무소 옆 창선파출소에서 도로를 따라 북쪽으로 500m 거리에 이르면 대운암 표지석이 있다. 대운암표지석에서 서쪽 대운암으로 가는 소형차로를 따라 약 2km 거리에 이르면 대운암 주차장이다.

대운암주차장에서 산행을 시작한다. 주차장에서 올라왔던 도로를 따라 다시 100정도 되돌아가면 오른쪽으로 대방산 안내도가 있고 등사로가 있다. 안내도에서 오른쪽으로 난 등산로를 따라 3분을 내려가면 저수지 둑 아래로 내려선다. 여기서 작은 다리를 건너 지능선으로 오른다. 여기서부터 뚜렷하게 이어지는 소나무밭 지능선길을 따라 오르면 완만하고 무난하게 이어지면서 38분을 오르면 돌담이 크게 쌓아진 봉화대에 닿는다. 봉화대에서 잠시 휴식을 취한 뒤 5분을 더 오르면 산불초소가 있는 대방산 정상이다.

정상은 넓은 공터에 삼각점이 있고 사방이 막힘이 없으며 툭하 남쪽바다가 막힘없이 펼쳐지는 멋진 명소이다.

대방산에서 다음 진행은 북쪽 주능선을 탄다. 북쪽 주능선 길을 따라 13분을 가면 임도를 만난다. 여기서 임도와 나란히 이어지는 오른편 산길을 따라 11분을 가면 돌탑이 있는 봉우리 국사당에 닿는다. 국사당에서 2분을 내려가면 임도가 보이고 오른쪽으로 갈림길이 있다.

\* 간단한 산행은 갈림길에서 오른쪽으로 대운암 이정표를 따라 30분 내려가면 대운암에 닿는다.

\* 중 장거리산행은 갈림길에서 왼쪽으로 접어들면 바로 임도가 나타난다. 임도를 가로 질러 등산로를 따라가면 오른쪽으로 휘어지면서 4분을 가면 임도가 보이고 오른쪽으로 비탈길이 있다. 여기서 오른쪽 비탈길을 따라 10분을 가면 임도를 만난다. 여기서 임도를 가로 질러 5분을 내려가면 2차선 도로 산도곡 고개에 닿는다.

산도곡 고개에서 도로 터널다리 위를 통과한 후, 임도를 따라 가다가 1분 거리에서 왼쪽 산길로 접어들어 5분을 가면 임도가 나오고 바로 왼쪽에 제각이다. 여기서 제각 오른쪽으로 임도를 따라 3분을 오르면 고개가 나오고, 고개에서 왼쪽 주능선길을 따라 37분을 오르면 속금산에 닿는다.

속금산에서 11분 거리 잠시 내렸다가 올라가면 봉우리에 닿고, 봉우리에서 계속 북쪽 능선길을 따라 25분을 내려가면 율도고개 포장도로에 닿는다.

포장도로를 가로 질러 포장된 농로를 따라 가면 묘지군 사이로 등산로가 이어진다. 등산로는 희미하게 이어지면서 20

창선도 대방산 봉수대

분을 오르면 금오산성(대사산)에 닿는다.

금오산성에서 계속 북쪽 능선길을 따라 11분을 내려가면 임도 고개에 닿는다. 고개에서 직진하여 20분을 오르면 전망 바위에 닿고 5분을 더 가면 연태산 정상이다.

연태산에서 6분을 가면 삼각점봉에 닿고 삼각점봉에서 오른쪽으로 9분을 가면 경치가 좋은 데크가 있다. 데크에서 오른편으로 이어지는 하산길을 따라 15분을 더 내려가면 원촌 도로 삼거리에 닿는다.

## 여행 정보 Tourist Information

### 🚌 교통
**자가운전** 사천시에서 남해 방향 3번 국도를 타고 삼천포대교, 창선대교를 통과 후, 약 15km 동대교 건너 갈림길에서 오른쪽으로 약 700m 거리 대운암 표석에서 우회전→소형차로를 따라 약 2km 대운암 주차장.

**대중교통** 각 지방에서 사천행 버스 이용 후, 사천에서 남해행 버스로 갈아타고 남해군 창선면 소재지 하차.

### 🍴 식당
**큰바다횟집** 창선면 동부대로 1946. 055-867-4626
**너울횟집** 창선면 동부대로 2964. 055-867-8777
**바다횟집** 창선면 동부대로 1932. 055-867-7878
**단학횟집** 창선면 동부대로 2964. 055-867-7220

### 🏛 명소
**모상개해수욕장로** 창선면 진동리
군 공설해수욕장으로 등록이 되지 않은 곳이기 때문에 아는 사람이 적은 해수욕장이다.

**단항 왕후박나무** 창선면 대벽리 699-1
500년 정도로 추정되는 왕후박나무.

**가인리 공룡발자국화석** 창선면 가인리 산60-20
해안의 함안층(중생대 백악기의 퇴적층) 최상부에서 발견된 천연기념물 제499호.

**창선 삼천포대교** 창선면 동부대로 2964번지
창선교와 삼천포대교를 일컷는 것으로 남해 12경이다.

남해의 명소 창선교 삼천포대교

남쪽 상주리에서 바라본 금산

## 남해도 금산
경상남도 남해군 상주면, 이동면

남해 금산(錦山. 701m)은 한려해상 국립공원이며 산악공원이다. 기암괴석의 절경과 남해를 한눈에 굽어보고 있어 전망대 같은 산이다. 온갖 전설을 담은 38경의 기암괴석이 금강산을 빼어 닮았다하여 소금강 혹은 남해금강이라 불린다.

신라불교를 대표하는 원효대사가 의상대사와 함께 강산을 유행하다가 승경에 끌려들어 왔는데 온 산이 마치 광망하는 듯 빛났다고 한다. 초옥을 짓고 수행하던 원효는 이곳에 보광사를 세웠고, 이후에 태조 이성계가 보광사에서 백일 간 기도를 올리며 조선의 개국을 기원하게 되었으며, 태조의 뜻대로 조선이 개국되자 태조가 조선을 개국하고 공신들에게 논공행상을 바친 후, 자신의 기도를 받아준 영험한 산에 하사품으로 비단을 내릴 것이니 온 산을 비단으로 덮으라는 명을 내렸다. 그때 중 한 사람이 태조에게 이르기를 비단이란 것이 처음 두를 때는 아름답고 보기 좋지만 세월이 지남에 따라 그 빛은 퇴색하고 나중에는 보기 흉한 꼴이 되기 쉬우니, 세세손손 비단을 두른 듯 이름을 비단 금(錦)자를 붙여 주는 것이 좋을 것 같다고 하였고, 태조 이성계가 그 뜻을 받아들여 금산이란 산명을 하사하니 그 때부터 보광산을 금산으로 부르게 되었다.

### 등산로 Mountain path

**금산** 총 3시간 58분 소요

매표소 → 36분 → 음수대 → 37분 → 보리암 → 25분 → 금산 → 20분 → 보리암 → 60분 → 매표소

남쪽 상주리 주차장에서 보면 북쪽으로 금산으로 오르는 등산로 입구가 있다. 이 등산로를 따라 올라서면 오른쪽에 재두산장이 있고 이어서 왼쪽에 매표소가 있다. 매표소를 지나서 100m 거리에 이르면 갈림길이다. 오른쪽은 자연관찰로이고 왼쪽은 금산 등산로이다. 왼쪽 길을 따라 36분을 올라가면 음수대가 나온다.

이정표가 있는 음수대를 지나면 등산로는 점점 가팔라지면서 돌무더기를 지나고 큰 바위를 지나면 바다가 보이기 시작한다. 계속 등산로를 따라 올라가면 쌍홍문이 나온다. 쌍홍문을 통과하고 길 왼편에 용굴이 있으며 그 위에 보리암이 올려다 보인다. 음수대에서 37분 거리다. 보리암에서 야외 기도터를 돌아보고 다시 보리암에서 식수가 있는 오른쪽으로 100m 정도 올라가면 매점이 있다. 매점에서 오른쪽은 보리암 주차장이고 왼쪽은 금산 정상으로 가는 길이다. 왼쪽으로 5분 올라가면 정상으로 오르는 능선이 나온다. 능선에서 오른쪽으로 올라가면 바위가 있기 시작하고 이어서 15분을 올라가면 금산 정상이다. 보리암에서 25분 거리다. 정상은 바위지대에 돌로 둥글게 쌓아서 평평하게 되어 있다. 정상에서 국립공원 한려수도 섬들과 남해일대가 시야에 들어온다.

하산은 보리암 쌍홍문을 거쳐 다시 올라왔던 남쪽 상주리로 하산하거나 동쪽 주차장으로 가서 소형버스를 타고 복골 주차장으로 하산한다. 이외에 길은 없다. 금산 등산로는 단순하고 요소에 이정표가 있어서 길 잃을 염려는 없다. 정상 보리암 주변 가까운 곳에 단군성전 암자 등 여러 곳이 있는데 안내판을 보고 해당하는 곳을 가면 된다. 보리암에서 모두 10분 거리에 있다.

### 여행 정보 Tourist Information

#### 🚌 교통
**자가운전** 남해고속도로 사천IC에서 빠져나와 사천 방면으로 좌회전→3번 국도를 타고 삼천포대교→창선교→삼동면에서 좌회전→계속 3번 국도를 타고 상주면 상주리 금산 입구 주차장.
또는 남해고속도로 하동IC에서 빠져나와 남해방면으로 좌회전→19번 국도를 끝까지 타고 상주면 상주리 금산입구 주차장. 복골은 이동면 신전리에서 좌회전→복골주차장.
**대중교통** 남해읍 버스터미널에서 금산 상주리행 버스 1일 12회 이용, 금산 입구 하차.

#### 🍴 숙식
**상주횟집** 상주면 상주리 543-2. 055-863-5226-7
**서포횟집** 상주면 양아리 1915-4. 055-863-0588
**상주여관** 상주면 상주리. 055-863-0807
**파도횟집** 이동면 신전리 1043 복골. 055-862-0710

# 사량도(蛇梁島) / 지리산(智異山) 399m  칠현산(七絃山) 349m

사량도 지리산 옥녀봉

# 사량도   지리산 · 칠현산
경상남도 통영시 사량면

### 등산로 Mountain path

**지리산** 총 5시간 43분 소요

돈지 → 37분 → 주능선 → 52분 → 지리산 → 35분 → 내지갈림길 → 41분 → 사거리 → 41분 → 옥녀봉 → 35분 → 삼거리 → 42분 → 금평항

사량도(蛇梁島)는 윗섬(상도)금평항과 아랫섬(하도) 덕동항이 있고 두 섬을 합하여 사량도라 부른다. 사량도는 윗섬과 아랫섬 두 섬 사이를 흐르는 해협을 일컬었던 옛 이름에서 유래되었다. 옛 이름은 박도였으나 상도와 하도를 가로 흐르는 물길이 가늘고 긴 뱀처럼 구불구불한 형세에서 유래하여 이 해협을 사량이라 일컬었다. 윗섬과 아랫섬 사이가 마주보고 그리 멀리 떨어져 있지 않아 호수처럼 잔잔하다.

사량도는 한려해상국립공원 중심부에 위치한 섬이다. 3개의 유인도와 8개의 무인도로 이루어져 있고 통영시 충무항과 삼천포에서 다 같이 약 19km이다. 통영시 가오치 선착장과 삼천포항에서 선박 편으로 40분 거리에 위치하고 있다.

사량도 지리산을 국립공원 지리산과 구별하기 위하여 사량도 지리산이라 부른다. 상도에는 금평항 하도에는 덕동항이 관문이자 교통 중심이다. 상도에는 지리산(智異山 399m) 불모산(399m) 옥녀봉(291m)으로 이어지는 바위능선길이다. 바다와 산을 함께 즐길 수 있는 산행으로 재미를 더해 주지만 암봉 고릉으로 이어지는 능선길이 다소 험하다. 그러나 위험한 코스에는 우회 코스가 있으며 등산로가 잘 정비되어 있고 안내표지가 잘되어있다. 초보자는 가급적 우회 코스로 산행을 하고 세심한 주의가 필요하다. 반면 아랫섬 칠현산(七絃山. 349m)은 순수한 육산이며 험로가 없다.

사량도 산행은 통영 시외버스터미널 부근에 숙박한 뒤 통영(시외버스터미널)에서 가오치(사량호선착장)으로 왕래하는 버스 편을 이용한 다음, 통영 가오치항에서 사량도 금평항, 덕동항을 왕래하는 배편을 이용한다. 금평항과 덕동항에서 마을버스가 배편 도착시간에 대기하고 있다가 등산로 입구까지 안내해준다.

사량도 산행은 1박 2일 정도로 하여 윗섬 아랫섬을 다 오르고 섬을 두루 돌아보고 돌아오면 사량도에 대해서 대부분 파악하게 된다.

돈지선착장에서 돈지초교로 가는 길을 따라 10분을 가면 밭 끝 산행기점에 이정표가 있다. 이정표대로 직진하여 12분을 오르면 지능선에 닿고 지능선에서 15분을 오르면 주능선에 닿는다. 주능선에서 오른쪽 바윗길을 따라 23분을 오르면 삼거리가 나온다. 삼거리에서 오른쪽 능선길을 따라 29분을 오르면 표지석이 있는 지리산 정상에 닿는다.

하산은 계속 동쪽 능선을 타고 23분을 가면 촛대봉에 이르고 다시 15분을 내려가면 사거리 안부에 닿는다. 안부에서 계속 능선을 따라 18분을 가면 불모산 입구 우회길이다. 여기서 우회길을 따라 5분을 가면 불모산 밑에 이르고 다시 18분을 내려서면 안부 사거리다.

사거리에서 계속 능선길을 따라 16분을 가면 밧줄을 30m 오르고 10분을 지나면 가마봉이다. 가마봉에서 5분 거리 연지봉을 지나면 철사다리가 나온다. 철사다리 또는 우회길을 따라 내려서 10분 거리에 이르면 옥녀봉 아래에 이른다.

여기서 왼편 밧줄을 이용하여 다시 직벽 줄사다리를 타고 내리거나, 우회길을 따라 가서 12분 거리에 이르면 바위 쉼터가 나온다. 옥녀봉은 바위 경험자가 아니면 반드시 우회하여야 한다. 쉼터에서 12분을 가면 끝봉이고 다시 11분 내려서면 삼거리에 닿는다. 왼편은 대항마을 금평항이다. 오른편 능선을 따라 33분을 내려가면 KT철탑이 있고 9분을 지나면 금평항이다.

**칠현산** 총 4시간 36분 소요

통포 → 40분 → 봉수대 → 45분 → 임도 → 61분 → 삼거리 → 20분 → 칠현산 → 50분 → 읍포 마을표석

사량도 하도(덕동항)에서 통포행 마을버스를 타고 종점(통포) 하차. 종점에서 하차한 다음, 도로 끝집에서 산행을 시작

사량도 윗섬 지리산

사량도 아랫섬 동포마을

한다. 끝집에서 이정표가 있는 등산로를 따라 10분을 오르면 안부 사거리다. 안부사거리에서 왼쪽 능선길을 따라 30분을 오르면 바위 계단을 오르고 돌무더기 첫 봉 봉수대에 닿는다. 봉수대에서 북쪽 능선을 따라 12분을 가면 두 번째 봉이다. 여기서 서북 방면 능선을 따라 33분을 가면 임도가 나온다.

임도를 가로질러 20분을 가면 이정표 봉에 닿고 10분을 가면 갈림길 칠현산 1.6km 이정표가 나온다. 여기서 7분을 가면 바윗길이 시작되고 다시 19분을 가면 바위를 지나서 안부에 닿는다. 여기서 능선을 따라 5분을 오르면 주능선 삼거리다.

삼거리에서 왼쪽 능선을 따라 20분을 가면 표지석이 있는 칠현산 정상이다.

하산은 계속 서쪽 능선을 따라 8분을 내려가면 고개 갈림길이다. 갈림길에서 직진 능선길을 따라 7분을 가면 갈림길이 또 나온다. 여기서도 직진 능선을 따라 24분을 가면 바위가 나타난다. 바위 왼쪽으로 돌아서 다시 능선을 따라 11분 내려가면 읍포마을 표지석에 닿는다. 여기서부터 오른편 도로를 따라 덕동선착장까지는 약 2.5km이다. 버스시간이 맞지 않으면 걸어서 가야한다.

## 여행 정보 Tourist Information

### 🚌 교통

**자가운전** 대전통영고속도로 북통영IC에서 빠져나와 좌회전→14번 국도를 타고 5km 도산면에서 좌회전→4km 통영가오치선착장.

남해안고속도로 통영IC에서 빠져나와 통영방면으로 좌회전→14번 국도를 타고 5km 도산면에서 좌회전→4km 통영 가오치선착장.

**대중교통**
통영(가오치)-사량도 윗섬(금평항)-아랫섬(덕동항) 배 시간표

| | 가오치 | 금평 | 덕동 | 금평 | 가오치 |
|---|---|---|---|---|---|
| 1 | 07:00 | 07:35 | 07:45 | 08:00 | 08:40 |
| 2 | 09:00 | 09:35 | 09:45 | 10:00 | 10:40 |
| 3 | 11:00 | 11:35 | 11:45 | 12:00 | 12:40 |
| 4 | 13:00 | 13:35 | 13:45 | 14:00 | 14:40 |
| 5 | 15:00 | 15:35 | 15:45 | 16:00 | 16:40 |
| 6 | 17:00 | 17:35 | 17:45 | 18:00 | 18:40 |

주말에 사람이 많을 시 오전 7시부터 1시간 간격으로 증편 운항한다.
가오치매표소 055-647-0147 금평매표소 055-643-7939 덕동매표소 055-649-0149
통영시외버스터미널~가오치행(09:00 10:30 12:30 14:30 16:30) 버스를 타고 가오치 하차(30분 소요).

* 지리산은 금평항(상도)에 하선한 다음, 대기하고 있는 돈지행 마을버스를 타고 등산기점인 돈지 하차.
* 칠현산은 덕동항(하도)에 하선해서 대기하고 있는 통포행 버스를 타고 등산기점인 도로 끝 통포 하차.

### 🍴 숙식

● **금평항**
우리식당(일반식) 사량면 금평리 진촌. 055-642-6103
동애민박 사량면 금평리 210. 055-642-7302

● **돈지**
우리식당(자연산회) 사량면 돈지리 554. 055-644-9331
지리산민박 사량면 돈지리 576. 055-641-7992

### 🏛 명소

**대항해수욕장** 한려해상국립공원의 중간 지점에 위치한 사량도 섬 내에 소재한 해변.

**통영 최영 장군 사당** 나라를 지킨 공을 추모하기 위해 장군이 진을 쳤던 자리에 세운 것.

**사량도 천문대** 국내 최초 유아 및 어린이 체험학습을 실시한 체험학습기관이다.

아령과 같은 비진도 윗섬과 아랫섬

## 비진도 선유봉
경상남도 통영시 한산면 비진도

비진도(比珍島)는 통영항에서 13Km 해상에 위치하고 있는 섬이다. 내도 외도로 이루어져 있는데 두 섬 사이에는 긴 사주(沙洲)가 형성되어 하늘에서 보면 마치 아령과 같은 모습을 하고 있다. 산세가 수려하고 풍광이 뛰어날 뿐 아니라 해산물이 풍부해 보배에 견줄만하다고 해서 비진도라 한다.

비진도의 백미는 안섬과 바깥섬을 연결해 주는 비진해수욕장이다. 서쪽 해안가는 가느다란 은모래사장과 잔잔한 바다 물결이 평화로우며 동쪽 해변은 몽돌 밭이다. 거센 물결이 몰아치는 독특한 지형의 해수욕장이다. 이러한 섬 생김새 덕에 한자리에 앉은채로 일출과 일몰을 한꺼번에 만끽할 수 있는 곳이기도하다. 해수욕장 주변에는 아름다운 섬들이 감싸고 도처에 낚시터가 있어 해수욕과 낚시를 함께 즐길 수 있다.

10m에서 오른쪽 해변 길을 따라 2분을 가면 외항 삼거리다.

삼거리에서 산 쪽으로 직진 100m 정도 올라가서 왼쪽으로 가면 갈림길이 나오는데 왼쪽으로 간다. 점점 경사진 등산로를 따라 삼거리에서부터 25분 올라가면 망부석 전망대에 닿는다. 전망대에서 오른쪽으로 8분을 가면 미인전망대이다. 여기서 왼쪽으로 14분 거리에 이르면 선유봉에 닿는다. 선유봉에서 서쪽으로 이어지는 주능선 등산로를 따라 15분을 가면 전망대를 통과하고, 전망대에서 5분을 가면 노루전망데크를 지나며 5분을 더 내려가면 바닷가 설풍치 입구이다.

설풍치 입구에서 직각 오른쪽으로 등산로가 꺾어진다. 해안가로 이어지는 등산로를 따라 8분을 가면 비진암이다. 비진암에서 15분 거리에 이르면 시멘트 농로가 나온다. 농로를 따라 5분을 가면 외항 삼거리다.

여기서 2분 거리 둑방길 끝 삼거리에서 오른쪽으로 2분을 가면 더씨펜션 뒤 왼쪽으로 돌아 꼬부라지는 차도를 따라 10분을 가면 보도 블럭이 끝나고 시멘트 도로를 따라 20분을 가면 내항선착장이다.

### 등산로 Mountain path

**선유봉** 총 4시간 6분 소요

내항선착장 → 20분 → 고개 → 36분 → 삼거리 → 47분 → 선유봉 → 25분 → 설풍치 입구 → 28분 → 외항삼거리 → 30분 → 내항선착장

내항선착장에서 왼쪽으로 마을회관과 경로당 사이로 골목길을 따라 100m 정도 올라가면 시멘트 물탱크가 있다. 여기서 물탱크 왼쪽으로 난 시멘트 길을 따라 가면 학교터 담을 따라 이어지면서 10분을 가면 시멘트길이 끝나고 소로길로 이어진다. 여기서부터 소로길을 따라 10분을 올라가면 묘지가 많은 고개에 닿는다.

고개에서 직진하여 가면 등산로는 오른쪽 비탈길로 이어진다. 해변으로 이어지는 비탈길을 따라 15분을 가면 왼쪽으로 갈림길이 나온다. 갈림길에서 오른쪽으로 직진하여 17분 거리에 이르면 외항마을 입구 도로 더씨펜션에 닿는다. 여기서 왼쪽으로 2분을 가면 마을 안 갈림길이다. 갈림길에서 왼쪽

### 여행 정보 Tourist Information

**교통**

통영항여객선터미널에서 비진도행 평일(07:00 11:00 14:30) 여객선을 타고 비진도 내항선착장 하선. 나올 때는 내항선착장에서 평일(09:30 13:50 17:00) 이용한다.
토, 일요일은 통영에서 비진도행(09:00 11:10 13:10 15:20)에 출항하고. 비진도에서 통영행(09:30 09:50 11:50 14:00 16:00) 이용한다(40여 분 소요).
배 시간은 평일 주말 연휴 하절기 동절기 일기에 따라 시간이 다르게 운항하므로 언제나 사전에 확인해야 한다.
한솔해운 055-641-0313
통영에서 비진도행은 내항에 먼저 들른 뒤 외항을 거쳐 매물도로 간다.

**숙식**

비진식당(일반식) 한산면 비진 외항. 055-642-3539
비진1박2일횟집 비진도 외항길 48-93. 055-644-4057
솔비치펜션 비진도 외항길 353-2. 055-642-9692
더씨펜션 비진리 364번지. 010-5851-3355

# 두미도(頭尾島) / 천황산(天皇山) 470.5m  투구봉 332.7m

천황산에서 내려다본 두미도 북구마을

# 두미도
## 천황산·투구봉
경상남도 통영시 욕지면 두미도

두미도(頭尾島)는 통영에서 남서쪽으로 약 34km 삼천포에서 남동쪽으로 약 27km 떨어져 있으며 욕지면 섬 무리들 중 가장 북쪽에 위치한 섬이다. 섬 중앙의 천왕산(天皇山 470.5m)은 통영 남해안의 섬들 가운데 가장 높은 산이다.

 **등산로** Mountain path

**천황산~투구봉** 총 4시간 8분 소요
남구선착장→ 23분 → 전망대→ 60분→
천황산 → 52분 → 투구봉 → 53분 → 북구선착장

두미도 남구선착장에서 오른쪽으로 100거리에 이르면 왼쪽으로 골목길이 있다. 이 골목길을 따라 10분을 올라가면 임도를 만난다. 임도에서 임도를 가로질러 바로 산길로 오르는 길이 있고 왼쪽 임도로 돌아 전망대를 경유하여 오르는 길이 있으며 30분 후에 서로 만나게 된다.

여기서 전망대 방면 왼쪽 임도를 따라 12분을 가면 전망데크가 있다. 전망데크를 돌아보고 다시 도로로 되돌아와 도로를 건너 능선으로 오른다. 잘 다듬어진 등산로를 따라 15분을 오르면 오른쪽에서 올라오는 삼거리다. 삼거리에서 왼쪽 능선길을 따라 20분을 올라가면 전망 좋은 곳이 나오고 3분을 더 가면 삼거리 쉼터가 나온다. 삼거리에서 왼쪽으로 11분을 가면 돌밭길이 나오고 계속 11분을 더 오르면 천황산 정상에 닿는다. 천황산은 사방이 막힘이 없는 빼어난 전망대다.

천황산까지만 등산로가 잘 정리되어 있고 이후부터는 등산로가 정리되어있지 않다. 그래서 하산길은 길이 전혀 없는 구간을 25분 정도 지난 다음에서부터는 능선을 타고 가는데 희미하게 능선으로 옛길이 이어진다. 천황산에서 하산은 올라온 반대 방향으로 직진 서쪽 방향으로 바위 밧줄을 잡고 내려서면 희미하게 길이 있고 리본이 드문드문 매달려 보이기 시작한다. 내려가는 지형이 왼쪽은 나지막한 바위 능선으로 이어지고, 바위능선 오른편은 골로 이어지는데 능선 오른쪽으로 드문드문 걸려있는 리본을 따라 천천히 15분 정도 내려가면 남북으로 길고 낮게 싸여진 옛 돌담을 만난다. 바로 이 돌담을 왼쪽으로 끼고 오른쪽으로 돌담을 따라 7분을 가서, 왼쪽 돌담을 넘어 오른쪽으로 3분 정도 가면 천황산에서 투구봉으로 이어지는 능선 안부에 닿는다. 안부에서 투구봉(332.7m)을 향해 왼쪽 주능선을 타고 간다. 능선으로 길이 있으나 묵어 잡초가 우거져 길이 잘 보이지 않는다. 하지만 능선을 중심으로 계속 능선만을 타고 15분을 올라가면 바위를 왼쪽으로 우회하여 오르게 되고 희미하게 이어지며 계속 7분을 가면 왼쪽으로 철조망이 있고 산길이 뚜렷하기 시작한다. 점점 뚜렷한 산길을 따라 5분을 진행하면 평범한 투구봉이다.

투구봉에서부터 정북쪽 방향능선으로 하산길이 나 있다. 정북쪽 방향 하산길을 따라 내려가면 하산길이 희미하게 이어지다가 반반한 지역이 되면서 길이 없어진다. 하지만 정북쪽으로 이어지는 능선만을 따라 20분을 내려가면 돌담이 있고 록색 철조망이 나타난다. 이 지점에서 왼쪽으로 돌담을 넘어 잡초 지역으로 20m 가서 직각 오른쪽으로 길이 없으나 5m 가면 묘 울타리 철문이 나타난다. 여기서부터 왼쪽으로 하산길이 뚜렷하다. 이 하산길을 따라 11분을 내려가면 임도 삼거리다. 임도삼거리에서 오른쪽 임도를 따라 12분을 가면 임도 사거리가 나온다. 여기서 왼쪽 임도를 따라 10분 내려가면 북구 선착장에 닿는다.

### 여행 정보 Tourist Information

**교통**
통영여객선터미널에서 두미도행(07:00 14:30) 배를 타고 두미도 남구선착장 하선. 두미도에서 통영으로 나올 때는 북구선착장에서 배(08:00 15:50)를 타고 나온다.
통영에서 두미도로 갈 때는 북구 먼저 남구 순으로 들리고, 두미도에서 통영으로 나올 때는 남구 먼저 북구 순으로 들려 나온다(1시간 30분 소요).
삼천포항에서 도미도행은 4일 9일 장날에만 운행한다.

**숙식**
두미(남해)민박 두미도 북구. 055-644-3722. 010-3554-3722

# 욕지도(欲知島) / 천황산(天皇山) 393.5m  망대봉 205.5m  약과봉 318.6m

일출봉에서 바라본 아름다운 욕지도

## 욕지도 천황산 · 망대봉 · 약과봉
경상남도 통영시 욕지면

### 등산로 Mountain path

**망대봉-천황산-약과봉 총 5시간 3분 소요**
야포→37분→망대봉→28분→출렁다리→
46분→도로(혼곡)→60분→천황산→22분→
시금치재→25분→약과봉→25분→선착장

욕지도(欲知島)는 한려수도의 끝 자락에 연화도 등 11개의 유인도와 145개 무인도로 이루어져 있으며, 욕지면은 총면적 23.7㎞2 중 주 섬은 14.85km2 넓이의 섬으로 통영에서 뱃길로 남방 32km 해상에 위치한 섬이다.

욕지도는 거대한 거북이 목을 길게 빼고 동쪽을 향하여 헤엄을 치고 있는 형상을 하고 있다. 섬 중앙에 남북으로 우뚝 솟은 천황산(天皇山 393.5m)과 약과봉(藥果峰 318.6m)이 망망대해의 격랑을 막아주는 버팀목이 되고 있다. 그래서 욕지도는 주변의 섬들과 마찬가지로 대해로 향한 남쪽 해안은 오랜 세월동안 파도에 할퀴어 생성된 심한 굴곡과 요철을 이룬 암벽이 절경이다.

천황봉 정상은 기묘한 바위들이 천연의 요새를 이루고 있어 마치 고성(古城) 같은 느낌을 주는데, 사방의 바다풍경은 시정까지 불러일으키지만 특히 이곳에서 바라보는 일출과 일몰은 장관이다.

지명유래에 대하여 여러 가지 설이 전해 내려오고 있는데 그 중에서도 알고자 하는 의욕이라는 뜻으로 어떤 노승에 의하여 붙여진 욕지란 이름으로 유래 되었다는 설이 가장 설득력이 있다.

조선 중기 임진외란 직후 이 고장에 삼도수군통제영이 설치되면서 이곳 해역은 통제영에 속한 사량진, 당포진, 삼천진 등의 변방 수색 및 초계 정박처가 되기도 했다.

삼여마을 고갯마루에서 보는 일출은 붉고 아름답기로 유명하며, 도동마을 선착장 앞에서 맞은 저녁노을은 경이롭다는 말로 표현 할 뿐이다.

욕지도의 산길은 섬 동쪽에 반도처럼 튀어나온 지역의 일출봉과 망대봉(205.5m) 천황산(天皇山393.5m) 약과봉(藥果峰 318.6m)으로 이어진다.

욕지도 선착장에 내리면 배 도착시간에 맞추어 공용버스가 대기하고 있다. 여기서 야포 등산로 입구까지 가는 것을 확인 후 버스를 타고 야포 버스종점에서 내린다.

야포 버스종점에서 북동쪽 도로를 따라 직진 100m 거리에 이르면 등산로 이정표가 나온다. 여기서부터 등산로를 따라 오른다. 뚜렷한 등산로를 따라 22분을 오르면 일출봉에 닿는다. 등산로는 일출봉에서 남쪽 방향으로 이어지면서 15분을 가면 정자가 있는 망대봉(205.5m)에 닿는다.

망대봉에서 9분을 내려가면 안부에 도로를 만난다. 도로를 가로질러 가면 비탈길로 이어지면서 7분을 가면 2차선 도로에 닿는다. 여기서 오른쪽 2차선 도로를 따라 7분을 가면 오른쪽에 커피집이 있고 왼쪽으로 출렁다리로 가는 산책로가 있다. 여기서 왼쪽 출렁다리를 향해 5분 내려가면 출렁다리를 통과하고 바닷가 전망데크에 닿는다.

전망데크에서 다시 출렁다리를 건너나오면 바로 왼쪽으로 해변 갈림길이 나온다. 갈림길에서 왼쪽으로 간다. 왼쪽으로 접어들면 해변 계단길로 이어지다가 비탈진 산길로 이어져 15분 거리에 이르면 다시 도로를 만난다. 도로에서 직진 10m 거리에서 다시 왼쪽 산으로 등산로가 있다. 이 등산로는 산비탈길로 이어지는데 왼쪽은 초원 절벽지대이므로 주의하면서 17분 거리에 이르면 빨간지붕 펜션을 지나 다시 도로를 만난다. 도로에서 20m 직진하면 바로 왼쪽으로 등산로가 있다. 등산로는 비탈길로 이어진다. 왼쪽은 절벽지대이므로 주의하면서 14분을 올라가면 산중턱으로 이어지는 도로를 만난다.

여기서 도로 건너 오른편으로 등산로 이정표가 있다. 여기서부터 대기봉 천황산을 향해 45분을 올라가면 대기봉 삼거리에 닿는다. 대기봉 삼거리에서 오른쪽으로 5분을 가면 쉼터가 있고 오른쪽으로 갈림길이 있다. 여기서 직진으로 10분을 올라가면 천황산이다.

정상은 통제구간으로 오를 수 없고 정상 아래 마지막 데크까지만 오른다. 마지막 데크에서 5분을 되돌아 내려오면 다시 쉼터 삼거리다. 삼거리에서 왼쪽 태고암 방면으로 7분을 내려가면 태고암 삼거리다. 오른쪽은 태고암이고 왼쪽으로 소형차로를 따라 10분을 내려가면 시금치재에 닿는다.

시금치재에서 오른쪽은 선착장 직진은 약과봉이다. 시금치재에서 선착장을 향해 7분을 내려가면 도로 삼거리다. 삼거리에서 왼쪽으로 간다. 왼쪽 도로를 따라 12분을 내려가면 해안가 삼거리이고 왼쪽으로 1분 거리에 통영으로 가는 선착장이다.

* 약과봉은 시금치재에서 직진하여 완만한 능선을 따라 25분 거리에 이르면 약과봉에 닿는다.

약과봉에서 하산은 오른편 동쪽 논골 이정표를 따라 10분 내려가면 KT송전탑이 보이는 도로에 닿는다. 도로에서 오른쪽 도로를 따라 15분 거리에 이르면 욕지선착장이다.

## 여행 정보 Tourist Information

### 교통
통영항여객선터미널→욕지도행(06:30 09:30 11:00 13:00 15:00) 배를 타고 욕지도 하선(1시간 30분 소요).
통영항 안내 055-641-6181
욕지도→통영행(08:00 11:15 13:00 15:00 16:30).
토, 일(주말) 통영→욕지도행(06:30 08:35 09:40 11:00 13:10 15:00 17:00). 욕지도→통영행(08:00 11:15 13:00 15:10 16:30).

산양읍 삼덕항→욕지도행(06:00 09:00(토, 일10:30) 12:15 16:30). 욕지도→산양읍 삼덕행(07:30 10:30 14:00(토, 일 12:10 17:50).
배 시간은 평일 주말 연휴 하절기 동절기 일기에 따라 시간이 다르게 운항하므로 언제나 사전에 확인한다.
욕지도사무소 055-641-6183
통영항여객선터미널 ARS 1666-0960
삼덕→욕지 방면 경남해운 삼덕 055-641-3560
욕지 055-643-7732

### 식당
객선머리횟집 용지면 동향리. 055-642-5175
욕지도휴게소식당 용지면 동향리. 010-4467-2373
서촌횟집 욕지일주로 91-9. 055-641-3116

### 숙박
욕지아이리스펜션 용지면 동향리 1252-4. 010-3927-0270
하늘마루펜션 용지면 동향리 996-6. 010-8810-5040
삼호펜션민박 용지면 동향리 욕지일주로169
055-642-5017
미진장여관 용지면 동향리 559-28. 055-644-8890

### 명소
욕지도 출렁다리 욕지도 개미목 부근 바닷가 전망대.

새천년기념공원 일주도로 변에 위치하고 있으며 바다경관이 아름답다.

유동해변 욕지면 서산리 덕동에 위치한 덕동해수욕장은 맑은 바다 시원한 숲이 일품이다.

흰작살해수욕장 욕지면 동항리 해수욕장 해변.

도동해변 욕지면 서산리 해수욕장 해변.

기암절벽으로 이루어진 욕지도 해안

# 연화도(連花島) / 연화봉(蓮花峯) 215.1m

옥지 1:50,000

연화도 연화봉 해안가

## 연화도 연화봉
경상남도 통영시 욕지면 연화도

연화도(蓮花島)는 욕지도 동쪽에 위치한 작은 섬이다. 연화도인이 연화봉에 토굴을 짓고 수도하였다고 하며 사명대사가 이곳에서 수도한 흔적이 곳곳에 배어 있다. 연화도 명칭의 유래는 북쪽에서 볼 때 한 송이 연꽃 같은 형상 때문에 연화도라는 명칭을 같게 되었다고 한다.

조선의 억불 정책으로 연화도로 피신하여 토굴을 짓고서 수행하다 죽어 바다에 수장된 후 연꽃으로 환생한 연화도인의 전설을 따라 연화도로 명명하였다는 전설도 있고, 그 이후 사명대사가 세 여승(보운 사명대사의 동생, 보월 사명대사의 처, 보련 사명대사의 애인)을 남해 보리암에서 만나 연화도로 옮겨와 연화도인 토굴터 밑에다 움막을 짓고 수도 정진하다가 크게 깨달아 대도를 이루었다고 하며 이 세 비구니를 자운선사라고 한다. 이들은 후에 임진란이 발발할 것을 예측하고 이순신 장군을 만나 거북선건조법 해상 지리법 천풍기상법 등 우리 수군의 대책을 알려 주었다고 한다.

지금도 그 토굴터와 사명대사가 먹었던 감로수는 그대로 보존되어 있다. 연화도에서 가장 높은 연화봉(蓮花峰. 215.1m)에서 바라보면 연화도 일대가 내려다보인다.

### 등산로 Mountain path

**연화봉** 총 4시간 4분 소요
선착장→36분→연화봉→23분→도로→30분→출렁다리→20분→전망데크→15분→출렁다리→60분→선착장

선착장에서 오른쪽으로 2분 거리에 이르면 정자가 있는 쪽으로 등산로가 있다. 여기서부터 뚜렷한 등산로를 따라 18분을 올라가면 주능선 쉼터이다. 쉼터를 뒤로 하고 계속 왼쪽으로 주능선 등산로를 따라 6분을 가면 사거리에 데크 정자가 있다. 사거리에서 직진 오르막길 등산로를 따라 10분을 올라가면 연화봉 정상이다.

연화봉에서 다음 진행은 삼거리에서 오른편 바다 쪽으로 하산길을 따라 내려가면 계단길로 이어지면서 5분을 내려가면 사명대사 토굴터가 나온다. 토굴터를 돌아보고 다시 내려가면 왼쪽으로 샛길이 있다. 이 샛길을 따라 내려가면 다시 넓은 길로 이어지면서 6분을 내려가면 안부 사거리다. 사거리에서 직진하여 12분을 가면 도로를 만난다.

도로에서 오른쪽 도로를 따라 5분을 가면 오른쪽으로 등산로가 나온다. 여기서 도로를 벗어나 오른쪽 뚜렷한 등산로를 따라 3분을 가면 정자를 통과하고, 15분을 가면 아들바위를 통과하며 7분을 더 가면 도로와 출렁다리를 만난다.

여기서 오른쪽 출렁다리를 통과하여 바윗길을 올라서 능선길을 따라 20분을 가면 전망데크 등산로 끝이다.

여기서 다시 왔던 길로 100m 정도 되돌아오면 삼거리다. 삼거리에서 오른쪽으로 10분을 가면 바닷가 마을이다.

여서서부터 선착장을 향해 왼쪽 도로를 따라 50분 거리에 이르면 도로 삼거리다. 삼거리에서 오른쪽으로 15분을 더 내려가면 선착장이다.

### 여행 정보 Tourist Information

**교통**
통영항여객선터미널에서 연화도행(06:30 09:30 11:00 13:00 15:00)배를 타고 연화도 하선.
연화도에서 통영항으로 나올 때(08:20 11:45 13:20 15:30 17:00) (1시간 소요)
**토, 일(주말)** 통영출발 연화도행(06:30 08:35 09:40 11:00 13:10 15:00 17:00), 연화도에서 통영행(08:25 09:35 11:45 13:30 15:40 17:00 17:55).
배 시간은 평일 주말 연휴 하절기 동절기 일기에 따라 시간이 다르게 운항하므로 언제나 사전에 확인해야 한다.
통영항여객선터미널 ARS 1666-0960
연화도사무소 055-641-6184

**숙식**
**연화도맛집**(일반식) 욕지면 연화리 175-10
010-5436-7085
**용머리횟집**(회) 욕지면 연화리. 055-643-6915
**연우민박** 욕지면 연화도매표소 앞. 010-8520-1417
**할매민박** 욕지면 연화리. 055-643-0772

# 산달도(山㺚島) / 당골산 235m  뒷산 217.2m  건너재산 209m

고당-산달도를 운행하는 여객선에서 바라본 산달도

# 산달도 당골산·뒷산·건너재산
경상남도 거제시 둔덕면

산달도(山達島)는 3개의 봉우리 사이로 계절에 따라 달이 떠 삼달도(三達島)라 하던 것을 산에서 달이 오른다고 산달도(山達島)로 부르게 되었다고 한다. 산세는 북서 방면은 완만한 편이고 남동쪽은 경사가 급한 편이며 육산으로 이루어져 있다. 당골산(235m) 뒷산(217.2m) 건너재산(209m)이 섬 중심으로 연결되어 하나의 능선으로 이어져 있다.

산달도 산행은 아직 뚜렷한 등산로가 없고 옛길 흔적을 찾아서 가는 정도의 산행이다. 따라서 방향만 정확하게 잡고 옛 산길을 찾아가는 방법이다.

### 등산로 Mountain path

**당골산–뒷산–건너재산**
총 3시간 17분 소요

선착장→ 38분→ 당골산→ 15분→ 고개→ 18분→
뒷산→ 24분→ 건너재산→ 21분→
해안도로→ 21분→ 선착장

산달도선착장에서 왼쪽 매표소 쪽으로 해변 1차선 소형차로를 따라 5분 거리에 이르면 오른쪽으로 시멘트 포장 농로가 보인다.(연륙교 공사장 지나서 약 130m) 이 농로 입구에서 해변도로 벗어나 세멘트로 포장된 농로를 따라 3분을 올라가면 창고가 있고 유자밭이며 농로가 끝난다. 농로 끝에서 직진으로 유자밭을 가로질러 2분을 가면 유자밭 끝이다. 이 지점에서부터 당골산 정상까지 뚜렷한 길이 없다. 하지만 정상까지 험로가 없고 잡초가 없어서 오르는데 큰 문제가 없다. 유자밭 끝에서 왼쪽 산비탈로 약 70m~100m 정도 가면 오른쪽으로 작은 지능선이 보인다. 이 지점에서 오른쪽 남동방향 지능선을 따라 오른다. 지능선으로 희미하게 옛길이 있다 없다 하다가 당골산 정상까지 이어지면서 27분을 올라가면 당골산 정상에 닿는다. 정상은 시야도 없고 아무 표시가 없다.

당골산 정상에서 뒷산을 향해 가는데 고개 임도까지 뚜렷한 길이 없다. 하지만 많은 등산객들의 흔적이 있으므로 남동쪽 주능선 방향으로 흔적을 따라 11분을 내려가면 묘를 통과하고 4분을 더 내려가면 임도 고개에 닿는다.

임도고개에서 뒷산을 향해 고개 오른편에서 왼편 능선길을 따라 50m 거리에 이르면 갈림길이 나온다. 갈림길에서 왼쪽 능선길로 간다. 왼쪽 능선길을 따라 5분 거리에 이르면 산길은 오른편 비탈로 이어진다. 여기서 비탈길을 버리고 왼편 길이 없는 능선을 따라 오른다. 등산객들의 흔적이 있는 남서 방향 능선을 따라 13분을 오르면 뒷산 정상이다.

뒷산 정상에서 건너재산을 향해 5분을 내려가면 묘를 통과하고 계속 5분을 더 내려가면 안부에 닿는다. 안부에서 계속 능선을 타고 오르는데 초입에 돌담 흔적이 있기 시작하여 100m 정도까지 이어지다가 약간 오른편 돌담이 쌓여진 묘를 통과한 후 14분을 더 오르면 건너재산이다.

건너재산에서 하산은 북서 방향 능선을 탄다. 희미하게 이어지는 북서 방향 능선을 따라 10분 정도 내려가면 길이 없어진다. 이 지점에서 계속 내려가던 방향 북서쪽 능선만을 따라 5분 정도 더 내려가면 묘를 지나고 초원지대 공터가 나타난다. 여기서 오른편 뚜렷한 길을 따라 3분 내려가면 유자밭을 지나 해안도로에 닿는다. 여기서 오른편 해안도로를 따라 21분을 가면 선달도 선착장이다.

### 여행 정보 Tourist Information

**🚌 교통**

거제대교(구)에서 둔덕면 법동으로 가는 71번 시내버스 (07:15 09:15 11:15 13:15 16:15 17:15 20:15)를 타고 법동 고당선착장 하차. 고당선착장에서 오전 7시부터 오후 7시까지 매시 정각에 출항하는 산달도행 배를 타고 산달도선착장 도착.
나올 때도 산달도선착장에서 고당선착장행 매시 20분 출항(10분소요) 시내버스는 거제 신현→거제대교(구)→둔덕면→법동(고당선착장)→신현으로 운행한다.

**🍴 숙식**

**회원집**(한식) 둔덕면 거제남서로 50. 055-636-1231
**88횟집** 둔덕면 하둔1길 3. 055-634-1626
**거제비치텔** 둔덕면 거제남서로 50. 055-636-7552

한산도 망산 정상

# 한산도 망산
경상남도 통영시 한산도

한산도(閑山島)는 통영시 남동쪽에 있으며 통영항에서 뱃길로 2㎞ 정도 떨어져 있다. 동쪽에는 비산도(飛山島) 송도(松島) 좌도(佐島)가 있고 남쪽에는 추봉도(秋峰島)가 있다. 면적은 14.8㎢ 인구는 1,500명 정도이다. 한산면의 본섬으로 면을 이루는 29개 유인도, 무인도 가운데 가장 크다.

한려해상국립공원의 시발점이자 세계적인 해전 가운데 하나로 꼽히는 한산도대첩이 있었던 곳으로 연중 관광객이 끊이지 않는다. 문화재로는 충무공이 삼도수군통제영을 한산도로 옮기면서 지은 제승당(制勝堂 사적 113) 과 관련 유적으로 이루어진 이충무공유적(사적 113)이 있다.

망산(望山 295.3m)은 한산도의 최고봉이다. 섬지역의 등산로라는 의미와 사적 제 113호 한산도 이충무공유적지가 있어 등산과 유적탐사를 겸 할 수 있는 곳이다.

## 등산로 Mountain path

**망산** 총 4시간 소요

선착장 → 15분 → 제승당 → 15분 →
선착장 → 57분 → 고소포삼거리 → 50분 →
망산 → 43분 → 진두

선착장에서 오른쪽 도로를 따라 15분 거리에 이르면 매표소를 지나 제승당이다. 제승당은 이순신장군과 임진왜란에 대한 모든 것이 보존되어 있는 유적지이다.

제승당을 돌아보고 다시 선착장으로 되돌아와서 계속 도로를 따라 5분을 더 진행하면 오른쪽으로 등산안내도가 있다. (진두 7.2km) (야소 7.5km) (망산 4.7km) 여기서부터 등산로를 따라 오른다. 3분을 올라가면 등산로 아치를 통과하고 5분을 더 오르면 첫봉 데크에 닿는다. 데크에서부터 평지길로 이어지다가 18분을 지나면서 경사길이 시작되어 12분을 오르면 쉼터 두 번째 의자가 있는 봉우리에 닿는다. 쉼터를 지나서 14분을 가면 삼거리다. 삼거리에서 직진하여 18분을 가면 2차선 도로 위 출렁다리 방산교에 닿는다. 방산교를 건너 31분 거리에 이르면 망산 정상이다. 정상에서 바라보면 한산도 주변일대가 시야에 들어온다. 정상은 삼거리이며 왼편 동쪽은 진두 면소재지 방면이고 오른쪽은 야소 방면이다.

정상에서 진두 방면 왼쪽 하산길을 따라 17분을 내려가면 계단길을 통과하고 계속 8분 거리에 이르면 전망대 정자가 나온다. 정자에서 14분을 내려가면 학교 뒤 갈림길이다. 여기서 오른편 비탈길을 따라 5분 내려가면 진두 도로에 닿는다. 도로에서 왼쪽으로 100m 거리에 이르면 버스정류장이다.

## 여행 정보 Tourist Information

### 교통
통영항여객선터미널에서 한산도(제승당)행 여객선은 오전 7시부터 오후 6시까지 매시 정각에 출항하고, 한산도(제승당)에서 통영여객선터미널행은 오전 7시 30분부터 오후 6시 30분까지 매시 30분에 출항한다.
하계에는 한산도에서 통영행은 오후 6시 30분까지 있고, 동계에는 오후 5시30분까지 운항한다(25분 소요).
한산도 내 공영버스는 배 시간에 맞추어 선착장에 대기하고 있다가 출발하고, 산행 하산지점 진두에서 제승당선착장행 공영버스는 매시 정각에 출발한다.
통영항여객선터미널 055-645-3329

### 숙식
바다식당 펜션 한산면 하소리. 055-646-6266
가고파식당 펜션 한산면 진두. 055-641-8388
새한식당 펜션 한산면 한산일주로 830. 055-641-1512

### 명소
한산도 제승당 한산면 염호리 875(055-254-4481)
이순신 장군 유적지.

한산도 이순신 장군 유적지 제승당

# 거제도(巨濟島) / 계룡산(鷄龍山) 569m  선자산(扇子山) 519m

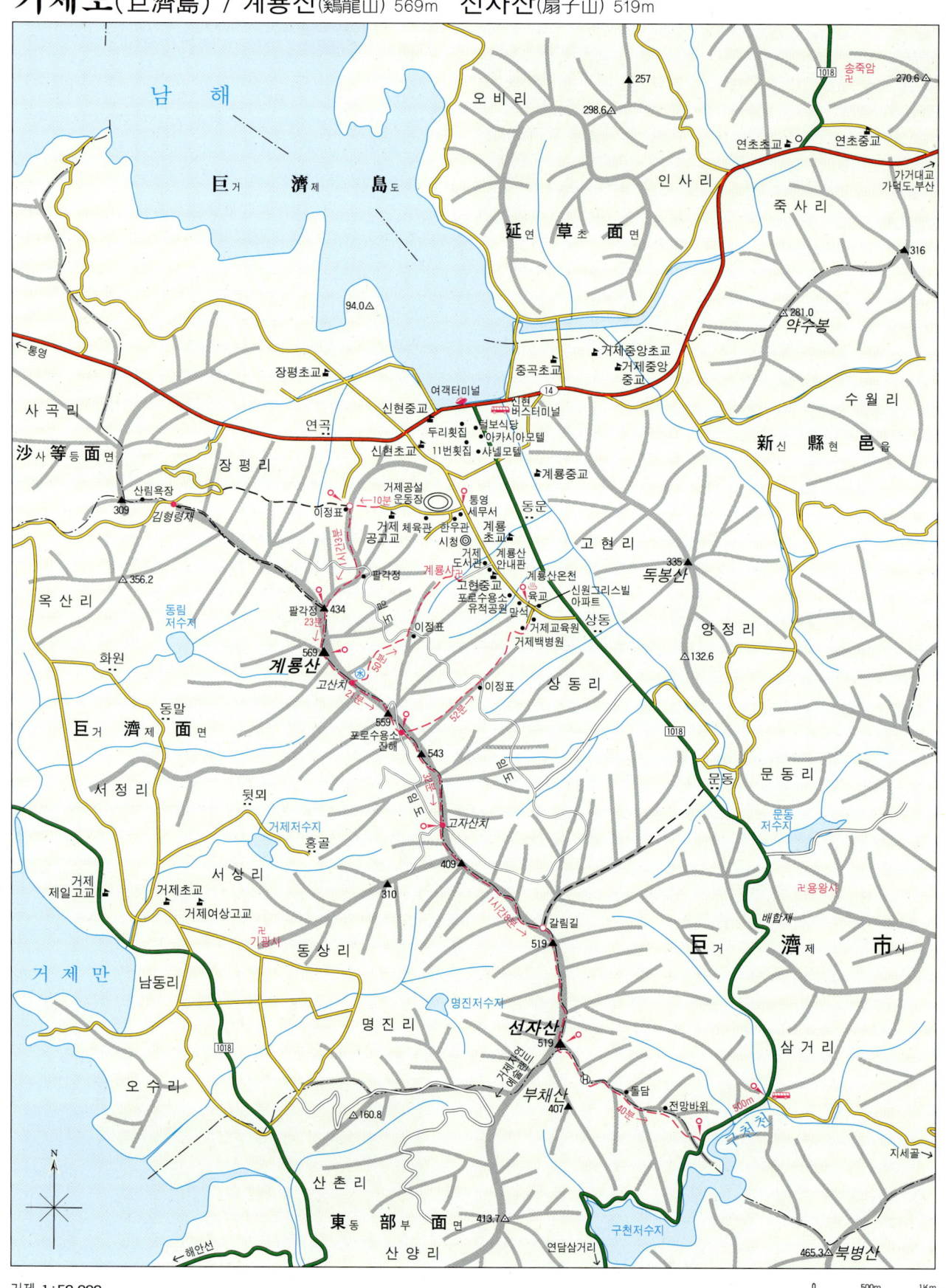

거제 1:50,000

거제도 계룡산 정상

## 거제도 — 계룡산 · 선자산

경상남도 거제시

거제도(巨濟島)는 한국에서 제주도에 이어 두 번째로 큰 섬이다. 경상남도 남해안에 있는 섬으로 60여 개의 섬을 품고 있다. 행정구역으로는 거제시에 속하고 면적은 378.14㎢ 인구는 2010년 기준 22만 명에 달한다.

거제도는 고려와 조선시대에는 기성현과 거제현이라고 불리다가 1914년 통영군으로 통폐합된 뒤 일본과 한반도 사이의 교통의 요충지로 잦은 왜구의 침입에 시달렸다. 1592년 임진왜란 때 통영 해군기지인 삼도수군통제영이 설치되어 해전의 주요 배경이 되기도 했었다. 1953년 거제군으로 독립되어 1995년에는 거제시에 편입됨으로써 지금의 거제도가 되었다.

6.25사변 때 인민군 포로수용소가 있었고 17만 명의 포로가 수용되어 있었으며 많은 포로들의 생명이 보호된 곳이기도 하다. 계룡산 동쪽 산기슭에는 포로수용소 터가 보존되고 있다.

거제도는 크게 북쪽은 유적지, 남쪽은 관광지로 나눌 수 있다. 사계절 온화한 기온이기 때문에 여행지에 있어서 안성맞춤인 곳이다.

계룡산(鷄龍山. 569m)은 거제시내 서남쪽 거제도 정 중앙에 위치하고 있는 산이다. 계룡산 정상의 모양이 닭 벼슬과 같이 생겼고, 몸뚱이는 용같이 생겼다하여 계룡산이라고 한다. 북극성을 향해 비상하는 형국을 한 계룡산은 닭의 울음소리가 하늘나라까지 울려 퍼지고 있는 듯 기상이 장엄하고, 정상에 오르면 의상대사가 절을 지었던 의상대사의 불이문바위 장군바위 장기판바위 등이 있으며, 기암괴석과 가을이면 은빛 찬란한 억새풀이 조화를 이룬다.

선자산(扇子山. 519m)은 계룡산에서 남동쪽 주능선으로 약 6km 거리에 위치한 산이다. 봄이면 주능선으로 계룡산 정상에 이르기까지 철쭉이 피어 장관을 이룬다. 가을에는 단풍나무가 아름답고 자작나무와 참나무가 무성하며 계곡물이 맑고 깨끗하다. 계곡 물들이 굽이굽이 모여 구천댐을 이루고 있

다. 명진 남동쪽과 삼거리를 경계하는 높이 519m의 거제도 다섯 번째 높은 산이다. 북서는 계룡산, 동남은 옥녀봉으로 연결되어 부채모양의 아름다운 명산이다.

계룡산 선자산 산행은 같은 능선으로 6km 거리에 위치하고 있으므로 산행 계획을 함께 잡는 것이 좋다. 산행 기점 공설운동장에서 시작 지능선을 타고 계룡산에 오른 다음, 남동쪽 능선을 따라 포로수용소잔해에서 계룡산만의 산행은 동쪽 백병원 쪽 이정표를 따라 하산한다. 선자산까지 종주산행은 포로수용소잔해에서 계속 남동쪽 주능선을 타고 고산자치를 경유하여 선자산에 오른 다음 서남 방면 구천저수지 상류로 하산 한다.

### 등산로 Mountain path

**계룡산–선자산 총 5시간 7분 소요**

공설운동장 → 63분 → 팔각정 → 23분 → 계룡산 → 21분 → 포로수용소 잔해 → 32분 → 고산자치 → 68분 → 선자산 → 40분 → 삼거리

계룡산 등산로는 일단 거제공설운동장 약수터를 찾아간다. 공설운동장내에 있는 약수터에서 서쪽으로 난 도로를 따라 5분을 올라가면 차도가 끝나고 계룡산 안내도가 있다. 안내도 갈림길에서 왼쪽 뚜렷한 능선길을 따라 10분을 오르면 도로를 만난다. 여기서 도로를 건너 다시 지능선으로 오른다. 능선길을 따라 23분을 오르면 임도를 만난다. 임도를 가로질러 능선길을 따라 30분을 오르면 팔각정 삼거리에 닿는다.

팔각정에서 남쪽 주능선 바윗길을 따라 8분을 가면 바위봉이 나오고, 다시 8분을 가면 철탑을 지나며 5분을 더 오르면 거대한 바위봉 계룡산 정상에 닿는다.

정상에서 사방을 바라보면 막힘이 없고 거제 시가지가 발 아래로 내려다보이며 거제도 일원이 시야에 들어온다.

하산은 남쪽 주능선 갈림길에서 오른편 길을 따라 2분 거리 절터를 경유하여 13분을 내려가면 계룡사로 가는 갈림길이다. 갈림길에서 왼쪽으로 50분 정도 내려가면 계룡사에 닿는다. 갈림길에서 계속 남쪽 능선을 따라 통신대를 경유하여 8분 거리에 이르면 포로수용소 잔해가 있는 임도에 닿는다.

계룡산만의 산행은 이 지점에서 왼편 동쪽으로 백병원 이

정표를 따라 내려간다. 백병원 방면으로 뚜렷한 하산길을 따라 25분 정도 내려가면 임도를 만난다. 임도를 가로질러 계속 하산길을 따라 27분을 더 내려가면 백병원을 지나서 거제교육원 앞 도로에 닿는다.

\* 선자산까지 종주산행은 포로수용소 잔해삼거리에서 남쪽 능선을 탄다. 삼거리에서 계속 남쪽 능선길을 따라 7분을 오르면 바위봉에 오른다. 바위봉에서 계속 이어지는 능선길을 따라 25분을 내려가면 대피소가 있는 고산자치 사거리에 닿는다.

고산자치사거리서 도로를 건너 계속 능선길로 간다. 능선길은 뚜렷하게 이어지면서 37분을 오르면 삼거리 팔각정에 닿는다. 팔각정삼거리에서 오른편 주능선길을 따라 8분을 가면 519봉을 지나고, 계속 주능선길을 따라 23분을 더 가면 표지석이 있는 삼거리 선자산 정상에 닿는다.

선자산 정상에서 하산은 왼편 구천저수지 방면 능선을 탄다. 능선길은 무난하게 이어지면서 21분을 내려가면 전망이 트이는 바위가 나타난다. 여기서 16분을 더 내려가면 등산안내도가 있는 삼거리 도로에 닿는다. 여기서 왼쪽 도로를 따라 500m 거리에 이르면 삼거리 거제 방면 버스정류장이다.

## 여행 정보 Tourist Information

### 🚌 교통
**자가운전** 대전통영간고속도로 통영IC에서 빠져나와 좌회전→거제 방면 14번 국도를 타고 거제대교 통과 거제시 공설운동장 주차. 88고속도로. 남해안고속도로에서 대전통영간고속도로로 통영 방면으로 진입하여 대전통영고속도로를 타고 통영IC에서 빠져나와 14번 국도를 타고 거제 대교 통과 거제시 공설운동장 주차.
**대중교통** (서울남부~고현 40분 간격) (대전~고현 19회) (부산 사상~고현 13회) (진주~고현 18회) 이용, 거제 하차. 마산-통영 방면에서 수시로 운행하는 고현행 버스 이용, 고현 하차. 고현터미널 앞에서 120번 110번 100번 순환버스 이용, 거제시청 하차 또는 택시 이용.

### 🍴 식당
**만석**(멍게비빔밥) 거제시 계룡로 149. 055-636-9295
**11번횟집** 거제시 고현로 8길 4. 055-633-7473
**백년국밥** 거제시 신현읍 고현천로 22. 055-636-5810

### 🏠 숙박
**아카시아모텔** 거제시 고현천로 20. 055-636-5810
**바람의언덕펜션** 남부면 도장포1길 62. 055-633-1404
**계룡산온천** 신현읍 거제중앙로 1779-1. 055-638-0002

### 🏛 명소
**거제도포로수용소공원** 거제시 계룡로
1951년에 설치된 포로수용소를 재 조성하여 전쟁역사의 산 교육장 역할을 하고 있는 곳.

**외도보타니아** 일운면 외도길 17
외도해상농원은 깨끗하고 푸른 남해 바다와 경관이 수려하기로 이름난 한려해상국립공원 안에 위치하고 있는 해상공원.

**해금강** 남부면 갈곶리
한려해상국립공원에 속하며 거제도 명승2호 바다의 금강산이다. 진시황제의 불로초로 유명한곳이다.

**덕포해수욕장** 거제시 옥포동
병풍처럼 해수욕장을 에워싼 산과 4백여평의 송림이 아름다운 조화를 이루고 있는 곳

**구조라해수욕장** 일운면 구조라리 500-1
모래가 부드럽고 완만하며 주변 경치가 좋고 수온도 적당한 해수욕장으로 한국전쟁 후 포로수용소가 거제에 설치되면서부터 미군들에 의해 해수욕장으로 사용되기 시작했다.

**명사해수욕장** 남부면 서구리 264-1
경사가 완만하여 가족 단위의 조용한 여름 휴양지로 적당한 곳. 해수욕장 뒤쪽으로 해안을 감싸고 있는 소나무 숲이 좋다.

**거제자연휴양림** 동부면 거제중앙로 32
노자산에 위치한 휴양림은 경사가 완만하여 산정상의 전망대에서 거제 전역과 한려해상국립공원의 크고, 작은 섬들과 대한해협과 대마도를 바라다본다.

**여차몽돌해수욕장** 남부면 다포리
경사진 산지에 위치한 이 마을은 곳곳이 기암절벽으로 거제도 최고의 경관을 자랑하고 있다.

**바람의언덕** 남부면 갈곶리 292-16
바다 간 남편 기다리던 전망대 바람의 언덕은 드라마 이브의 화원 회전목마가 이곳에서 촬영한 뒤로 더욱 유명해졌다.

# 가덕도(加德島) / 연대봉(烟台峰) 457.9m  응봉산(鷹峰山) 313m

가덕도 선창항 주변

## 가덕도 연대봉·응봉산
부산광역시 강서구 가덕도

가덕도(加德島)는 부산 강서구 녹산공업단지 남쪽 가덕대교 건너에 위치한 섬이다. 오랫동안 외딴 섬이었으나 녹산에서 가덕도 거제도 장목면을 연결하는 가덕대교(巨加大橋), 가덕해저터널, 거가대교가 건설되어 육지와 같은 섬이 되었다. 가덕대교 거가대교 개통으로 부산~거제(부산 사상시외버스터미널~거제 고현터미널) 간 통행거리는 기존 140km에서 60km로 통행시간은 기존 130분에서 50분으로 단축된다. 2004년 12월에 착공하여 2010년 12월 13일 완공 개통되었다. 통행료는 소형차 10,000원 대형차 25,000원이다.

연대봉(烟台峰 457.9m) 응봉산(鷹峰山 313m)은 가덕도의 대부분을 차지하고 있는 산의 중심에 위치하고 있으며 정상에 서면 가덕도 천체를 내려다 볼 수 있다.

### 등산로 Mountain path

**연대봉-응봉산** 총 4시간 46분 소요

선창삼거리 → 40분 → 등산안내도 → 50분 → 응봉산 → 54분 → 매봉 → 50분 → 연대봉 → 32분 → 지양고개

가덕도 선창마을 520번, 1009번 버스종점에서 서쪽으로 200m 거리에 이르면 선창마을 삼거리다. 삼거리에서 왼쪽으로 천가교를 건너 삼거리에서 오른쪽 해안선 1차선 도로를 따라 1km 거리에 이르면 마을버스종점 주차장이다.

마을버스 종점에서도 계속 이어지는 1차선 해안도로를 따라 가면 바다 둑길로 이어진다. 계속 둑길을 따라 25분 거리에 이르면 둑길 끝에 가덕도 안내도가 있다. 안내도에서 오른쪽으로 50m 가면 연대봉등산안내도가 있다.

여기서부터 등산로를 따라 22분을 오르면 첫 봉 강금봉에 닿는다. 강금봉에서 능선길로 이어지는 등산로를 따라 28분을 가면 봉우리를 하나 지나서 응봉산에 닿는다.

응봉산에서 바윗길을 주의하면서 바위굴을 통과 22분을 내려가면 안부 사거리에 닿는다. 안부사거리에서 직진하여 오르막길을 따라 32분을 올라가면 초소가 있는 매봉삼거리에 닿는다. 매봉삼거리에 왼쪽 연대봉 방면 등산로를 따라 18분을 내려가면 사거리고개에 닿는다. 사거리에서 직진하여 오르막길을 따라 33분을 올라가면 연대봉에 닿는다. 연대봉 정상은 사방이 막힘이 없다.

연대봉에서 하산은 직진으로 6분 내려가면 왼쪽으로 희미한 갈림길이 나온다. 왼쪽은 대항방면 하산길이고 오른쪽은 지양고개 하산길이다. 오른쪽 지양고개 쪽으로 10분을 내려가면 정자 쉼터가 나온다. 쉼터에서 무난한 길을 따라 16분을 더 내려가면 지양고개에 닿는다.

가덕도 연대봉 정상

### 여행 정보 Tourist Information

#### 교통
**자가운전** 2번 국도 녹산에서 남쪽 가덕도 방면 58번 지방도로 진입 가덕대교를 건너 2km 거리 성북IC에서 오른쪽으로 빠져나와 도로 밑으로 좌회전→300m 지나서 좌회전→1km 삼거리 선창마을 삼거리에서 우회전→천가교 건너 우회전→1km 거리 마을버스 종점 주차.

**대중교통** 부산 하단 지하철역 5번 출구에서 가덕도 선창행 520번. 구포 지하철역에서 1009번 가덕도 선창행 시내버스를 타고 가덕도 종점 선창마을 하차.

하산지점 지양고개에서 1시간 간격으로 천성을 경유하여 선창마을까지 왕래하는 공용버스를 이용하여 선창마을 520번 1009번 종점 하차.

#### 숙식
**가덕도돼지국밥** 강서구 동선동 1063-10. 051-973-1376
**연대봉식당**(한식) 강서구 동선동 1062-6. 051-972-1898
**중앙식당**(민박) 강서구 가덕해안로 783. 051-973-8686
**천성펜션** 강서구 천성동 802. 051-971-7584

# 제주도(濟州島) / 한라산(漢拏山) 1950.1m

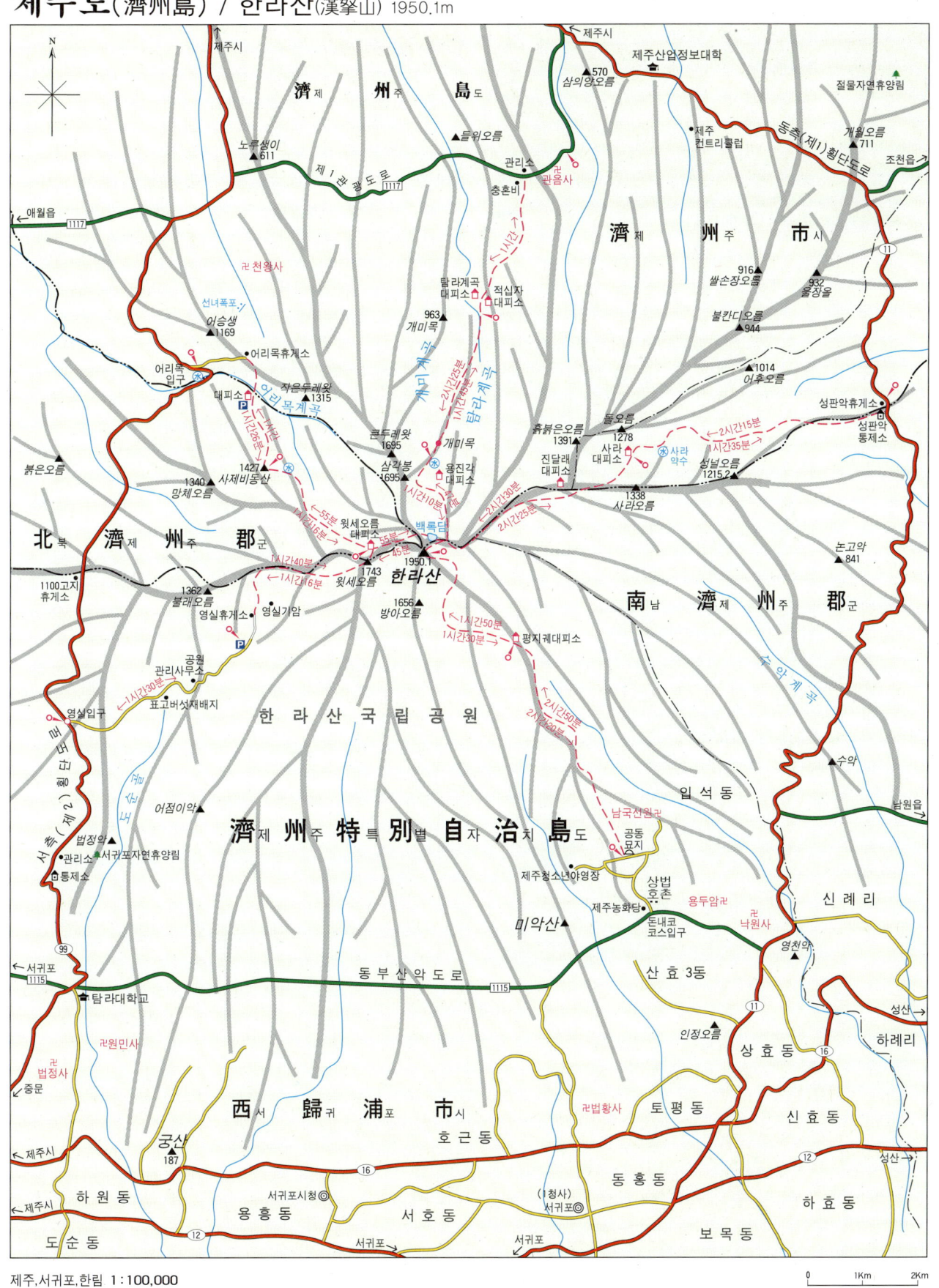

제주,서귀포,한림 1:100,000

한라산 백록담

한라산(漢拏山 1950.1m)은 신화의 전설 자연의 아름다움이 있는 신비의 섬을 상징하는 우리나라에서 가장 높은 산이다. 하늘까지 닿을 수 있을 만큼 높다 해서 한라산이라고 이름이 지어졌다.

한라산은 제주특별자치도 대부분의 면적을 차지하고 있고, 금강산 지리산과 함께 삼신산(三神山)이라 불러왔다. 정상에는 백록담(白鹿潭)이라는 분화구가 있고 백록담은 흰 사슴이 물을 먹는 곳이라는 뜻이다. 산자락 곳곳에 오름 또는 악이라 부르는 크고 작은 둔덕과 산들이 분포되어 있다.

한라산 일대는 천연보호구역으로서 천연기념물 제182호로 지정되어 있고, 1970년 3월 24일에 국립공원으로 지정되었으며, 2007년 6월 27일 세계자연유산으로 지정되었다.

한라산 등산 코스는 어리목, 영실, 성판악, 관음사, 돈내코 5개 지역으로 되어 있다. 국립공원 사정에 따라 코스별로 정상인 백록담까지 오를 수 있을 때가 있고, 오를 수 없을 때가 있다. 따라서 백록담까지 오르기 위해서는 사전에 국립공원에 문의하여 확인을 한 다음에 산행 코스를 잡아야 한다.

5개 코스 중 어느 코스로 등반을 해도 오르는데 4~6시간 하산하는데 4~5시간 총 10시간 정도 잡아야 한다.

### 등산로 Mountain path

**영실 코스** 총 3시간 35분 소요
영실주차장 → 100분 → 윗세오름대피소 → 55분 → 백록담

제주 서쪽 제2횡단도로(1139번 지방도) 영실 입구에서 동쪽으로 50분(2.5km) 거리에 공원관리사무소가 있고, 관리사무소에서 40분(2.3km) 거리에 등산기점 영실주차장이다. 주차장에서 북쪽으로 난 등산로를 따라 가면 숲길로 이어지다가 작은 계곡을 건너서 오르게 되고 능선으로 이어진다. 동쪽으

## 제주도 한라산
제주특별자치도

로 이어진 등산로를 따라 오르면 윗세오름 대피소에 닿는다. 주차장에서 1시간 40분 거리다. 대피소에서 동쪽으로 이어진 능선을 타고 55분을 더 오르면 백록담 정상에 닿는다.

**어리목 코스** 총 4시간 37분 소요
통제소 → 86분 → 사제비동산 → 76분 → 윗세오름대피소 → 55분 → 백록담

제주 서쪽 제2횡단도로(1139번지방도) 어리목입구에서 동쪽 도로를 따라 20분(1.5km) 거리에 이르면 어리목공원관리소(주차장)다. 주차장에서 남쪽으로 난 등산로를 따라 가면 어리목계곡을 건너서 남쪽 방면으로 이어져 1시간 16분을 오르면 사제비동산에 오르고, 계속 이어지는 등산로를 따라 1시간 16분을 오르면 윗세오름 대피소에 닿는다.

대피소에서 계속 이어지는 동쪽 능선을 따라 55분을 더 오르면 백록담에 닿는다.

**관음사 코스** 총 5시간 35분 소요 (1117번 지방도)
관리소 → 60분 → 적십자대피소 → 145분 → 용진각대피소 → 70분 → 백록담

관음사 입구에서 남쪽 등산로를 따라 가면 충혼비를 통과하고, 이어서 계곡을 오른쪽으로 끼고 이어지다가 계곡을 건너서면 표고버섯재배지를 통과하게 되고, 다시 계곡을 건너면 탐라대피소와 적십자 대피소에 닿는다. 여기서부터 계곡 오른편 개미등을 따라 오르면 개미목, 용진굴을 거쳐 2시간 25분을 오르면 용진각대피소에 닿는다.

용진각대피소를 통과하여 능선길을 따라 1시간 10분을 더 오르면 백록담에 닿는다.

**성판악 코스** 총 5시간 45분 소요
성판악관리소 → 135분 → 사라대피소 → 150분 → 백록담

제1횡단도로 (1131번지방도)성판악 주차장에서 관리사무소를 통과하여 서쪽 등산로는 정상에 오르기까지 완만한 길

로 이어지면서 2시간 15분 거리에 이르면 사라대피소에 닿는다. 사라대피소를 지나 진달래밭대피소를 통과하여 2시간 25분을 더 오르면 백록담에 닿는다.

서귀포시 북쪽 돈내코유원지 상류 제주청소년야영장 입구 탐방안내소에서 시작하여 썩은 물통, 살채기도를 통과하면서 2시간 30분을 오르면 평지궤대피소에 닿는다. 평지궤대피소에서 백록담까지는 1시간 50분 거리다. 평지궤대피소에서 남벽분기점까지는 40분 거리다.

* 위 5개 코스 산행 시간은 모두 휴식 점심시간 1시간을 포함한 시간이다.

### 돈내코 코스 총 5시간 40분 소요
탐방안내소 → 2시간 50분 →
평지궤대피소 → 1시간 50분 → 백록담

## 여행 정보 Tourist Information

### 🚌 교통

■ 항공편

김포→제주 24~33회, 부산→제주 10~12회, 대구→제주 5회, 광주→제주 5회.

■ 배편

목포→제주 씨월드고속훼리(주) 061-243-1927~8
목포→제주 09:00 14:30, 제주→목포 13:40 17:00(1일 2회)
여수→제주 한일고속 훼리호 8:30, 제주→여수 16:50(1일 1회)
완도여객선터미널→제주 16:00(1일 1회)

■ 제주시내 교통(모두 제주버스터미널에서 출발한다)
어리목·영실 코스 어리목·영실 방면 버스 이용, 어리목 코스는 어리목 입구 하차(35분 소요).
영실 코스는 영실 입구 하차(50분 소요) (영실탐방안내소까지 45분 소요)
성판악 코스 성판악 방면 버스 이용(40분 소요) 성판악휴게소 하차.
관음사 코스 관음사 방면 버스 이용(20분 소요) 산천단검문소 하차(관음사까지는 1117번 지방도로를 따라 오른다. 40분 소요).
돈내코 코스 서귀포시 방면 버스 이용(50분 소요) 서귀포과학고등학교 입구 하차(등산로 입구까지 50분 소요).

### 🍴 숙식

● 제주시
흑돈가(갈비) 제주시 한라대학로 11. 064-747-0088
산지물 본점(해물, 생선) 제주시 임항로 24. 064-752-5599
올레모텔 제주시 삼무로 5길 8. 064-746-1501

● 서귀포시
우리봉식당(해물, 생선) 성산읍 일출로 273. 064-782-0032
청진동뚝배기(한식) 성산읍 일출로 275. 064-782-1666
백호모텔 서귀포시 칠십리로91번길 20. 064-763-5566

### 🏛 명소

섭지코지 서귀포시
성산읍 섭지코지로 코의 끄트리 모양처럼 비죽 튀어나온 해안.

서귀포시 섭지코지

대포 주상절리 서귀포시 중문동
오랜 세월에 걸쳐 파도가 다듬어 놓은 이색적인 풍경.

서귀포시 대포 주상절리

용머리해안 서귀포시 안덕면 사계리
수천만 년동안 쌓여서 이루어진 수려한 해안절경.

서귀포시 용머리해안

# 울릉도(鬱陵島) / 성인봉(聖人峰) 983.6m

울릉도 성인봉

# 울릉도 성인봉
경상북도 울릉군

성인봉(聖人峰. 983.6m)은 울릉도(鬱陵島)를 상징하는 산이다. 울릉도에서 가장 가까운 울진군 죽변에서 130km 거리에 위치하고 있으며 우리나라에서 일곱 번째 큰 섬이다. 울릉도는 강원도 울릉군으로 이어오다가 1915년 울릉도로 개칭되어 경상북도로 이관되었고, 1945년 울릉군으로 개칭되어 현재에 이르게 되었다. 내륙은 대부분 산악지역으로 이루어져 있으며, 해변 도동항을 중심으로 발달되어 있고 울릉도를 일주하는 해변도로가 개설되어 있다.

울릉도는 우리나라에서 강수량이 가장 많고 여름보다 겨울에 비가 더 많이 오며, 눈이 가장 많이 내리는 곳으로 일기변화가 매우 심한 지역이다. 눈이 많이 내리는 겨울에는 1~2m까지 적설량을 보일 때도 있으므로 사전 충분한 일기 정보가 필요하다.

산행계획은 포항, 묵호, 강릉, 후포에서 오전 배편을 이용하여 울릉도에 도착해서 그날은 주변을 돌아보고, 울릉도에서 하룻밤을 묵은 후에 다음날 아침 일찍 산행을 시작하여 오후 배편 4시경 시간에 맞추어 하산을 완료하고, 울릉도에서 배편을 이용하여 다시 포항, 강릉, 묵호, 후포항으로 돌아오는 계획이 효율적인 산행이다. 여타 산행과 달리 산행 외에 부수적인 배편 숙박 편 등을 철저하게 사전 준비를 해야 한다.

산행은 도동항에서 시작하여 팔각정을 경유하여 성인봉에 오른다. 하산은 올라왔던 그대로 도동항으로 되돌아오거나, 북쪽 나리분지를 경유하여 천부초교로 하산한다.

도동항에서 서쪽으로 난 도로를 따라 들어가면 고가도로(88도로)가 보인다. 고가도로 오른편으로 가면 대원사로 가는 길이 있고 팻말이 있다. 대원사로 가는 팻말을 따라 3분 거리에 이르면 삼거리 나온다. 삼거리에서 왼편은 대원사이고 성인봉 안내판이 있는 오른편 언덕 포장길을 따라 7분 거리에 이르면 포장길이 끝나고 등산로가 시작된다. 이 등산로를 따라 가면 마지막 민가(산나물파는집)을 지나고, 의자가 있는 휴게소를 지나면서 능선길을 따라 가면 사다리골 삼거리에 닿는다. 도동항에서 1시간 15분 거리다.

삼거리에서 등산로는 능선 북쪽 편으로 이어진다. 비탈길로 이어지는 등산로를 따라가면 휴게소가 있다. 휴게소를 지나면 등산로는 급경사로 이어지면서 사다리골 삼거리를 떠나 43분 거리에 이르면 팔각정에 닿는다.

팔각정에서 비탈길로 이어지는 등산로를 따라 18분을 오르면 안부 바람등대에 닿는다. 여기서부터 정상까지는 경사가 급한 편이나 지그재그로 산길이 이어져 16분을 오르면 성인봉 정상이다. 전망대에서 바라보는 울릉도는 아름다운 섬 그대로이고 동해바다가 끝없이 펼쳐진다.

정상에서 하산은 올라왔던 코스 그대로 내려가는 길이 가장 편한 길이다. 다른 하나는 나리분지 천부초교로 하산한다. 나리분지 천부초교 쪽으로 하산하면 버스 편을 이용하여 다시 도동항으로 와야 한다.

\* 나리분지 쪽 하산 길은 정상에서 남쪽 휴식처로 내려가서 서쪽 아래로 뚜렷하게 난 길로 내려간다. 통나무계단 길로 이어진 급경사 길을 따라 20분을 내려가면 공터가 나온다.

공터에서 오른편 북쪽 길을 따라 내려가는 지역은 원시림 지역으로 수목이 울창하다. 원시림 지역을 내려서면 나리분지다. 이정표에서 오른쪽으로 급경사 통나무계단 길로 내려가면 신령수(水) 샘터에 닿는다. 공터에서 30분 거리다.

신령수(水)샘터에서부터 넓은 길을 따라 내려가면 투막집을 지나서 38분 거리에 이르면 나리분지 마을에 닿는다. 나리분지의 지형을 감상하면서 계속 이어지는 분지마을길을 따라 47분을 내려가면 버스정류장이 있는 천부초교에 닿는다. 천부초교에서 1시간 간격으로 운행 하는 버스를 타고 도동항으로 간다.

### 등산로 Mountain path

**성인봉** 총 5시간 47분 소요

도동항 → 75분 → 사다리골 → 43분 →
팔각정 → 34분 → 성인봉 → 20분 →
공터 → 30분 → 신령수 → 38분 →
나리마을 → 47분 → 천부초교

## 여행 정보 Tourist Information

### 🚌 교통

울릉도를 가기위해서는 일단 포항연안여객선터미널에서 울릉도행 여객선을 타야한다.

울릉도행 여객선은 포항↔울릉도(도동)을 왕래하는 대저해운 여객선을 이용해야 한다.

포항에서 울릉도(도동)행 09:50 1일 1회
울릉도(도동)에서 포항항 16:30 1일 1회
포항연안여객선터미널 ARS 1666-0970
대저해운 1899-8114

포항→울릉도(저동) 10시 50분(1일 1회) 태성해운 1688-9565
강릉→울릉도(저동) 8시~10시 부정확(1일 1회) ARS 1577-8665
묵호→울릉도(사동) 09:00(1일 1회), ARS 1666-0980
후포→울릉도

포항, 강릉, 묵호, 후포항에서 울릉도로 가는 배는 모두 저동 또는 사동항으로 간다. 성인봉 등산로 입구는 도동항이므로 저동, 사동항은 도동항에서 차편으로 10분 거리로 산행 입구까지는 먼 거리에 있으므로 산행하기에 편리한 도동항으로 가는 배를 타야 한다.

### 울릉도(공영버스)

울릉도 해안(일주도로, 순환도로) 공영버스(저동-천부리 방면)
울릉도 공영버스는 해안도로(일주/순환도로) 큰 버스와, 해안도로에서 구간별로 연계하여 환승하는 구간버스 작은 버스로 나누어져 있다.
(1) 저동(내수전)에서 도동-사동-해안도로(일주 도로 혹은 순환도로)로 천부리까지 왕복 운행하는 큰 버스가 있다.
(2) 그외 구간은 작은 버스가 환승하여 가게 되어 있다. 일주도로 외의 장소를 가고자 하면 작은 버스와 연계 환승하여 다니면 편리하다.

큰 버스는 내수전( 6시 10분 출발)→저동(6시 20분 출발)→도동(6시 30분 출발) 간 남서북 방면 해안도로를 따라 천부리까지 1일 18회(1시간 간격) 왕복운행하고, 작은 버스는 반대로 저동→내수전 기타 지역을 운행하므로 산행 후에 공용버스를 타고 울릉도를 돌아보고 오면 멋진 산행과 여행이 될 것이다.

개인택시조합 054-791-2612
울릉군문화관광 054-790-6393

### 🍴 식당

보배식당(홍합밥) 울릉읍 도동 2길 50-4. 064-791-2683)
쌍둥이식당(해물밥) 울릉읍 도동3길 27-37. 054-791-2737
다애식당(육류) 울릉읍 도동1길 5-36. 054-791-1162
99식당(한식) 울릉읍 도동길 89. 054-791-2287

### 🏠 숙박

천마황토방펜션 울릉읍 도동1길 35-17. 010-8542-4141
울릉도모텔 울릉읍 도동2길 10. 054-791-8886

### 🏛 명소

나리분지 울릉군 북면 나리길
울릉도 유일한 평지로 성인봉의 북쪽의 칼데라화구가 함몰하여 형성된 화구원.

도전망케이블카 울릉읍 약수터길
도동 약수공원에서 망향봉 정상까지 운영.

내수전일출전망대 울릉읍 저동리
관광명소 전망대이다.

죽도 울릉읍 죽도길 52
대나무가 많이 자생해서 불리는 섬으로 울릉도의 부속섬 중 가장 큰 섬.

관음도 울릉군 북면 천부리 산1번지
태풍을 피해 이 섬에서 불을 피워놓으니 깍새(슴새)가 날아와서 잡아 구워먹었더니 맛이 좋았다고하여 깍새섬이라고 불림.

울릉도 저동항에서 바라본 성인봉

## 한반도 60 섬

지은이 신명호
펴낸이 장인행

1판 1쇄 인쇄 2016년 3월 10일
1판 1쇄 발행 2016년 3월 15일

펴낸곳 **깊은솔**
주　　소 서울특별시 종로구 구기동 85-9번지 인왕B/D 301호
전　　화 02 · 396 · 1044(대표) / 02 · 396 · 1045(팩스)
등　　록 제1 · 2904호(2001. 8. 31)

ⓒ 신명호, 2016

ISBN 978-89-89917-46-5 13990

값 13,800원

- 인지는 저자와의 협의에 의하여 생략합니다.
- 본 도서의 무단복제 · 전재 · 전송 행위는 저작권법에 의해 처벌받게 됩니다.
- Printed in Seoul, Korea